国家社科基金
GUOJIA SHEKE JIJIN HOUQI ZIZHU XIANGMU
后期资助项目

神性与人性：

柏拉图《斐德若》研究

Divinity and Humanity:

A Study of Plato's *Phaedrus*

樊 黎 著

华东师范大学出版社

·上海·

华东师范大学出版社六点分社　策划

国家社科基金后期资助项目"柏拉图《斐德若》研究"（20FZXB024）

国家社科基金后期资助项目
出版说明

后期资助项目是国家社科基金设立的一类重要项目，旨在鼓励广大社科研究者潜心治学，支持基础研究多出优秀成果。它是经过严格评审，从接近完成的科研成果中遴选立项的。为扩大后期资助项目的影响，更好地推动学术发展，促进成果转化，全国哲学社会科学工作办公室按照"统一设计、统一标识、统一版式、形成系列"的总体要求，组织出版国家社科基金后期资助项目成果。

全国哲学社会科学工作办公室

目　　录

导　论

1. 主题和范围

　　本书探讨的主题,是柏拉图对话《斐德若》所蕴含的伦理思想,并将其置于与其密切相关的灵魂学说、人性学说、运动学说和存在学说之中进行考察。上述思想反映在占据这篇对话大半篇幅的三篇演说词当中,即吕西阿斯演说词(230e-234d)、苏格拉底的第一篇演说词(237b-241d)和苏格拉底的第二篇演说词(243e-257b)。其中,前两篇演说词的观点最终被苏格拉底放弃了,因为那"并不真实"(243a8)。而真实的观点——我们可以合理推测,这一观点在一定程度上就是柏拉图自己的观点——则在苏格拉底的第二篇演说词,篇幅远超前两篇演说词的"翻案诗"(Palinode)之中得以表达。因此,前两篇演说词构成了后一篇演说词的某种理论背景。第三篇演说词(即苏格拉底的第二篇演说词)则是本书分析的绝对重心。正文的四章当中,有三章都致力于从不同角度阐释苏格拉底的这篇演说词。不过在本书中,其他一些柏拉图对话也时常被纳入讨论,包括但不限于《理想国》《斐多》和《会饮》。尤其需要提醒读者,我们引入这些讨论,有时是因为它们的论述可资比较,从而帮助我们阐明《斐德若》的某一段文本(就像大部分研究者会做的那样);但还有些时候,我们探讨的文本看起来同《斐德若》的文本并不直接相关。不过,这些讨论仍然是必要的,因为它们是沿着《斐德若》的文本所提示出来的关键问题的线索展开的。对这些问题的讨论,是深入理解《斐德若》文本的钥匙。

　　以上就是本书的讨论涉及的大致范围。需要指出的是,本书解读《斐德若》的用意超出了对单一文本的理解,而指向对柏拉图伦理思想的一种整体性理解。这既不是说本书的论述能够巨细无遗地探讨柏拉图伦理思想的全部重要内容,也没有预设一种柏拉图思想的统一论(尽管笔者在这一问题上的确持统一论立场）。而是说，《斐德若》和其他一些对话的相关论述展现出某种内在的有机联系，透过这一有机联系，我们能够发现这几篇对话共享的某种整体性结构。不同的对话从不同的角度切入了这一整体。而《斐德若》的独特之处，就在于它借由苏格拉底第二篇演说词中的灵魂神话，提供了一个纲领性的文本。因此，对《斐德若》相关文本的解读恰好能够反映上述整体性结构。

柏拉图伦理思想的核心和基础是其人性论。与深受康德影响的一脉道德哲学思考不同，柏拉图和其他古代伦理思想的核心问题，不是"什么是道德行动的法则"，而是"我们应当如何生活"。一般来说，对这一问题的回答涉及柏拉图关于美德和幸福的学说，而后者又以他的道德心理学为基础。① 而归根结底，回答上述问题需要对这一生活的主体——"我们"，也就是人这一存在者的本性有所理解。在这个意义上，柏拉图的伦理思想是一种关于人性的科学。对柏拉图来说，人的本性并不能从所有人都共有的东西中寻找，而要从最完满的人性中寻找，那就是哲学家和他的生活。柏拉图以他独特的方式思考上述核心问题，即思索他的老师苏格拉底的一生。苏格拉底的生活是人所能过的最好的生活，即哲学生活的典范。当然，哲学生活还有其他的典范。但苏格拉底区别于其他哲学典范的一大特征，是爱欲（ἔρως）在他的哲学生活中所扮演的重要角色。这里的爱欲不仅指哲学家对智慧和真理的热烈渴望，而且指一般意义上的爱欲，即对姿容美好的人类个体产生的欲望（《会饮》216d，222b；《阿尔喀比亚德》103a，122b，135e；《卡尔米德》154b－c；等等）。苏格拉底以他对美少年的爱欲闻名；如果我们不理解这种欲望对人生的意义，那么我们就不能理解苏格拉底式的哲学生活。而如果我们不理解苏格拉底所代表的哲学生活，就无法理解人的本性，从而无法理解伦理学这一人性的科学。

《斐德若》当中的三篇演说词的主题，正是爱欲这种人类现象；而苏格拉底则将自己归类为宙斯系的爱人（250b）。更令人惊讶的是，苏格拉底将《斐

---

① Irwin 1995，3. 作为一本努力从整体上把握柏拉图伦理思想/道德哲学的著作，Irwin 1995 将柏拉图的道德哲学界定为柏拉图对下面两个问题所给出的答案：（1）我们应当如何生活？（2）我们何以知道我们应当如何生活？尽管对问题（2）的回答可能独立于对问题（1）的回答，但问题（2）显然是从问题（1）派生出来的：如果缺乏对问题（1）的兴趣，我们不可能去考虑问题（2）。因此问题（1）具有更加核心的地位。不过，这并不是笔者同埃尔文的实质分歧。埃尔文将柏拉图的道德哲学界定为对上述核心问题的回答，而笔者想要探讨的，不仅仅是由一组学说所构成的回答而已，还有柏拉图对上述核心问题的整个思考脉络和论述逻辑，这种思考的成果不能单纯用一组学说来概括。这也是笔者使用伦理思想这一提法，而非伦理学或道德哲学的原因之一。

德若》当中探讨的爱欲,界定为一种神圣的疯狂。[①] 将哲学生活同疯狂联系起来,这一事实并未得到充分的理解。大多数时候,哲学同疯狂的关联被解释者轻松地打发掉了,被当作某些众所周知的柏拉图学说的又一种表达。只有少数研究者,例如纳斯鲍姆(Martha C. Nussbaum),给予这一关联以应有的重视。不过,在我看来,她的解释并不能成立。因此,本书所探讨的柏拉图伦理思想的核心问题,就是理解哲学生活同爱欲这一"神圣的疯狂"的关系。

2. 方法论问题

确定了本书研究的范围和主题之后,我们可能立即就会遭到研究方法上的质疑:首先,我们从《斐德若》这篇对话中抽取出一部分(尽管是相当可观的一部分),撇开这篇对话的同样可观的另一部分,对前一部分单独进行解读,这样做是否合理? 更确切地说,这样做是否违背了下面这条解释原则:每一篇对话是一个整体,其中的每一部分都服务于整体,因而单独抽出一个部分无助于理解这篇对话。其次,借助柏拉图其他对话来理解《斐德若》是否合理? 将柏拉图的思想当作一个一成不变的整体,柏拉图的文本则被当作某种神圣的、非历史性的文本,这样做是否缺乏历史批判精神? 有心的读者会发现,上述第一种质疑正是采取"文学性解读"(literary interpretation)的学者对曾经在古代哲学研究中占统治地位的一种研究方式的批评:这种研究方式受早期分析哲学方法的影响,从古代文本中抽取出关于某一主题的文本,以重构论证的方式"萃取"古代文本的哲学价值。而上述第二种质疑则恰好相反,是在分析哲学影响下的学者对于采取"文学性解读"的学者的批评之一:根据这一批评,上述解读方式用解经(exegesis)代替了批判的哲学研究和论证。我们在此无意评判两种研究方式各自的得失,以及站在各自的立场上对对方的批评。我们仅仅想要指出,上述两种出自对立立场的批评所根据的解释原则,戏剧性地构成了当前柏拉图研究中某种不言自明的方法论前提:研究者通常将柏拉图思想理解为一个发展着的历程,[②]这就意味着不能不加批

---

① Μανία,一译"迷狂",如朱光潜先生的《斐德若》译本即是。汪子嵩《希腊哲学史》(第二卷)论《斐德若》一章中,肯定这一译法,因为"它相当于艺术家的激情即'灵感'"(汪 et al. 2014², 693)。苏格拉底的确赞美了诗歌创作中的μανία,但综观全篇,μανία的意涵不仅限于此,而是一般地指同σωφροσύνη(审慎)相反的一种灵魂状态。因此本书改用涵义更为宽泛的"疯狂"来翻译。

② 即使持所谓"融贯论"或"统一论"立场的学者,例如卡恩(Charles Kahn)和罗威(Christopher Rowe)也承认柏拉图思想必有自身的历史。这些学者所强调的融贯性并不是对柏拉图思想之历史性的否定,而是对一种柏拉图思想不同阶段之间不能相容的主张的否定。

判地使用一篇对话中的文本去解释另一篇对话;同时,每一篇柏拉图对话被当作一个整体来处理,无论是对话中的论证,还是从前不被重视的那些论证之外的因素,都需要在对话整体中找到自身的位置。

任何一种方法论原则,都必然建基于对其研究对象的一种实质性看法。上述方法论原则的实质意涵,是对柏拉图对话的这样一种看法:每一篇对话都包含了一个或一组哲学主张;研究者的工作就是:在对话内部辨认出这些主张(之所以需要辨认,是因为当我们将一篇对话作为一个整体考察的时候,柏拉图的主张究竟是什么,并不是一目了然的),检讨得出这些主张的论证;在对话外部比较别的对话的相关主张是否同这篇对话中的主张相一致,从而确定不同对话之间的关系。我们将这一看法称为对话的"原子论",因为这一看法预设了,原则上我们能够,并且应该依靠一篇对话内部所提供的材料和线索,来理解一篇对话;而柏拉图思想,就是所有"原子"对话表达的主张的历史性集合。然而,在解释对话的实践中,用单篇对话解释自身几乎是不可能完成的任务。因而,研究者大多会引入其他对话来帮助理解一篇对话。而引入其他对话的标准,在大多数时候都是依据柏拉图对话的分期:"早期"对话不能用来解释"中期"和"晚期"对话;"中期"对话也不能用来解释"晚期"对话("中期"对话能否用来解释"早期"对话则视研究者如何理解这两组对话的关系而定)。将对话"分期"或"分组"的唯一客观标准,是风格学(stylometry)的标准。然而,没有什么能够保证,对话写作风格的变化反映了柏拉图思想的变化。[①] 因而,从思想上对柏拉图对话进行分期或分组,只能是对柏拉图各篇对话研究的结论,而非前提。

实际上,如果不放弃对话的"原子论",我们就很难在方法论上合法地援引其他对话来帮助我们理解当前的对话(尽管在实践上不可避免地要这么做,但这一做法只是出自读者的朴素直觉,而非方法论的自觉)。相反,如果我们放弃用单篇对话解释自身的原则的话,是否会重复早期分析方法的错误,忽视对话的内在整体性呢? 并非如此。实际上,恰恰是对话的"原子"式理解错失了对话的内在整体性。这是因为,对话的内在整体性,并非像"原子"论者所理解的那样,在于一篇对话内部哲学观点的统一性(相对于不同对话之间的历史性发展而言),而在于每一篇对话都展现了一种思想上的努力和推进。因此,对话,这一由戏剧的形式承载的思想努力,总是在其中包含了一种运动;每篇对话在其结尾处所达到的观点,是由它的开端而来,但

---

　　① 风格学研究的起源和发展,以及柏拉图思想的发展无法建立在这一研究的基础上,见 Kahn 1996,42—46。

却不同于它的开端。因而对话的内在整体性,并不存在于一个统一的哲学观点之中,而是存在于这个包含了起点和终点的思想运动之中。因此,把对话当作一个整体来理解,并不是寻找或重构那个被设想为代表了这篇对话的哲学观点,仿佛在推理小说中寻找最后的"真相",而是去挖掘由一个哲学观点(及其论证)向下一个哲学观点(及其论证)推进的思想动力,进而理解思想运动所构成的"故事"。

既然理解一篇对话的整体性就在于理解这个独特的"故事",那么这一原则并不排斥使用其他对话的材料来理解当前对话的哲学观点;[①]它仅仅排斥用其他对话的材料来解释当前对话的"故事"。某一哲学观点在当前对话的"故事"中有特定的位置,理解这一观点在这个"故事"中的位置,最终是为了帮助我们理解这一观点在柏拉图的整个思想世界中的位置。后者才是对这一观点最根本的把握。[②]而理解某一观点在柏拉图思想世界中的位置也就意味着,我们能够在柏拉图不同对话中辨认出这一观点及其变体,并解释它们之间的关系。从这个意义上说,对一篇对话中某一观点的理解,恰恰要求我们理解与其相关的其他对话。正是出于这个理由,我会在必要的时候花费一定的篇幅讨论《斐德若》之外的对话——主要是《理想国》、《斐多》和《会饮》。[③]笔者认为,这三部对话同《斐德若》一起,已经能够在相当程度上反映柏拉图对人性和人类生活的思考的基本思路和主张;这些思路和主张是柏拉图的思想世界中不可忽视的重要组成部分。

本书关心的主要问题,是系统性地解释《斐德若》的三篇爱欲演说词所表达的柏拉图伦理思想,而不是整体性地把握《斐德若》的"故事"。后者涉及《斐德若》研究史上一个聚讼纷纭的老问题,即所谓的对话统一性问题。简而言之,《斐德若》的统一性问题,就是如何将貌似割裂的两部分统一起来——对话前半部分是关于爱欲的三篇演说词,后半部分则是对修辞术和

---

① Gerson 2017,36—37.

② Kahn 1996,Gerson 2006,2013,Rowe 2008,斯勒扎克 2009 分别从不同的角度指出了一个共同的思想世界对解释单篇对话的重要的意义。尽管不无歧义,笔者仍然在原则上赞同斯勒扎克的这一观点——"柏拉图对话录应该被视为柏拉图哲学带有指示特征的残篇"(斯勒扎克 2009,136)。这既意味着每一篇柏拉图对话都没有囊括柏拉图所有的相关论述,而且(对未成文学派而言尤其是)柏拉图对话录整体也没有穷尽柏拉图哲学的全部内容。但反过来说,正如斯勒扎克指出的,每一篇对话都已经展示出了逼近那个哲学核心的正面内容。我们认为,对话所展示出的这些内容本身已经构成了一个实质性的思想世界,尽管还不是柏拉图自己认为最为严肃的哲学工作。

③ 《斐德若》同这三部对话的关联性——无论从写作时间上说,还是从内容上说——都是毋庸置疑的。即使读者不认同上述关于柏拉图阐释的方法论思考,大致也能够接受借助这几篇对话来理解《斐德若》。

写作的讨论。换言之,如何理解爱欲与修辞术的关系?① 但无论怎么回答这一问题,三篇爱欲演说词,作为整个"故事"中相对独立呈现的单元,都是必须单独加以把握的。

3. 本书的篇章结构

本书主体内容分为四章,第一章处理前两篇演说词,其后的三章详细探讨第三篇演说词。具体章节内容如下:

第一章:没有爱欲的人(解读 230e – 234c,237b – 241d)

《斐德若》前两篇演说词主张用理性统治欲望,推崇某种审慎之德。而理性与审慎就体现在"没有爱欲的人"(非爱者)这一形象身上。这一观点表面上同柏拉图在《理想国》等对话中的观点一致。因此有学者认为,这两篇演说词代表了柏拉图原先的观点,而之后的第三篇演说词则是对这一观点的修正。本章系统检验了上述主张。本章第 1 节分析吕西阿斯演说词;第2 节分析苏格拉底的第一篇演说词;而在第 3 节,我们以《理想国》的论述为坐标,将前两篇演说词的观点予以定位。通过这三节的分析,我们可以发现,在吕西阿斯的演说词中,"理性"指的是对长期稳定的互惠关系所需手段的计算能力。这种理性的思考所要实现的目的,是快乐的最大化。同《理想国》的对照表明,这样一种审慎,体现在克法洛斯这个人物身上,实质上是相互冲突的两种欲望之间的平衡。吕西阿斯演说词中的非爱者可被视为一位更加理性化、世俗化的克法洛斯。而在苏格拉底的第一篇演说词当中,理性指的则是一般而言如何实现某一目的的思考能力,这一目的本身却并非理性的思考所设立的。因此,同吕西阿斯演说词的理性一样,这种理性是一种工具理性。这种理性与欲望之间的对抗,实质上是不同欲望之间的对抗。《理想国》当中的荣誉政体式个人、寡头政体式个人和民主政体式个人身上都体现了上述对抗。苏格拉底用隐藏的爱者这一身份,巧妙地暗示出这些类型的人身上共同具有的那种内在分裂。因此,《斐德若》的前两篇演说词

---

① Cf. Heath 1989;Rowe 1989;Werner 2007;Moss 2012. 大部分研究者都试图将统一性奠基于修辞术这一主题,将前半部分的三篇演说词看作修辞术的范例,而后半部分则是对修辞术的理论性探讨。这样做的后果,就是使爱欲主题从属于关于修辞术的探讨。如果是这样的话,我们就必须采取 Ferrari 的研究路径:首先处理对话后半部分的修辞术问题,然后在此框架之内解释前三篇演说词(Ferrari 1987,37)。不过,我们认为,前三篇关于爱欲的演说词是修辞术范例,并不意味着爱欲主题应从属于修辞术的主题。这二者的关系,海德格尔的《斐德若》讲稿提供了一份哲学解释(陈治国,2021)。

所推崇的审慎，并非《理想国》推崇的那种理性统治。这就意味着："翻案诗"要翻的案，并非柏拉图自己在《理想国》等对话中的立场。所谓"神圣的疯狂"学说与柏拉图理性主义伦理学的关系，需要更仔细地勘定。

第二章：灵魂的形而上学（解读 245c – 247e）

希腊思想通常将道德思考奠基于自然秩序。对柏拉图而言，这一奠基顺序可以继续扩充为：伦理学奠基于人性论，人性论奠基于灵魂论，灵魂论奠基于自然哲学和存在论。"翻案诗"遵循了这一思路。本章首先深入关于灵魂（不局限于人类灵魂，而是以灵魂的本性为对象）的形而上学分析，从《斐德若》著名的灵魂不死证明出发（第 1 节），尝试阐明灵魂的运动性质（第 2 节）、灵魂的存在性质（第 3 节）和灵魂的永恒生命（第 4 节）。同《斐多》中的灵魂不死论证落脚在灵魂的"永恒存在"不同，《斐德若》的论证着重强调了灵魂"永恒运动"的一面。这是因为，《斐德若》的论证中灵魂充当了运动本原的角色。这也是《斐德若》将灵魂比作马车的真实意涵：灵魂马车中的马并不意味着灵魂依其本性具有复杂的结构，而仅仅意味着灵魂能够造成自然世界的运动。《斐德若》同其他的柏拉图对话一样，认为灵魂的本性就是单纯的心智（νοῦς）。心智的工作在于沉思真实存在；真实存在并不外在于心智，而是已然在心智之中。因此心智的工作是一种对自身的沉思（νόησις νοήσεως）。但《斐德若》的论述凸显了柏拉图与亚里士多德的关键差异：这一心智对自身的沉思并非不经历运动的作为（ἐνέργεια），而是一种运动（νοῦ κίνησις）。这一运动被比拟为从自身出发，最终回到自身的"圆周运动"。正是心智运动这一本原，同自然世界结合，产生了自然运动（在这一运动链条中最接近本原的，正是天体的圆周运动）。运动的本原不是不动的推动者，而是自我推动者。这一自我推动者永不止息的运动，就是灵魂的永恒生命。

正如自然世界的运动来自心智运动这一本原，人类和其他身心结合体的生命，也来自心智运动的永恒生命。但人类灵魂远远离开了它的生命源头，因为与身体结合妨碍了它回到心智运动。这是人类灵魂特有的存在处境：它作为身体运动的本原，同它对真实存在的观看存在着冲突。理解和处理这一本体论意义上的张力，是柏拉图伦理思想的真正核心，也是本书后两章的主要任务。

第三章：人类灵魂与人性论（解读 248a – 254e）

《斐德若》的人性论在关于人类灵魂的论述中得以表达。人类灵魂属上一章讨论的"一切灵魂"中的一部分，即不完美的灵魂。但灵魂内在品质的欠缺并不是人类灵魂产生的原因。人类灵魂的产生，是由于不完美的灵魂同人类身体的结合。因此,对于人类灵魂的研究,就是要探究上述身心结合带来的后果。因此,本章首先关注《斐德若》对人类灵魂起源的叙述,表明这一起源导致了两个相关的后果:首先,这些灵魂丧失了原本就不完美的存在视野;其次,灵魂产生了一种新的"性格",即意气(θυμός)。这一叙述意在表明意气是人类灵魂的基础。笔者认为,《斐德若》和其他一些对话传达的人性学说具有高度的内在一致性,呈现出柏拉图对人性的基本看法。人性的基本视野是社会性-竞争性的;而这一竞争围绕什么事物展开,则取决于灵魂将什么事物当作真正的善。丧失了存在视野的灵魂在这一问题上依赖于关于善的意见。对于人性而言最重要的两种意见,分别是法律的意见和身体的意见。前者依赖于教育在灵魂中建立信念,使灵魂进入一种高贵的竞赛;而后者的影响是更为直接的,这种意见导致灵魂将敢于追逐肉体欲望看作"男子气概"。但二者都遵循意气的逻辑,都以意气作为基本的人性动力。柏拉图认为,要让灵魂从人类处境中找回它的本性,就需要突破意气的逻辑,转入爱欲的逻辑:换句话说,让灵魂不再热衷于竞赛(无论哪一种目标),而是专注于自身的真实满足。柏拉图提供了两种转化方式。其一是《会饮》中阿里斯托芬代表的,将意气转化为"对属于自己的东西的爱欲"。但柏拉图认为这一转化并不成功,无法彻底摆脱意气。柏拉图自己则试图将意气转化为"对美(善)的爱欲"。这就让美成为了《斐德若》及其他爱欲论述的焦点。因此,美在这一论述中的意义,并非某种认知的对象,而是促使灵魂自我转化的理想形象。正是这一自我转化,恢复了灵魂原本的存在视野。

第四章:人性与神性(解读 255a - 257b)

本章致力于考察《斐德若》传达出来的哲学生活的形态与根据。通常认为,柏拉图将理性看作哲学生活的统治因素,但《斐德若》却赞美爱欲,并将哲学同神圣的疯狂联系了起来。这让一些读者认为,柏拉图在《斐德若》中改变了对哲学的看法。我们在这一章中致力于表明,柏拉图在《斐德若》中对哲学生活的看法,同他在其他对话中的看法是一以贯之的。哲学生活在本体论层面提升了灵魂,也就是说,在哲学生活中,并通过哲学生活,灵魂重建了它由于同人类身体的结合而丧失的同真实存在的联系。建立这一联系,需要灵魂通过"回忆"恢复对真实存在的爱欲;而这样一种回忆总是伴随着来自灵魂本性的自然力量的苏醒与释放在灵魂中造成的剧烈动荡。这就是所谓"神圣疯狂"的意涵。但人类处境中的灵魂同真实存在的联系是脆弱的。神圣疯狂并不能一劳永逸地拯救灵魂,而恰恰是把人类灵魂置于此岸与彼岸的本体论的张力之中。人作为自然世界的一部分,从他的存在处境出发,必须将灵魂在"回忆"时刻的出神转化为一种人世的生活方式。因此哲学生活并不等于神圣的疯狂：神圣的疯狂是灵魂向上接触真实存在时的剧烈动荡，而哲学生活则需要在可见世界中建立人生的秩序。

　　古代柏拉图主义传统将人的目的归结为"变得像神"（ὁμοίωσις θεῷ），正确地看到了神性与人性之间的张力是哲学生活面对的根本问题。不过，"变得像神"长久以来被理解为从具体的实践生活中逃离出来，进入纯粹的哲学沉思。然而，通过对相关对话的解读，我们主张"变得像神"的真正意涵是生存根基的置换：哲学生活是以真实存在所蕴含的超越性理智秩序审视基于自然生活而来的种种"意见"，改造人生的秩序。哲学沉思只能建立在这样一种生存改造的基础上。尽管柏拉图对人类生活的复杂性和人的存在处境有着非凡的敏感，但他仍然对伦理思考进行了一种决定性的颠倒，即以彼岸秩序充当人世生活的价值尺度。

第一章　没有爱欲的人

《斐德若》涉及爱欲的部分主要是三篇演说词：一篇由吕西阿斯所作（230e‐234d），另两篇由苏格拉底之口说出（237b‐241d,243e‐257b）。前两篇演说词（吕西阿斯演说词和苏格拉底的第一篇演说词）都声称，爱欲（erōs）是不好的；苏格拉底的第二篇演说词则要推翻前两篇演说词的说法。苏格拉底把这篇演说词同诗人斯忒西科洛（Stesichorus）著名的"翻案诗"（palinode）相提并论（243a‐b,244a）：传说这位诗人写下一篇谴责海伦的诗，遭到诸神的惩罚，失去视力；随后作了一篇"翻案诗"推翻之前的渎神说法，于是诸神让他重见光明。这首著名的"翻案诗"的开头是"那说法不是真的……"（243a8,cf. Campbell 192）。苏格拉底在他的第二篇演说词中沿用了这样的开头（244a3）。简而言之，前两篇演说词声称爱欲是坏的；第三篇演说词则要反其道而行之，证明爱欲是好的。

但这样的总结过于简化了。如果说爱欲是好的，那么紧接着就要澄清：它对于什么是好的？如果说它是坏的，它对于什么是坏的？在《斐德若》的语境下，这似乎很容易澄清：这里问的是，对于被爱者来说，爱欲是好的还是坏的。三篇演说词讨论的都是爱欲在被爱者身上所起的作用。正是这一点区分了《斐德若》和《会饮》对爱欲的赞美。与《斐德若》关注爱欲对被爱者的好处不同，《会饮》赞美的主要是爱欲对爱者的好处。

爱欲能在爱者身上起作用，这一点无需多言。因为爱者正是身上有爱欲的人；他的性情、行动和生活，都受到在他身上的爱欲的影响。这种影响如此之大，以至于在苏格拉底之前的《会饮》对话者们将爱欲看作一位神明（177a,178a,180d,194e,cf. 189c）。但这位神的大能理应体现在爱者身上，因为，如斐德若在《会饮》中说的，爱神"在爱者身上"（180b4）。被爱者就不同了。无论就逻辑上而言，还是就希腊文化的教化理想而言，被爱者身上都不应有爱欲。从教化理想上说，希腊文化中的爱者‐被爱者的关系是不对称的：爱者应是一位年长、阅历丰富、有教养的男性，他追求被爱者；而被爱者应是一位年轻的男性，尚未踏入社会生活，需要年长男性在文化等社会生活诸方面予以指导。这种爱欲关系是希腊文化中特定教养方式的载体。在这种关系中，年轻男性应该被动地接受年长男性的爱，而不应该主动地去爱年长的男性。换句话说，被爱者应该是没有爱欲的。① 从逻辑上说，被爱者是爱者所爱恋的人；爱者爱恋被爱者。这里的"爱"，表面上是一个及物动词，仿佛爱者将爱这个动作施加在被爱者身上。但实际上，这里的"爱"，同一般的及物动词很不一样。说甲爱上了乙，和说甲打了乙，很不一样。甲打了乙，乙就成了甲的这个动作的承受者。但如果是甲爱上了乙的话，这里的乙并没有直接被甲的任何动作所触及。在《吕西斯》开头，希波泰勒爱恋着吕西斯，又不敢告诉后者。吕西斯这个被爱者没有承受，甚至没有感觉到爱者的爱。而被希波泰勒的爱所影响的，反倒是希波泰勒身边的朋友（204c－d）。② 只有当被爱者答应了爱者的求爱（χαρίζεσθαι），作为爱的伴侣开始交往的时候，被爱者才会为爱者的爱所影响。

爱者同被爱者的伴侣关系，在希腊文化中被归为友爱（φιλία）的一种。③希腊语φιλία一词实际上比"友爱"这个翻译所表达的范围更大。在柏拉图和亚里士多德那里，从父母与孩子的血亲关系，到公民之间的关系，都算作φιλία。实际上，我们很难在现代汉语（或者现代英语）中找到一个词来概括希腊文化中多种多样的φιλίαι。为了表达方便，我们仍然沿用"友爱"一词翻译希腊语中的φιλία。显然，《斐德若》中的演说词关注的不单单是爱欲（ἔρως），也是友爱（φιλία）：正如苏格拉底的第一篇演说词开头申明的，"你和我面临的说法是，一个人应该同有爱欲的人还是同没爱欲的人走进友爱关系（εἰς φιλίαν ἰτέον）"（237c6－8）。而《斐德若》对友爱的关注，正是因为对被爱者而言，只有在他同爱者走进这种友爱关系之后，爱欲才能够作用于他，给他带来好处或者坏处。

在我们讨论演说词的具体内容之前，首先要简要地处理一种意见。这种意见认为，《斐德若》中的演说词只是游戏之作，其中的内容不需要被严肃地对待，因为这些演说词，尤其是前两篇演说词，仅仅是展示修辞技艺的范文。按照这种意见，这些演说词中展现的技巧才是关键。④ 诚然，吕西阿斯和苏格拉底的第一篇演说词的确是为了展示修辞技巧。不过，一篇演说词意在展示某种修辞技巧是一回事，这篇演说词能否借此传达某种思想内容

① Dover 1989,100—110. 当然，这只是高度理想化的形态。从历史实情上而言，双方的关系更多地表现为政治庇护和权力传递的关系。

② 参《吕西斯》204b5－c2。Benardete 指出，爱（ἐράω）首先是一个状态动词，表达的是某人陷入了爱恋中（in love），见 Benardete 2002,61。

③ Dover 1989,49—54.

④ Rowe 1986a,144.

又是另一回事。二者之间没有必然的推论关系。具体而言,苏格拉底的第二篇演说词(243e9 - 257b6)是三篇演说词中最长的一篇,占据了整篇对话的核心位置和四分之一的篇幅。这篇演说词并不是为了回应如何写作一篇有技艺的演说词这个问题,而是为了回应苏格拉底的"精灵"对他渎神的警告(242b8 - d2)。这一警告不但提醒苏格拉底,而且提醒读者,之前的演说词的具体内容并不是无关紧要的。尽管在一开始,苏格拉底和他的对话者仿佛只关注修辞层面的问题:苏格拉底的第一篇演说词是为了向斐德若展示吕西阿斯的演说词写得不那么好;而苏格拉底的第二篇演说词则是为了展示他的第一篇演说词中的"说法不是真的"。可见演说词所说的(关于爱欲的)内容真与不真,同它如何说出这些内容(修辞术),同样是《斐德若》所关注的。古代传统将爱欲当作这篇对话的核心主题之一,并没有搞错。①

　　关于爱欲,苏格拉底最终放弃了前两篇演说词的观点,并通过第三篇演说词呈现了他认为是真实的看法。对第三篇演说词(即苏格拉底的第二篇演说词)的解读将构成本书的主要任务(自第二章开始)。但在此之前,我们将在本章中首先分析前两篇演说词。这两篇演说词的观点初看起来颇有几分道理,甚至让某些学者(如纳斯鲍姆)认为,这正是柏拉图在其他对话中的某些主张。因此,这种看法尽管"不是真的",却是理解第三篇演说词不能不加以考虑的背景。

1. 吕西阿斯的演说词

　　吕西阿斯的演说词不仅遭到了苏格拉底的批评,而且历来的注释者也大多认为这篇演说词乏善可陈:风格上乏味平庸,缺乏工整的结构。② 不过这篇演说词的论点是明确的:作为被爱者的少年同没有爱欲的人在一起,比同有爱欲的人在一起更好。这一观点显然出乎斐德若的意料(227c)。斐德若同众人一样,观察到一个朴素的事实:有爱欲的人会为了他的伴侣献殷勤,为了被爱者的好处而劳心劳力。《会饮》中斐德若的发言就展示了这种对爱欲的通常看法。他相信,爱欲是许多伟大、美好的事迹的原因(178d)。在极端的情况下,有爱欲的人甚至可以为了被爱者的好处付出巨大的牺牲,乃至献出生命(179b ff.)。爱欲的这种力量让斐德若惊讶和赞美。按照这种看法,被爱者应当同爱者(有爱欲的人)在一起。吕西阿斯的演说词虽然

---

① 　De Vries 1969,22.

② 　Hackforth 1952,31;Yunis 2011,97.

要贬低有爱欲的人，但它并没有，实际上也无法否认有爱欲的人能够给被爱者带来的这些好处。他在这篇演说词的开头就承认了这一点：有爱欲的人能够给被爱者带来好处(231a)。爱者的问题在于他这么做的方式、原因、持续性，等等。正如费拉里(G. R. F. Ferrari)指出："他(即吕西阿斯的非爱者)的主张并不是爱欲不能带来好处，而是它带来的好处仅仅是暂时的，而且会被之后带来的坏处抵消。"[1]换句话说，吕西阿斯演说词的思路是：有爱欲的人能提供给被爱者的好处，没有爱欲的人也可以；而有爱欲的人给被爱者造成的麻烦，没有爱欲的人却不会造成。

如果我们按照吕西阿斯演说词本身的顺序来总结它的一系列论点，可以得到下面这张表：

吕西阿斯演说词的论点总结

	有爱欲的人	没有爱欲的人
前　　提	没有爱欲的伴侣关系也能给被爱者带来好处	
论点1	出于强迫而献殷勤	自愿、依自己的能力献殷勤
论点2	埋怨由于对被爱者献殷勤而蒙受的损失，要求被爱者偿还	献殷勤不会不顾自己而只顾被爱者，因此不埋怨后者
论点3	为新欢诋毁旧爱	不会如此
论点4	自己承认有病、不理智	没有病
论点5	对被爱者来说选择很好	选择很多
论点6	爱吹嘘，招来坏名声	图实际上最好的，而不是图名声
论点7	与之交往会引来流言蜚语	不会引来流言蜚语
论点8	由于嫉妒，孤立被爱者	给被爱者带来友爱
论点9	欲望满足之后就会改变心意	不会因欲望满足就改变心意，因为出于友爱而交往
论点10	对被爱者的所作所为一味赞美，被眼前的快乐和情绪支配，丧失理智	为长远的利益考虑，情绪稳定
论点11	没有爱欲一样可以有长期、稳定的友爱关系	
论点12	像乞丐一样穷困 应该满足更有能力回报的人，而不是更穷困的人	更有能力回报
论点13	招来亲戚的责备	不会招来责备
建　　议	被爱者不应该满足所有没有爱欲的追求者，而只满足劝说者一人，因为满足所有的追求者会带来麻烦，而友爱关系应该互惠互利	

---

[1]　Ferrari 1987,88；also cf. 97.

从上面的总结可以看出,吕西阿斯的演说词的确像斐德若称赞的那样,事无巨细,毫不遗漏(235b)。按苏格拉底的说法,这是一篇"五彩缤纷"(ποικίλος)的演说词(236b7)。但同时,这篇演说词也的确同苏格拉底指出的那样有形式上(修辞上)的缺陷,表现在它"翻来覆去地说同一件事情"(235a),却缺乏应有的条理(264b)。但这不妨碍我们对这篇演说词进行梳理,总结出应当同没有爱欲的人在一起的诸理由,及其背后的核心问题。首先,按照这篇演说词的看法,爱欲是灵魂的一种疾病;有爱欲的人缺乏审慎(νοσεῖν μᾶλλον ἢ σωφρονεῖν, 231d2 - 3)。审慎(σωφροσύνη)的基本含义有二:能支配自己,以及头脑清醒。有爱欲的人一方面不能自制(αὑτῶν κρατεῖν, 231d4),也就是说他的灵魂是被支配、被强迫的(ὑπ' ἀνάγκης, 231a4);另一方面头脑不清醒,缺乏理智(κακῶς φρονοῦσιν, 241d3)。由于他不能自制,有爱欲的人必定会追悔他的所作所为(231a4 - 6),埋怨被爱者(231a6 - b7);由于他缺乏理智,他会丧失判断力(231d4 - 6),吹嘘自己(232a2 - 4)、吹捧被爱者(233a5 - b1),喜怒无常(233b2 - 3, 233c1 - 5),还会因糟糕的决定而招来责备(234b1 - 5)。在心智层面,有爱欲的人的另一个重要缺陷是嫉妒。由于嫉妒,他会不让被爱者同亲朋好友交往,不让被爱者同有财富或者有智慧的人交往(232c4 - e2)。有爱欲的人不好的第三个理由来自社交层面:同有爱欲的人交往会带来流言蜚语(231e3 - 4, 232a6 - b2)。第四个理由在于爱欲的不稳定性不能匹配伴侣关系的稳定性(231b7 - c7)。第五个理由则是:同有爱欲的人在一起,选择更少(231d6 - e2),回报更低(233d5 - e7)。

让我们反思这个问题:吕西阿斯的演说词为什么如此地吸引斐德若?文本清楚表明的是,斐德若对这篇演说词最深的印象,在于它的观点同通常观点的巨大反差(227c)。但是,光有这种反差,不必然让读者赞叹:在很多时候,"离经叛道"的观点让读者感到不适,甚至愤怒,而不是惊喜。事实上,吕西阿斯演说词之所以能够立刻令斐德若折服,恰恰是因为,在它离经叛道的外表下面隐藏的其实是一种十分强有力的常识性看法。换句话说,符合常识的并不是同有爱欲的人结为伴侣这种通常的习俗,仿佛吕西阿斯演说词的观点挑战了常识;恰恰相反,符合常识的正是吕西阿斯演说词的观点,而关于爱欲关系的通常的习俗反而是一般常识的一种例外情况:是爱欲让人们容忍了在其他情况下都不会被容忍的行为。吕西阿斯演说词在常识上的吸引力,才是斐德若为之倾倒的原因。[①] 我们有必要考察这种吸引斐德若的常识性看法究竟是什么。

---

① 费拉里十分敏锐地指出了这一点,见 Ferrari 1987, 89—90。

按照吕西阿斯演说词中的看法，一个人必须全面考量他的处境，着眼于长远的利益："首先，我同你交往，不会只盯住眼前的快乐，而是会顾及未来的好处，因为我统治着我自己，不会被爱欲支配。"（233b6 - c2）显然，屈服于一时的冲动，无能于审视长远利益，则被认为是灵魂的疾病——被爱欲支配而导致的疾病。没有爱欲的人的优势就在于此：他并非没有欲望，而是他能够控制欲望的冲动；从而能够冷静地，甚至在某种意义上理性地安排自己的生活。

显然，这不是什么标新立异的观点，而是绝大多数情况下通行的行为准则。大体上，如果一个人要在任何一个人生目标上取得成功，就必须克服一时的冲动，摆脱情绪的左右，谨慎地判别利害，以一种清醒、自主的心态投身到他所从事的事务上来。① 吕西阿斯演说词的教导让人惊讶的地方并不是其中具有普遍性的行为准则本身，而是将这一准则应用到一类通常被认为是不适用这一准则的事务上面：在爱欲关系中，一往无前的追求和全心全意的投入，比瞻前顾后的计算和三心二意的权衡更加受到认可甚至赞美。《会饮》当中，紧接着斐德若发言的包萨尼亚（Pausanias）这样描述雅典的男童恋风俗（182d6 - 183b5）：

> 据说公开地爱欲比秘密地爱欲更美好，尤其是爱欲那些出身最高贵、最优秀的男孩，哪怕他们比别人丑。而且，所有人给予陷入爱欲中的人以惊人的鼓励，压根不像在做什么可耻的事情。夺得[男孩]被视为干得漂亮，[男孩]被抢走才丑死了。对于非要[把男孩]抢到手的企图，法律给予爱者这样的许可：他会因为做出令人惊奇的事情而受到赞美。但谁要是敢于为了追求别的什么而这样做，或由于除此之外的任何事情想要这么做，就会受到极度责骂。……百般殷勤、苦苦央求、发各种誓、睡门槛，甚至愿意做些连奴仆都做不出来的奴相，……所有这些要是位有爱欲的人来做，就会满有光彩，而且法律允许这样子做，不会责备他的行为，仿佛他在做的是某种十分美好的事情。

雅典的法律（习俗）在关于爱欲的事情和其他事情之间做出了区分：同样一些事情，由爱者做出来，和由其他人做出来，会得到截然相反的评价。

① 纳斯鲍姆设想了斐德若式的少年在雅典公共生活中的情形，并将其比作一位女性在一个男性主导的领域奋斗的情况。纳斯鲍姆认为，吕西阿斯演说词表达的观点，恰好适用于这样一种社会环境（208—209）。事实上，完全不需要对当事人所处的社会环境做出这样或那样的限制，吕西阿斯演说词的建议适用于绝大部分情形。

法律允许甚至鼓励爱者毫无顾忌地追求男孩。显然,同前述带有普遍性的行为准则相比,对待爱欲关系的一般态度倒是个例外。[①] 吕西阿斯的演说词则拒绝这个例外,教导男孩以普遍性的行为准则对待旁人的追求。

需要指出,这样一种教导,绝不仅仅是一种单纯功利性的、只是为了在现实生活中取得成功的操作手册。相反,演说词是将上述行为方式作为一种道德要求来衡量有爱欲和没有爱欲的人的。这一点通常为注疏家所忽略。泰勒(A. E. Taylor)认为吕西阿斯的演说词"彻底诉诸最肮脏意义上的'用处'";哈克福斯(R. Hackforth)则在他的评论中将吕西阿斯演说词传达的审慎判定为冷漠自私,缺乏道德诉求。[②] 批评者的内在逻辑是:道德要求将他人当作目的,而不是当作某种对我的幸福来说有用的东西。

这一类批评所预设的道德意识无疑是现代人的、非希腊的。这并不是说希腊人的道德是唯我论的(egoist),或者希腊人不懂得将他人当作目的。而是说,在希腊人看来并不存在一个与个人对幸福的追求截然区分的道德生活。[③] 希腊人普遍同意,幸福(εὐδαιμονία)是人生的最高目的,[④]因而是道德思考的核心问题。希腊伦理学,正是对"我们应如何生活,从而能够获得幸福"这一问题的系统反思和论述。希腊伦理学的核心词汇——德性(ἀρετή)——被理解为人之为人的优秀(excellence),并且在哲学家那里同幸福建立起概念上的联系。[⑤] 可以说,无论是荷马世界中以阿喀琉斯和奥德修斯为代表的勇敢、智谋等"竞争性"德性,还是城邦世界中更加重视的公正、节制、慷慨这些"合作性"德性,都是以个人幸福和自我实现为终极目标。

---

① Cf. Dover 1989,81—91. 需要指出,这一"例外"并非爱欲关系的浪漫化,而是有着基于希腊文化的深刻理由。实际上,鼓励爱者大胆追求男孩,正是来自希腊文化崇尚竞争的基本态度。希腊的男童恋风俗,只有在竞争文化的基础上才能得到合理的解释:男孩不仅满足了成年男性的情欲,更重要的是满足了后者在竞争当中对胜利和荣誉的欲求(Dover 1964,38)。这种竞争文化正是希腊式德性的真正基础(尼采,2018),因而男童恋风俗在雅典和斯巴达等城邦的政教体制中扮演了重要的角色(Ludwig 2002,30—32)。在接下来的第二篇演说词当中我们将看到,苏格拉底重新将男童恋风俗当中蕴含的政治维度带回了中心位置。

② Hackforth 1952,31. 不过,哈克福斯也将审慎为了长远的利益而限制"眼前的快乐"看作透露出一些模糊的(faint)道德意识。

③ Annas 1999,322—325. 将道德同个人对幸福的追求彻底区分开来,正是康德道德哲学的出发点,见《道德形而上学奠基》IV 395.

④ 亚里士多德《尼各马可伦理学》1095a14—20;柏拉图对这一问题的表述是:当我们问一个人他想要这个好的东西是为什么时,回答"为了幸福"就是最终的回答,不必再追问下去了。见《会饮》204e - 205a。

⑤ 二者概念上的联系通常通过所谓的"工作论证"(一译"功能论证")建立起来:某物的德性就是该物借以完成其特定工作(ἔργον)的能力或品质;而如果人之为人有其特定的工作,那么幸福(活得好[εὖ ζῆν]或做得好[εὖ πράττειν])就是这种工作完成得好,而完成得好就是凭借其德性。代表性的论证,可参见柏拉图《理想国》352d - 354a;亚里士多德《尼各马可伦理学》1098a7 - 18。

按照亚里士多德的说法,有德性的人总是把荣誉和财富给予他的朋友。这种人不是庸俗意义上的自爱者,而是真正的自爱者,因为他把最好、最高贵的东西留给了自己(《尼各马可伦理学》1168b12－34)。当有德性的人这么做的时候,他并不是像德性伦理学的批评者理解的那样,把自我的幸福置于他人的福祉之前,而是因为从根本上说,希腊伦理学是一门思考如何安排自己的生活秩序,从而获得最完满的人性的学问。对自身之善的关注在这个意义上是伦理思考的题中之义,而不是与他人之善构成张力的两极。① 唯我主义(egoism)与利他主义(altruism)的二分法并非理解希腊伦理学的合适工具。②

就《斐德若》中的吕西阿斯演说词而言,苏格拉底同吕西阿斯的分歧,并不在于后者的立场是自私自利的,只关注友爱的用处。事实上,柏拉图的苏格拉底同样认为,自己能够获得属人的善、过上美好生活是人生的最终目的,而无论是友爱也好,正义也好,其价值的证成都必须回溯到它们对于人类生活最终目的(善)的"用处"上来。③ 换句话说,着眼于行动的好处、利益,并不意味着行动者自私,而是指向人类生活的基本目的。吕西阿斯的审慎者从未试图掩盖他的自利(231a4－6),因为这种自利并不像一些注释者所理解的那样,是某种缺乏道德诉求的表现,而毋宁说是一种道德义务。这一点最明显地体现在吕西阿斯演说词的头两个论点上:爱者追悔他曾经对被爱者献殷勤;他不顾自身能力献殷勤的举动,让他蒙受了损失——疏忽了自身利益最终会反映到被爱者的利益上来,因为爱者的损失会影响他与被爱者的友爱关系(231a－b)。一言以蔽之,在吕西阿斯演说词中,无能于追求自身的善是一种道德缺陷。

这种道德缺陷,用古希腊人的道德语汇来表达,就是缺乏审慎(σωφροσύνη)。从我们对吕西阿斯论点的分类和总结就能看出,审慎这种

---

　　① 参 Long 2001,30。朗指出希腊伦理思想的一个隐含前提:你不可能对你的共同体有益,除非你能够首先照料好自己(照料自己则必须了解你本性中最好的东西是什么)。

　　② 在西方伦理思想内部的古今之争当中,德性伦理学和伦理学的幸福论(eudaimonism)总是被它的现代批评者当作自我中心论/唯我论的(egocentric/egoistic)、无涉道德的(amoralist)。有意思的是,即使为德性伦理学申辩的现代学者,其理由也无外乎这样一点:如果幸福的生活意味着公正、勇敢、慷慨的生活,那么为自身的幸福而生活就不是以自我为中心。例如,Annas 2008,209。也就是说,支持德性伦理学的一方,仍然同它的批评者共享着同样的道德意识:道德绝不是出于对自身之善的关注。

　　③ 参弗拉斯托(G. Vlastos)对柏拉图的友爱和爱欲的著名批评(Vlastos 1981)。弗拉斯托在这篇论文中通过考察《吕西斯》、《理想国》和《会饮》,将柏拉图对话中关于爱的学说判定为"精神化的自我中心论",表现在爱的对象总是因为它对于爱者的用处而被爱的。对这篇论文及其后一系列争论的回顾和考察,见樊黎 2018。

德性是没有爱欲的人同有爱欲的人相比的最大优势:演说词涉及的五个理由都以不同的方式、在不同程度上指向审慎这种德性。这一点在苏格拉底随后的演说词中将更为清晰地展现出来:没有爱欲的人同有爱欲的人之间的差别,被明确地认作审慎及其反面——狂妄(hubris)——的差别。这种德性同样是柏拉图其他一些对话推崇的,包括像《斐多》、《理想国》这种核心性的伦理对话。纳斯鲍姆在她研究古希腊伦理思想的经典著作《善的脆弱性》论《斐德若》的一章(第七章)当中,认定吕西阿斯演说词和苏格拉底第一篇演说词所包含的观点,实际上就是柏拉图在早于《斐德若》的《斐多》、《理想国》等对话中认同的观点:审慎被理解为灵魂中理性对于非理性因素的统治;这种德性是通往幸福或(按照亚里士多德的表达)属人的善的必由之路;而包括欲望、情绪在内的非理性因素,则是一种障碍。① 纳斯鲍姆的观点是否能够成立呢? 要回答这个问题,我们必须依次检验下述几个问题:(1)吕西阿斯演说词和苏格拉底的第一篇演说词中所推崇的审慎,其实质意涵是否相同? (2)它们同通常被认为代表了柏拉图观点的《理想国》和《斐多》之间,是否存在纳斯鲍姆声称的一致性? 为了检验上述问题,我们将首先分析这两篇演说词,找到它们所推崇的那种审慎的实质意涵(本节余下部分及第二节);然后将吕西阿斯演说词和苏格拉底第一篇演说词所推崇的审慎,同《斐多》和《理想国》等对话中的相关讨论进行对比,检验纳斯鲍姆的观点。

那么,吕西阿斯演说词推崇的审慎的实质是什么呢? 我们已经看到,吕西阿斯的非爱者所谴责的,是爱者只会被动地跟随"眼前的快乐"(παροῦσα ἡδονή);而非爱者的优势,则是能够保证"未来的好处"(μέλουσα ὠφελία),即长期的好处。因此,要理解吕西阿斯式的审慎,就需要理解究竟什么是他在意的"好处"(ὠφελία)、这种"好处"以什么方式对立于"眼前的快乐";而非爱者又是凭借什么而抵抗"眼前的快乐"、凭借什么来保证长远利益。

显然,吕西阿斯的非爱者所说的"好处",不是别的,而是非爱者和男孩双方能够在一种持久而稳定的爱欲关系中享受持久而稳定的、不被爱欲的各种副作用所干扰的快乐。② 换句话说,非爱者的成功,不在于他能够提供不同于快乐、比快乐更好的东西;相反,非爱者同爱者一样,认为好处(ὠφελία)或者说善(ἀγαθόν)就是快乐;恶(κακόν)就是痛苦。但非爱者意识到,快乐和快乐之间会产生冲突。追求某些快乐意味着放弃另一些快乐。

---

① Nussbaum 2001,201—203.
② Ferrari 1987,96.

如果一种快乐带来更大的痛苦,从而剥夺了另一种更大的快乐,那么这种快乐就不应该被追求;而如果一种痛苦能带来更大的快乐,就理应被忍受。因此,非爱者同爱者的不同在于,他能够计算快乐,从而将长期的快乐最大化。而爱者所缺乏的那种审慎,实际上被理解为这种对快乐进行计算的技艺或知识。

　　这种计算快乐的技艺,正是苏格拉底在《普罗泰戈拉》当中详细说明的"衡量术"(μετρητική)。① 按照苏格拉底的说法,被"眼前的快乐"征服这件事——吕西阿斯演说词当中的爱者正是如此——是由于缺乏这种"衡量术"(357d)。这是因为,"眼前的快乐"会因为离得近而"显得更大",而未来的快乐则会因为离得远而"显得(更)小"。缺乏"衡量术"会让人过高估计眼前的快乐,从而做出错误的推算(356c‑e)。吕西阿斯的非爱者正是凭借这种"衡量术"才得以摆脱"眼前的快乐"的支配性力量。这也正是非爱者引以为傲的"审慎"的真正意涵。

　　然而,柏拉图在《斐多》中从根本上怀疑了这种对审慎,乃至一般而言对德性的理解(68d2‑69a9):

　　　　如果你愿意想想其他人的勇敢和审慎的话,苏格拉底说,你会认为它们很奇异(ἄτοπος)。……除了哲学家,所有人都是出于害怕和恐惧才勇敢。可是,一个人出于恐惧和怯懦而勇敢是毫无道理的(ἄλογόν)。……他们中间的规矩人又如何? 他们的感情不也是这同样的吗:出于某种放纵而审慎? 我们会说这是不可能的,尽管如此,关于这种天真的审慎(τὴν εὐήθη σωφροσύνην),这些人有类似的感情。他们畏惧某些快乐被剥夺,而他们欲求这些快乐,由于被这些快乐主宰,他们才让自己摆脱另一些快乐。他们把受快乐统治称为放纵,可是,他们主宰这些快乐,恰恰是因为他们受另一些快乐主宰。这岂不与刚才说的一样嘛,也就是一个人出于放纵而审慎? ……亲爱的西米阿斯啊,这不是求取德性的正确交易,即用快乐换取快乐,用痛苦换取痛苦,用畏惧换取畏惧,

_____

　　① 需要注意,苏格拉底推出这一技艺对生活有着极端重要的价值,建立在一个关键假定之上,即所谓的善就是快乐,所谓的恶就是痛苦;享受快乐是坏的,如果它剥夺了更大的快乐或引致了更大痛苦,而遭受痛苦是好的,如果它避免了更大的痛苦或带来了更大的快乐。苏格拉底明确表述并再三询问对话者是否同意这一假定,恰恰表明了苏格拉底完全意识到这一假定是可疑的(见《普罗泰戈拉》353c‑354e,355a)。因此我们不能同意苏格拉底自己主张这种"衡量术"的看法。当然,我们的这一看法并未被所有研究者接受。相反的看法,即《普罗泰戈拉》当中提出的这种快乐主义就是对话中苏格拉底自己的立场,代表性的文献参见 Taylor 1976,Irwin 1977。纳斯鲍姆也赞成这一观点,见 Nussbaum 2001,109—117。

哪怕是用更大的换取更小的,好像这些东西是钱币。

在这一段落中,苏格拉底明确将矛头指向了将审慎理解为快乐计算的看法:这只是一种"天真的审慎"(68e5);通过衡量快乐或痛苦的大小所获得的德性只是"德性的虚影画"(σκιαγραφία,69b6)。显然,《斐多》中的苏格拉底不会同意吕西阿斯的非爱者所鼓吹的那种审慎。后者的问题不是关注自身的好处(像前述某些现代注释者所理解的那样),而是以一种错误的方式关注自身的好处:善并不能被快乐所定义。

2. 苏格拉底的第一篇演说词

同吕西阿斯的演说词相比,苏格拉底的第一篇演说词结构工整得多。吕西阿斯的演说词是以没有爱欲的人的口吻劝说少年同自己在一起,而苏格拉底的第一篇演说词的劝说者则是一位有爱欲的人,但他伪装成没有爱欲的人劝说少年。劝说者首先提出并回答了爱欲是什么的问题,因为"凡想要考虑得好,就得有一个原则,即必须看到要考虑的东西究竟是什么,不然的话,必然会整个儿搞错"(237b7 - c2)。演说者声称,爱欲是一种特定的欲望,它缺乏道理,战胜关于是非的判断,它追求身体之美,为了在其中获得快乐(238b5 - c4)。接下来,这位劝说者声称,如果被爱者同一位有爱欲的人在一起,会严重损害被爱者的灵魂、身体和财产(κτῆσις)——广义上的财产,大致相当于亚里士多德所谓的外在善。在灵魂方面,有爱欲的人必定会让被爱者更软弱、更低贱;有爱欲的人十分嫉妒,因而不允许被爱者接触哲学,这样被爱者才会更依赖他(238e2 - 239c2)。在身体方面,有爱欲的人会让被爱者虚弱、绵软、女性化,毫无男子气概,因为这样才符合他的口味(239c3 - d7)。在外在善方面,有爱欲的人要让被爱者失去父母、亲属、朋友,也失去钱财(οὐσία),陷入没有妻儿、没有家庭的窘境(239d8 - 240a9),因为所有这些都妨碍他独占被爱者。除了上述这些害处,这位伪装成无爱者的爱者还声称,有爱欲的人是最令人不快和最不值得信赖的人(240e8 - 241c1)。演说词到这里戛然而止,没有继续赞美与爱者相对的非爱者。苏格拉底解释说,对非爱者的赞美实际上已经完成了,因为爱者的缺陷反过来就是非爱者的优点(241e1 - 242a1)。①

---

① 参见 Rowe 对这篇演说词的总结(1986a,158)。

苏格拉底的第一篇演说词是为了同吕西阿斯的演说词争胜而作的(236b－e)。不消说它们试图证明的是同样的观点。不过,苏格拉底在这篇演说词当中所做的,不仅仅是把吕西阿斯演说词随意拼凑的论点整理了一遍。在吕西阿斯演说词中,有爱欲的人之所以糟糕,是因为他是一位患病的病人(231d),因而难以成为可靠的——即保证互惠互利的——伴侣。而在苏格拉底的这篇演说词中,有爱欲的人的形象则稍稍有些偏移。吕西阿斯演说词中,灵魂的疾病虽然也被当成一种道德缺陷,但与这种道德缺陷相关的道德义务是对自身之善(好处、利益)的关注,也就是说,爱者的道德缺陷仅仅体现在他因为欲望忽视了自身之善;而爱者对被爱者的损害只是这种道德缺陷的一个相关后果。而在苏格拉底的第一篇演说词里,爱者的道德缺陷却直接体现在他对被爱者利益的蓄意损害上面。换句话说,苏格拉底第一篇演说词中的爱者被描绘成一个不正义的人。如果说,对有爱欲的人,吕西阿斯演说词主导性态度是怜悯的话(233b5),苏格拉底第一篇演说词的态度则是义愤——一种对不正义的反应。在这里,有爱欲的人之所以糟糕,不是因为他疏忽了自身的利益,从而影响到双方的友爱关系,而是因为爱者为了自己的满足主动地去损害被爱者的利益。从文本上来看,吕西阿斯演说词提到的头两个论点——爱者献殷勤导致自己利益受损,之后埋怨被爱者(231a－b)——在苏格拉底第一篇演说词中消失了。取而代之的,则是将爱者描绘成表面上对被爱者好,而真实意图却仅仅是寻求自身欲望的满足:有爱欲之人对被爱者的爱,就像是狼对羊的喜爱(241c6－d1)。有爱欲之人的形象发生了这样一种偏移,与之相对的审慎者的形象也就发生了相应的偏移。我们将在下文具体分析苏格拉底的第一篇演说词,追踪上述偏移是如何发生的。我们认为,揭示了审慎者形象发生偏移的原因,也就揭示了这篇演说词中的审慎的意涵。

苏格拉底的第一篇演说词首先要为爱欲下定义。不过这并不是一个简单的事,给爱欲下定义的企图在一开始就遭遇了一个问题,甚至是一个悖论。一方面,"每个人都清楚,爱欲是一种欲望";另一方面,"我们知道即便无爱欲的人也欲望美的东西"。我们自然会问:"那么,我们又该怎样区分有爱欲和无爱欲呢?"(237d3－5)这个问题实际上是提给吕西阿斯演说词中的劝说者的。吕西阿斯演说词虽然将有爱欲的人同没有爱欲的人对立起来,但它从未明确交代二者的区别。如果我们考虑到,性欲是爱欲的首要形式,[①]我们不禁

---

① 我们当然是指苏格拉底和柏拉图时代的情形。路德维格(P. Ludwig)指出,最初在荷马那里,爱欲(eros,中间是短 o)一词并不用来指性欲或针对个别人的欲望,而是用来指对食物、饮料的欲望(例如著名的程式语"当他们满足了喝酒吃肉的欲望之后"),甚至于用来指对战争的欲望(如《伊利亚特》13. 636－9)。见 Ludwig 2002,124－126。

会问,一个没有爱欲的人,又如何会企图向一位少年求欢呢(这一问题同样适用于吕西阿斯演说词中的非爱者)? 如果就企图获得性快感而言,有爱欲的人和没有爱欲的人无从区分,那么区分二者的又是什么呢? 我们在对吕西阿斯演说词的分析中看到,区分二者的是没有爱欲之人的审慎(σωφροσύνη)。苏格拉底的第一篇演说词开头对爱欲的定义,正是对这一点的明确说明和进一步阐释:没有爱欲的人和有爱欲的人之间的区别,是审慎者(σώφρων)和狂妄者(ὑβριστής)的区别。尽管"每个人都清楚爱欲是一种欲望"(237d3 - 4),但实际上爱欲不是欲望(ἐπιθυμία)的一种,而是狂妄(ὕβρις)的一种。没有爱欲的人也可以追求美少年,但因为他审慎而不狂妄,他的欲望不能算作爱欲。

这一多少有些别扭的定义如果成立,有爱欲的人便一定缺乏审慎。但苏格拉底对这篇演说词的"设定"却削弱了这一定义的可信度。苏格拉底介绍,这篇演说词是一位有爱欲的人,他为了战胜其他追求者,伪装成没有爱欲的人来引诱被爱者(237b)。这一设定意味着,有爱欲的人并不像他自己所描述的那样狂妄和鲁莽;他同样可以十分狡猾,或者说审慎。

让我们暂时离开这篇演说词的设定,回到它的内容上来。为了说明爱欲的定义,演说者提出了一种解释人类行为机制的图式(237d6 - 238a2):

> 必须注意到,我们每个人身上都有两种统治和引导的东西(ἄρχοντε καὶ ἄγοντε),它们引领到哪儿我们就跟到哪儿。一个是天生的(ἔμφυτος)对诸快乐的欲望,另一个是习得的(ἐπίκτητος)、趋向最好的东西的意见。这两类东西在我们身上有时一心一意,有时又反目内讧;有时这个掌权,有时那个掌权。当趋向最好的东西的意见凭靠道理(λόγῳ)引领和掌权时,这种权力的名称就叫审慎。可是,若欲望不讲道理地(ἀλόγως)拖拽我们追求种种快乐,并在我们身上施行统治,这种统治就被叫作狂妄。

现在,让我们按照上述图示向没有爱欲的人提出那个问题:一个没有爱欲的人,按定义即是一个欲望受到讲道理的意见控制的人;这样一个人为什么会去追求美少年? 没有爱欲的人也会欲望美的事物(237d4 - 5);这时他身上的两种原理(ἀρχαί)——寻求快乐的欲望和寻求善的意见——必定是一致的,因为如果它们不一致的话,要么(当欲望主导时)他就会是一位有爱欲的狂妄之人,要么(当意见主导时)他就不会去欲望美少年。换句话说,当没有爱欲的人欲望美的事物的时候,他只在这美的事物同时也是有益的情形下欲望它。但按照定义，欲望是对快乐的欲望（237d8）。因此在没有爱欲的人所欲望的美的事物中，既有令人快乐的事物，也有对人有益的事物。关于没有爱欲之人的欲望，我们可以用下图来表示：

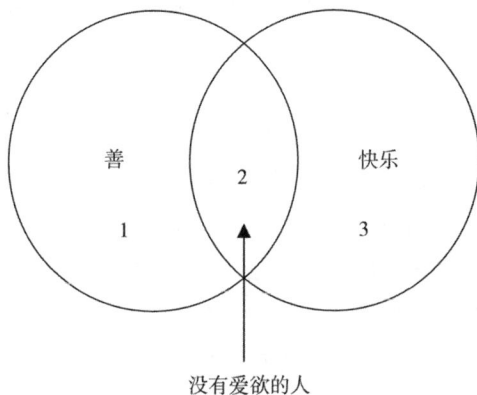

图1 苏格拉底第一篇演说词中的人类行为图示

上图中两个圆交叠的部分（区域2），代表既令人快乐又对人有益的事物。这类事物是没有爱欲的人的欲望对象，即欲望同意见一致时的对象。苏格拉底第一篇演说词的演说者声称自己就是这样的人。而有爱欲的人所欲望的对象，则是区域3代表的一类事物：令人快乐但没有益处。而区域1代表的事物，有益但不令人快乐的事物，在苏格拉底第一篇演说词的叙述中则是不相干的。我们可以说，区域1的意涵是一个没有爱欲的人，也不追求美少年。

需要注意的是，按照苏格拉底演说词的说法，以快乐为目的的原理——欲望——是天生的（ἔμφυτος），而以善为目的的原理——意见——则是后天习得的（ἐπίκτητος）。也就是说，在这篇演说词的视野中，所有人天生就关心快乐，没有人天生关心善。为了避免天生的对于快乐的追求导致恶，唯一办法是让指向善的意见对欲望进行审查，只有那些有益的快乐才能被允许。看起来，苏格拉底的第一篇演说词严格区分了快乐与善，从而使这篇演说词的立场区别于吕西阿斯演说词：后者将好处（ὠφελία）即善理解为快乐的最大化。上述印象被这样一种论述加强了：我们注意到，苏格拉底让他的演说者将意见同道理（λόγος, 237e3）或理智（νοῦς, 241a3）相联系，欲望则同缺乏道理（ἄλογον, 238a1）和缺乏理智（ἀνόητον, 241a8, b1）相联系。[①]

我们将证明，上述印象只是一种假象。让我们通过演说者举出的例子

---

① Ferrari 1987, 95—97; cf. Hackforth 1952, 41—42, Nussbaum 2001, 205—206.

(238a2 - b5)尝试理解他在欲望的内在性和意见的外在性之间做出的区分。演说者的第一个例子是贪吃。同爱欲一样,贪吃不仅是食欲,而且是一种狂妄,也就是说,是对食物的过度欲望不受关于善的意见拘束的情形。这里的欲望是一种什么样的欲望呢?显然,并不是所有食欲都是倾向于过度的。对最简单的,用以果腹的食物的欲望,有一个明确的自然限制。"我吃饱了"这种感觉就划定了这种欲望的尺度:在身体所需要的食物被满足之后,身体对这些食物的欲望就消失了。这种欲望在《理想国》中被称为"必需的欲望",即"有益的,或没有它就活不下去的欲望"(559b)。按照苏格拉底的说法,这种欲望只欲求简朴的食物和普通的菜肴。可以看到,这种欲望就是《理想国》第二卷中描绘的那个初民城邦的欲望(369b - 372d)。显然,这种欲望并不在非爱者的视野之内。贪吃者的欲望指向味蕾的满足,而不是身体的善(健康)。而这种欲望没有内在的尺度;它也可能消失,但不会因为达到了(比如)对身体有害这样的边界而消失。演说者的第二个例子是贪杯。同样的,贪杯的欲望在某种意义上不是人的自然欲望:没有一个自然的身体需要酒才能活下去或者活得好。但饮酒带来的快乐让饮酒的人天生就倾向于过度。这时,就需要一个外在的原则对缺乏内在界限的欲望进行限制。社会习俗往往扮演了这个角色:饕餮和滥饮不好,因为它们违背习俗的常轨。在这里,善恶是由习俗指定的;而习俗是社会加诸个人的限制。这么看的话,欲望的内在性与意见的外在性之间的对立,似乎指向自然(个人)与习俗(社会)之间的对立。

然而,并非所有限制欲望的善都是社会性的。难道我们不是每个人都想要健康吗?健康是希腊人都承认的自然的善。如果一个人限制贪吃的欲望,是出于健康这一理由,这种意见还是外在的吗?显然,我们无法以上面的方式将基于自然之善的意见归为外在的,即来自社会的。那么,当我们为了健康而放下酒杯的时候,这一行动的原理在什么意义上是外在的呢?

实际上,将欲求自然之善理解为某种外在的原理,同内在的欲望原理对立起来,只有以下面这种方式才能得到理解:尽管我们所有人,哪怕不受社会习俗的约束,也都寻求自然之善,但这一寻求并不立足于当下的感受,而是需要我们从感受后退一步,通过考虑和计算找到自然之善的实现方式。与之相对,在演说者看来,欲望忠于当下的感受,因而对快乐亦步亦趋,完全不加考虑和计算。按照这篇演说词的看法,人本性上不是理性的动物,而是按照感受(κατὰ πάθος)生活的动物。所有的善都是计算(λογίζεσθαι)的结果,而实施这种计算是人本性之外的,换句话说,习得的(ἐπίκτητος)。

显然,这样一种看法并不能和吕西阿斯演说词的看法区别开来。在吕西阿斯的非爱者那里,"未来的好处",即快乐的最大化,同样是计算的结果。诚然,苏格拉底的演说者并未将善等同于快乐的最大化,但他也绝不排除建立这种等同。对他来说,关键不在于善是否被等同于快乐,而在于我们是按照当下的感受生活,还是能够摆脱当下的感受的支配,通过计算找到实现善(无论如何理解它)的方式。苏格拉底的演说者丝毫不关心如何理解善。①如果缺乏对属人之善的反思,那么计算的目标就成了任何一种被当作是善的东西,包括快乐。从演说者之后对爱者的谴责看来,他正是这样做的。②

因此,一方面,苏格拉底的第一篇演说词把吕西阿斯演说词的论题包括进自己的论题之中:旨在最大化欲望的计算仍然属于寻求善的计算,后者同"眼前的快乐"或当下的感受相对抗。但另一方面,吕西阿斯演说词将善还原为最大化的欲望,则在对善的理解问题上更具反思性。同苏格拉底的演说者相比,吕西阿斯的享乐主义代表了一种更加智术化的人生态度。非爱者会赞同《普罗泰戈拉》当中苏格拉底模拟的说法:(像苏格拉底的第一篇演说词那样)区分出善和快乐是荒谬的。在他看来,我们之所以追求健康或追求其他自然和习俗意义上的善,最终只不过是为了更大的快乐。

如果按照上面的人类行为图示,尤其结合演说者举出的例子,我们大概会以为,爱欲的问题像贪吃或者贪杯那样,在于损害欲望者自身的善——自然的或者习俗的善。例如,贪吃得了高血压,就是对美食的欲望压倒了适度饮食有利健康的意见。但实际上,演说词对爱者的分析,并不是要表明欲望对爱者的支配让爱者的好处受到了损害,而是要表明,欲望支配下的爱者必将损害被爱者的好处。这个结论同上述人类行为图示的关系并不清楚。一方面,爱者对快乐的追求是否必然导致对被爱者利益的损害,答案至少是不明显的。另一方面,审慎的非爱者,按上述图示应是正确地看到并致力于自身利益的人;这样的人同样可能在与他人的交往中损害他人的利益,如果这么做对自己来说是最好的话。要通过爱者欲求快乐而不是善这一点,推出被

---

① 《斐德若》前两篇演说词所推崇的这种不考虑目的的计算能力,相当于亚里士多德所说的"聪明":"有一种能力叫作聪明(δεινότης),它是这样一种能力,对于那些导向设定的目标的事情,它能够做到并命中目标。如果目标是高贵的,这种能力就会被称赞;但如果目标是卑贱的,它就是狡诈。因此我们说明智和狡诈的人都是聪明的。明智并不等于这种能力,但也不能没有这种能力。灵魂的这只眼睛离不开德性,我们已经说得很清楚了。"(《尼各马可伦理学》1144a23 - 31,廖申白译文,有改动)

② 费拉里认为苏格拉底第一篇演说词同吕西阿斯演说词相比,有一种对快乐的敌意(hostility),他把这种倾向称为清教主义(puritanism),见 Ferrari 1987,96—97,99。我们认为,费拉里正确地观察到了苏格拉底第一篇演说词当中包含的义愤的情绪,但他错误地将这种义愤解释为对快乐的敌意。事实上,苏格拉底的演说词并没有将快乐本身当作善的对立面,否则他也不会将"令人不快"当作爱者的主要缺陷之一(240c - e)。

爱者会受到损害,似乎必需假设追求者和少年具有吕西阿斯演说词所强调的
"共同利益"才行:爱者对自身利益的损害同时也是对少年利益的损害,或者
说,少年的利益遭受损害,爱者自己也没有好处。但这一点即使隐含在苏格
拉底的第一篇演说词当中,也没有成为这篇演说词关注的重心。如我们之前
看到的,这篇演说词关心的不是有爱欲之人的愚蠢,而是他的不正义。

无论如何,苏格拉底的第一篇演说词在下面这一点上修改了吕西阿斯
的论点:爱者根本不会给被爱者带来任何好处,而且爱者存心如此。要做到
这一点,演说者完全改变了他提出的人类行为图示的实质意涵。在原本的
理解中,无论是身体自然产生的欲望(比如人体对水的自然需要),还是由于
其他原因产生的欲望(例如酒瘾),都是通过生理性快感来满足。如果是这
样的话,爱欲从根本上说是一种与他人无关的激情;爱者在意的只是自身欲
望的满足所带来的生理性快感。至于他人,爱者并不关心;他可能会因为追
求生理性快感而去损害他人,但他并不意图去损害他人。换句话说,如果爱
欲像苏格拉底提出爱欲与审慎的图示时所暗示的那样,追求的是生理性的
快感,那么爱欲就是非社会性的。

但爱者的快乐,却不是(或不仅仅是)生理性快感(238e2 - 239a2):

> 受欲望统治的人给快乐当奴仆,必然会让这个被爱者尽可能令他
> 快乐。可是,对这个正在害病的人来说,凡不反抗他的(ἀντιτεῖνον)就
> 令他快乐,凡比他更强的(κρείττω)和与他一样的(ἰσούμενον)都遭恨。
> 因此,有爱欲的不愿意忍受男孩比自己更强或与自己一样,总是令他更
> 弱(ἥττω),更有欠缺(ὑποδεέστερον)。

可以看到,爱者对被爱者的欲望,最初虽然指向生理性快感,但在两人
交往过程中,爱者所欲望的那种快乐转化成了"不遭到反抗"的快乐,即支配
被爱者的快乐。爱者对被爱者的支配诚然是为了保证爱者能够让被爱者满
足自己的生理性欲望,但现在,爱者获得他的快乐,并不需要他直接获得生
理性快感,而只需要获得他能够支配被爱者的感觉。快乐就是支配别人的
感觉,而支配别人需要力量,因此快乐也就是拥有力量的感觉。类似的,善
也是通过力量的强弱来解释的:被爱者受到的损害,是变得更无知、更怯懦、
更木讷、更迟钝、更虚弱、更穷困——所有这些之所以被认为是一种损害,恰
恰是因为它们让人更弱、更缺乏力量(239a2 - 4)。演说者将爱欲(ἔρως)的
词源追溯到力量(ῥώμη),恐怕不是一个巧合(238c3)。在演说者看来,这恰
恰就是爱欲的本质:爱者因爱欲拥有了支配被爱者的力量。正是由于上述

"逻辑",演说者才得以建立起爱者的欲望同被爱者的好处之间的(负相关)关系。

善就是拥有力量,而快乐就是拥有力量的感觉。经过这样的重新解释,上述人类行为图示中灵魂内部的两种原则之间的对抗,被搬到了人与人之间的舞台上,转换为拥有不同力量的人之间的支配与反抗。如果说吕西阿斯演说词中爱者与被爱者构成一种商业伙伴关系的话,苏格拉底第一篇演说词中爱者与被爱者则构成一种政治关系。爱者的主要缺陷不是缺乏清醒的头脑保证自己和对方的利益,而是由于自身被欲望所支配,从而不正义地支配被爱者。爱者自身内部欲望对意见的奴役(238e3)以某种方式转化为了爱者对被爱者的奴役。

伴随着上述对爱者和被爱者关系的重新解释,苏格拉底的第一篇演说词呈现出完全不同于吕西阿斯演说词的语调。吕西阿斯演说词的语调是冷静的,它口中的爱者是一个反复无常但又软弱无力的麻烦。而苏格拉底的第一篇演说词的语调则是激愤的,它口中的爱者则是一个拥有支配性力量的僭主式人物。这也就解释了我们在本节一开始就观察到的爱者形象的偏移。同时,苏格拉底第一篇演说词中的审慎的实质意涵也得到了揭示。审慎意味着约束自己的欲望,但这并不意味着关注自身的善(不管我们如何理解这种善)。实际上,这篇演说词关注的根本不是欲望对欲望主体的影响。演说者深入人的内部找到两种原则的对抗,只是为了呈现人与人之间的对抗:欲望同非欲望原则(意见)的对抗,只是欲望主体(爱者)同非欲望主体(非爱者)之间对抗的内在投射。在这一对抗中,欲望被呈现为对力量和支配的欲望。约束自己的欲望实质上是让自己不再寻求将自己的欲望强加于他人之上。从这种意义上说,这篇演说词所推崇的审慎就是正义。

可是,如果说欲望是对力量的欲望,那么约束欲望的审慎无非就是对力量和权力的放弃。审慎者用意见和道理战胜欲望,不恰恰是把自己放在了同被爱者一样的地位——被他人的欲望所支配吗? 我们注意到,爱者对被爱者造成的最大损害是让后者缺乏勇敢和智慧(239b - d)。演说者暗示了,爱者并不会让被爱者缺乏审慎和正义。这恰恰是因为,按照演说者的看法,审慎和正义实际上意味着软弱无力。因而审慎者是最顺从的奴隶。[1] 僭主式的爱者最喜爱的就是审慎的被爱者;他最恐惧的倒是充满爱欲的人,因为爱欲能够鼓舞起反抗僭政的勇气。雅典妇孺皆知的民主神话之一,就是一对怀有爱欲的情侣刺杀僭主的故事:庇西斯特拉图家族的僭主希帕库斯

---

① 参 Benardete 1991,124—125。

(Hipparchus)追求哈尔谟迪乌斯（Harmodius），被后者拒绝。僭主恼羞成怒羞辱了哈尔谟迪乌斯的家族。哈尔谟迪乌斯于是同自己的爱侣阿里斯托格通（Aristogeiton）密谋刺杀了僭主。① 当苏格拉底第一篇演说词谴责欲望主体对客体的奴役的时候，却暗示了审慎者的软弱。

　　只有看到了这一点，我们才能理解苏格拉底为他的第一篇演说词编写的情境：这篇演说词是一位爱者伪装成非爱者来引诱被爱者的（237b）。爱者为何要伪装成非爱者？因为他需要让被爱者相信审慎的好处，从而让被爱者更好地被他控制。如果他公开自己的爱欲，就不适合谴责爱欲、赞美审慎了。借用演说者自己的表达，赞美审慎，就是赞美无力反抗的羔羊。同样，把握了审慎的实质意涵，我们也就能够解释演说词为何进行到一半就结束了（241d）。假如演说词继续，接下来就必须赞美非爱者的审慎。但演说者无从赞美审慎，因为演说词完全是从反面理解审慎的。被正面地理解的是审慎的对立面——狂妄（ὕβρις）：狂妄就是用力量满足自己的欲望，尤其是强迫他人满足自己的欲望，也就是不正义。审慎只不过就是非-不正义。如果要从正面来理解审慎或者说非-不正义，演说词唯一的暗示就是将它理解为软弱无力。但这仍然是一个极为空洞的概念，更不用说在希腊文化中这不可能被赞美。演说词后半部分的缺失，正对应了审慎概念的空洞。这篇演说词中的审慎概念为何如此空洞？这一概念的空洞同演说词提出的行为图示有什么关系？我们将在下文中寻找答案。

3. 柏拉图对话中的审慎

　　在之前的两节当中，我们初步分析了《斐德若》中吕西阿斯演说词和苏格拉底第一篇演说词，试图把握这两篇演说词中所推崇的审慎的意涵。这一节中，我们将把视野扩展到柏拉图其他对话。在当代对古希腊伦理思想的经典研究，纳斯鲍姆的《善的脆弱性》一书中，作者提出了一个著名的论断：《斐德若》在伦理学的一个核心方面修改了在它之前的柏拉图"中期"对话（以《理想国》为代表）的观点；而《斐德若》当中的前两篇演说词——吕西阿斯演说词和苏格拉底第一篇演说词——在某种程度上是柏拉图旧观点的化身。纳斯鲍姆认为，这两篇演说词提出的观点同《斐多》、《理想国》、《会

---

　　① 这个故事在《会饮》中被包萨尼亚（Pausanias）用来说明僭主对爱欲的防备，见《会饮》182 c - d。

饮》等对话中苏格拉底所支持的观点高度一致：它们都认为，对个别人的爱欲、感受、情绪这些所谓的"非理性因素"在美好生活中没有内在价值。纳斯鲍姆认为，在《斐德若》之前的对话中，柏拉图将疯狂看作完全负面的事物：疯狂被当作一种恶（《理想国》400b2，参 382c8，《美诺》91c3），同欲望的过度满足或者狂妄相关（《理想国》403a－e，《克拉底鲁》404a4）；疯狂带来错觉、愚蠢（《理想国》539c6，537a－b，参 382e2），造成灵魂内部的奴役（《理想国》329c，《会饮》215c－e）。这是因为，疯狂是与审慎相反的一种灵魂状态：灵魂的非理性因素，即欲望与情绪，战胜了并统治着理智。而按照纳斯鲍姆的解释，在这些对话中，只有理智才能把握真正的、内在的价值，从而正确地引导灵魂；而灵魂的非理性因素则是盲目的，既不能理解，也不能发现真正的价值，只会妨碍理智思考、误导灵魂。因此，如果灵魂中非理性因素反过来统治理智，灵魂内部的自然秩序就发生了错乱。[①] 纳斯鲍姆认为，除了一些细节上的出入，[②]上述观点正是《斐德若》前两篇演说词所主张的观点。

　　事实是否如此呢？我们以《理想国》的复杂论述作为坐标，看看《斐德若》的前两篇演说词处在什么位置。吕西阿斯的审慎者的处事方式，是以"长远的利益"为目的，而不屈服于"眼前的快乐"（233b6－c2）。然而他所谓的"长远的利益"来自更稳定、长久的爱欲伴侣关系。因而所谓"长远的利益"不是别的，其实是稳定、长久的快乐。吕西阿斯的审慎者能够通过理性计算，最大限度地达成他的目标。换句话说，他能够将欲望对象化，成为服从成本-收益计算的商品。[③] 这显然是一种商人的世界观。吕西阿斯演说词向少年提出的建议，在某种意义上是一种商业伦理。我们不要忘了，吕西阿斯的父亲克法洛斯是一位侨居雅典的富商。在《理想国》开头，克法洛斯也向苏格拉底吹嘘自己的审慎（329a－330a）。这也就解释了，一些研究者会倾向于认为，吕西阿斯演说词当中的商人世界观，来自他的父亲，或者是继承了克法洛斯的商人基因，或者是耳濡目染于克法洛斯的教诲。[④] 总之，

---

　　① 纳斯鲍姆概括为四个方面：(1)欲望不指向善；(2)欲望必定趋向过度；(3)欲望歪曲真理；(4)理性是真理的充分条件，理性越是能抵御非理性的影响，越能达到真理（Nussbaum 2001,205）。费拉里已经对这一解读提出了批评；他认为《理想国》的主张实际上复杂得多（1987,253n. 16）。

　　② 例如，吕西阿斯演说词劝说少年满足没有爱欲的追求者的性要求（Nussbaum 2001,206）。纳斯鲍姆的解释是，是否发生性行为不是重点；在《理想国》中，最好的城邦为了延续，也必须有严格规划的性行为，而第八卷的讨论中也明确允许存在有益健康和美好生活的性行为。吕西阿斯演说词中推荐的那种性行为，恰好符合这一条件，因为按照演说词的说法，二人的性关系不会掺杂不可遏制的情欲和疯狂（Nussbaum 2001,210）。

　　③ Rosen 1969,432.

　　④ 罗森（S. Rosen）、费拉里和尤尼斯（H. Yunis）都指出了吕西阿斯和克法洛斯的关系。纳斯鲍姆甚至猜测演说词中的建议就是克法洛斯给吕西阿斯的建议，见 Nussbaum 2001,208。

吕西阿斯的审慎者身上,有他父亲的影子。

克法洛斯引以为傲的审慎,从他对待金钱的态度上可见一斑。他的祖父继承了家业后,让财富增加了几倍;而他的父亲则又让财富缩水到他祖父继承下来的水平(330b)。可以推想,他父亲挥霍无度,而他的祖父则相反,贪鄙吝啬,只想着积攒财富。在这方面,克法洛斯处于祖父和父亲之间,既不挥霍,也不悭吝。柏拉图如何看待这种"审慎"呢?在《理想国》第八卷,苏格拉底描述了灵魂类似于寡头式政体的个人(553a–555a)。这样一个人,被爱财的欲望支配,并且用这种欲望压抑了享乐的欲望,但绝不是由于相信享乐的欲望是不好的,也不是出于道理(logōi,554d2)。我们能够辨认出,克法洛斯的祖父就是这种寡头式的个人。寡头式的父亲产生民主式的儿子(558c–562a)。克法洛斯的父亲的挥霍享乐,正是民主式个人那里平等地满足一切欲望的写照(559c,561a–d)。而民主式个人产生的根本原因,就是在寡头式个人(父亲)那里表面上被压抑的那些欲望,实际上潜在地滋长,最终占据了一个人的灵魂(560a–b)。克法洛斯本人,则介于祖父和父亲之间,寡头式个人和民主式个人之间,放纵和悭吝之间(572d)。在柏拉图看来,这样一种"审慎",同真正的审慎,也就是理性的统治毫无关系;它甚至也不是第二好的、爱荣誉的部分(意气)的统治,而是欲望的统治(552d);只不过在这里,既不是较好的欲望(爱财)统治了更糟的欲望(享乐),也不是相反,而是二者达成某种妥协。如果说吕西阿斯演说词的非爱者对应了《理想国》当中的某种主张的话,那么这种立场绝不是柏拉图本人(假定对话中的苏格拉底是柏拉图的"代言人")的主张,而是克法洛斯,或介于寡头式个人和民主式个人之间的那种人的主张。

不过,无论克法洛斯的事业在多大程度上启发了吕西阿斯演说词中的那个审慎的商人,我们都不能忘记,克法洛斯和吕西阿斯已经是两代人了。这不仅是指自然的代际,也是社会文化的代际。《理想国》第一卷生动地刻画了两代人之间的变迁。当苏格拉底一行人来到克法洛斯家的时候,这位老人刚刚向神做完献祭(328c)。对话从老年的话题开始。克法洛斯提到,老年之所以对许多人造成困扰,是因为身体衰弱,无法获得年轻时的声色犬马之乐。但他自己则没有因为老年而遭受太多的困扰;克法洛斯认为这是由于他性情温和节制。克法洛斯还声称,他在金钱方面也同样审慎,既不奢靡浪费,也非一毛不拔。当苏格拉底问道,金钱给克法洛斯的老年生活带来的最大好处时,后者回答道,有钱的最大好处,就是不必被迫欺骗,也不用被迫欠负神和人的债务(331b)。克法洛斯把不亏欠神看得至少和不亏欠人一样重要,如果不是更加重要的话。在苏格拉底的追问下,克法洛斯很快退场,继续向神献祭去了(331d)。这位出场前和退场后都惦记着献祭的老人,他眼中的世界是一个包含了神和人的世界。神虽然不向众人显现，但却是人类生活的终极裁判，按照善恶分配奖惩。柏拉图暗示，神也是克法洛斯的德性的最终保证：生前不正义的行为要在冥府受到惩罚，是正义的最有力的理由（330d－331a）。① 在克法洛斯那里，神圣事物仍然建构了人类生活的秩序。但苏格拉底接下来的提问却引发了整个讨论的关键转向。苏格拉底问克法洛斯，正义是否就是你的论述中所暗示的那样，在于说真话和欠债还债（331c）。苏格拉底毫无预兆地将克法洛斯那番话中关于人神关系的部分排除在讨论之外。② 《理想国》讨论的真正开端的标志，不仅是克法洛斯在情节上退场了，而且是他所代表的老一代人的世界观被年轻一代的，更加"世俗"的世界观取代了。

《理想国》第一卷中两代人之间的差异，也反映在吕西阿斯演说词中自诩审慎的非爱者形象，同克法洛斯形象的差异当中。这一差异集中体现在非爱者对爱欲的态度。一般人对爱欲的经验中包含了某种不由自主的体验，仿佛与某种超出人类之上的力量相遇。爱欲因而被希腊人奉为神明。③ 正因如此，基于爱欲的关系赢得了一种特殊的地位，能够无视通常的行为准则，构成常识的某种例外。④ 然而，在吕西阿斯演说词当中，爱欲被彻底"除魔"了。我们已经看到，吕西阿斯式审慎的实质是对快乐的计算。而这种计算建立在一种还原论的人性观的基础上：人被还原为身体、人性论被还原为生理学、快乐或痛苦被还原为生理学-生物化学现象，从而成为能够被计算的对象。伴随着这一"理性化"过程的，是爱欲变得不可理解，只能被归为某种病态（νόσος）。如果按照吕西阿斯演说词的看法，爱者在欲望中感受到的那种令其不由自主的强力，实际上只是对欲望这种生理现象做出的不恰当的、迷信的解释。而非爱者拒绝这一解释。人类生活的秩序只能由人能够理解的方式建立。在这个意义上，非爱者引以为傲的自制（ἐμαυτοῦ κρατῶν），乃是人的自我立法（autonomy）。⑤

---

① 参 Annas 1981，20。

② 参 Strauss 1964，67。

③ 赫西俄德《神谱》116－120。

④ Ferrari 1987，89—90；参《会饮》中包萨尼亚的发言，尤其是 182d－183b，及本章第一节的相关论述。

⑤ 罗森对吕西阿斯演说词中的非爱者形象进行了精彩的剖析。他将这一形象的意涵概括为人文主义者（即世俗主义者）、享乐主义者、功利主义者和技术主义者。后三个方面在某种程度上都依赖于非爱者的世俗主义：排除神圣事物之后，他对于人性的理解建立在生理性的基础上，善被理解为来自身体的快乐。他因而是一个享乐主义者。以来自身体的快乐为目的，人的行为或品质就能依照它们在达到目的过程中的用处而被赋予相应的工具性价值；吕西阿斯的演说词就是以这种功利主义的方式赞美没有爱欲的人的审慎。而被身体性快乐所定义的善，在原则上是可计算的；这也就意味着，在追求身体行快乐的过程中的一切问题，原则上都可以通过技术手段解决。因此，吕西阿斯的审慎者也是一个技术主义者。见 Rosen 1969，433—434。

在这一点上，《斐德若》呼应了《理想国》第一卷，克法洛斯与在场的下一代人之间的转换：在老一代人那里仍然建构着生活世界的秩序的诸神，在年轻一代这里黯然退场。在《斐德若》这里，吕西阿斯演说词意在劝说一位少年，而少年在爱欲-友爱关系中是被爱者，身上没有爱欲，无法感受到爱欲那让人不由自主的力量，因而更容易认同吕西阿斯演说词的世俗主义。在这篇对话的开头(229c)，斐德若对"世界的除魔"的偏爱显露无遗。① 我们看到，苏格拉底在他第二篇演说词当中，将人类灵魂的起源追溯到某种不处在这个世界中，而是与诸神相亲近的事物上面(246a－249d)，试图重建人类生活秩序与神圣之物的关联。这篇演说词要纠正的，正是吕西阿斯演说词建立在还原论基础上的理性化方案。更一般地说，在所有对话中，柏拉图都不是一个还原论者；柏拉图坚持，在人性中包含某种神圣的东西；与这一神圣性的相遇是建构理性生活秩序的必由之路。

可以说，吕西阿斯演说词中的非爱者就是一位不信神的克法洛斯。显然，苏格拉底在《理想国》或《斐多》中所推崇的审慎之德，既不是商人式的，也不是世俗主义或还原论的。我们应当记住，存在不止一种对于审慎的理解。正如我们已经澄清的，对审慎的推崇并不是柏拉图的发明；它原本就是一种常识性的看法。就吕西阿斯的演说词而言，它表达的立场并未超越这种常识性的看法。这一看法同《理想国》的主张之间的差距，就如同克法洛斯与苏格拉底之间的差距一样大。

那么苏格拉底第一篇演说词呢？我们已经看到，虽然同样推崇审慎，这篇演说词同吕西阿斯演说词对审慎的理解不尽相同。那么，这篇演说词所表达的立场，是否如纳斯鲍姆所言，同柏拉图在《理想国》和《斐多》中的主张在实质上相一致呢？纳斯鲍姆甚至建议我们，将上述对话中苏格拉底的理性主义主张理解为他对他所爱、所关心的对话者的演说，也就是说，当作《斐德若》那里苏格拉底第一篇演说词当中那位隐藏了自己爱意的爱者所做的事情。②

在某种程度上，苏格拉底第一篇演说词的论述，的确同《理想国》第四卷的灵魂论述较为接近。在第四卷中，苏格拉底建立起了最好的灵魂秩序，这

---

① 另参《普罗塔戈拉》315c。柏拉图笔下的斐德若有相当强的无神论倾向，这恐怕不是巧合。

② 纳斯鲍姆为她的主张提出了一些支持性的论据。例如，苏格拉底第一篇演说词对审慎(σωφροσύνη)的定义类似于《理想国》第四卷中对审慎的定义(431b,442c-d)；而与之相对立的状态则都被描述为"内战"(στάσις,442d1,237e)；苏格拉底第一篇演说词推荐的那种探究顺序——首先搞清楚研究的对象是什么，然后探讨其利害——同苏格拉底在其他对话，包括《理想国》当中的要求(354b-c,358b)相一致；狂妄(ὕβρις)被认为有多种含义和分支(238a)，让人想起《理想国》将狂妄的欲望比作多头怪兽(588c)。见 Nussbaum 2001,202。纳斯鲍姆的建议实际上来自哈克福斯的解读，即将苏格拉底第一篇演说词中那个隐藏的爱者解释为苏格拉底本人，见 Hackforth 1952,37。

一秩序的关键,是灵魂中负责思考的理性部分,即苏格拉底所说的推算部分(τὸ λογιστικόν),统治整个灵魂,而负责发怒的意气部分(τὸ θυμοειδές)和负责欲求的欲望部分(τὸ ἐπιθυμητικόν)则服从推算部分的统治(436a - 444a)。苏格拉底描述了理性与意气或欲望的可能冲突(439a - d,441a - c)。后两者都表现出《斐德若》苏格拉底第一篇演说词当中欲望的特征:无论是口渴的欲望,还是奥德修斯的怒火,都要求立刻按照感受行动,而理性则出于善恶的判断遏制住它们的冲动。《斐德若》苏格拉底第一篇演说词的灵魂图示,可以被看作《理想国》第四卷灵魂论述的一个简化版本。①

然而,《理想国》第四卷的灵魂论述并不完备。它遗留了一个重要问题:如果说理性的统治在于依据什么对整个灵魂最好的判断来决定行动和安排生活(442c),而不像其他两个部分那样屈服于感受和冲动,那么理性据以统治的这样一种善(灵魂整体之善)究竟是什么? 在某些场合,这个善是显而易见的。例如苏格拉底的例子里面,不适合摄入饮料的病人的身体健康,和奥德修斯的复仇成功,都是在当时的语境下显而易见的善。然而,对行动来说是显而易见的,并不意味着对哲学反思来说是充分的。考察任何行动的目的——无论是身体健康,还是复仇成功——之所以被认为是善背后的根据,是完成《理想国》第四卷灵魂论述的内在要求(cf. 504c)。如果不对上述根本性的善有所理解,而只是将未经反思的关于善的种种意见当作准绳,那么所谓理性的统治,只不过是主张不要用冲动代替思考,却没有告诉我们,这种思考究竟是什么性质的。②

---

① 下面这一事实加深了上述印象:苏格拉底花了大量精力论证口渴欲望的对象是饮料本身,而不是好的饮料(437d - 439b)。哈克福斯认为苏格拉底演说词中的灵魂两分法同《理想国》的三分法难以协调一致(Hackforth 1952,41—42)。但罗威指出这里的两分法同《理想国》第四卷的三分法没有什么实质性的差异(Rowe 1986a,153—154)。将柏拉图的灵魂三分法的实质理解为两分法的讨论,见 Penner 1971,96—118。

② 第四卷的确对灵魂整体之善进行了初步的规定:灵魂整体之善在于理性协调三个部分各自的善,使灵魂成为一而不是多(443d - e)。在同政治统治进行的类比的意义上,这样一种说明是相当贴切的;尽管如此,它是形式性的。研究者普遍看到了第四卷关于灵魂整体之善的形式性说明,同第九卷的实质性说明之间的差别。我们意图反对的是这样一种看法:第四卷的形式性说明单独构成了柏拉图理解灵魂整体之善的一种思路,并且同第九卷所体现的更加实质性的思路对立,例如 Irwin 1977,226—248。纳斯鲍姆正确地指出了第四卷的形式性说明不足以表明柏拉图在这一问题上的立场;第九卷的实质性说明才是理解灵魂整体之善的关键,见 Nussbaum 2001,138—142。有趣的是,纳斯鲍姆本人在解读《斐德若》时却没有意识到《理想国》第四卷这个形式性说明同《斐德若》前两篇演说词之间显而易见的联系,反而将这两篇演说词同《理想国》最终达到的那种实质性观点等同起来。关于这两种论述之间关系,Ferrari 2007 给出了一份精微的观察和解释。我们希望补充的一点是:按照第八、九两卷对五种灵魂类型(对应五种政体)的分析,只有最佳政体所对应的灵魂类型(灵魂中"哲学部分"的统治)才能够建立起内在的和谐;其后的三种灵魂类型都潜藏了内在的分裂,而这种分裂正是他们继续向下败坏的端倪。不可避免的败坏一直通向僭主政体式灵魂的完全无序状态。

　　事实上，《理想国》的灵魂论述没有止步于第四卷。通过一条"更漫长、更完备的道路"（435d,504b），苏格拉底给上述理性统治的形式框架填充了实质性的价值内容。所谓理性统治的实质意涵，是依据对"善的样式"的思考安排生活。因此，这个灵魂中必须有一位能够思考善的样式的"哲学家"：理性不仅仅是负责思考的推算部分（τὸ λογιστικόν），而且是"哲学的"部分（τὸ φιλόσοφον,581b9）。这也就是说，理性不仅仅在一般意义上进行思考，而且能进行真正属于它的那种思考——对真实存在乃至对善的样式的思考。一方面，属于它自己的活动给理性部分带来属于它的快乐，即思考的快乐（581e；苏格拉底第一篇演说词的演说者将快乐和善、感受和思考对立起来，恰恰反映出他对思考的快乐一无所知）；另一方面，正是通过这种思考，理性揭示出它的统治所致力于的目标，即灵魂整体的善。

　　在这一新的视野中，无论是吕西阿斯式对快乐的计算，还是依据善的意见所进行的思考，都没有真正建立起理性的统治，哪怕灵魂的确是按照思考而非感受来行动的。这是因为，这种思考归根结底只是思考实现灵魂其他部分所设立的目标的手段。真正统治灵魂的，不是在进行这种手段性思考的理性，而是那个设立目标的部分。因此，苏格拉底为他的演说者所设定的那个身份——一位伪装成非爱者的爱者——实际上巧妙地揭示了这篇演说词所推崇的那种审慎的实质：用理性来最有效地满足欲望。

　　如果说吕西阿斯演说词中的非爱者对应《理想国》中的克法洛斯，或者介于寡头式和民主式之间的个人的话，那么苏格拉底演说词中那个隐藏的爱者则对应着除了最好和最差的个人之外，其余的三类个人：荣誉政体式个人、寡头政体式个人和民主政体式个人。根据《理想国》的描述，这三种类型的个人身上都包含了两种不同的力量的对抗；对抗的双方，一方是较低下的欲望，另一方是压抑这种欲望的意见。苏格拉底将这一处境生动地描述为一个人夹在父亲和教唆者之间，受到相反方向地拉扯。换句话说，除了僭主政体式个人完全将最低下的欲望不加节制地伸张，其他三种类型的败坏灵魂中都上演着《斐德若》苏格拉底第一篇演说词所描绘的那种斗争。

　　正如我们的分析所揭示的，这些类型的灵魂中压抑欲望的意见，实际上来自同被压抑的欲望相冲突的另一种欲望：荣誉政体式灵魂用爱荣誉的欲望压抑爱钱的欲望（549b）；寡头政体式灵魂用爱钱的欲望压抑不必要的欲望（554c－e,558c－559d,572c）；民主政体式灵魂用合法的欲望压抑非法的欲望（571a－572b,572d－573c）。

　　在这些人的灵魂中，理性是受到奴役的。这并不是说灵魂中理性完全不起作用，而是说理性听命于灵魂中统治性的欲望。在寡头政体式灵魂中，苏格拉底说,欲望不允许理性去计算和思考如何增长财富之外的任何问题(553d)。因此,本该由理性占据的灵魂的"卫城"(ἀκρόπολις)现在"空空如也,其中既没有美好的学问和追求,也没有真实的道理,而后者,在所有被神钟爱的人的思想中是最好的守护和保卫者"(560b8–10)。我们在分析苏格拉底第一篇演说词的时候指出,这篇演说词对审慎概念缺乏正面阐述。审慎实际上被理解为不正义的反面。被这样理解的审慎概念无疑是空洞的。我们同时指出,这一空洞性对应着演说词后半部分的缺失。现在看来,这篇演说词的上述特征绝非偶然。对真正的道理缺乏理解的灵魂,旨在克制欲望的审慎都必定是空洞的,因为这种审慎所仰赖的思考,恰恰是欲望的工具。同隐藏的爱者一样,荣誉政体式灵魂、寡头政体式灵魂和民主政体式灵魂内部的冲突,只不过是同一个欲望的分裂和自我冲突。因此在这些灵魂里,审慎就是欲望的自我限制。而欲望之所以要自我限制,正是因为它没有能力无限地满足自身。对欲望来说,这种审慎的本质就是缺乏它梦想的那种无限自我满足的力量。苏格拉底因此指出,在雄蜂式的欲望眼中,审慎就是缺乏男子气概(ἀνανδρεία, cf. 560d3)。这就解释了,苏格拉底第一篇演说词在谴责狂妄者不正义的同时,暗示了审慎者或正义者的软弱。在上述灵魂类型中,任何对欲望的压抑,都是在暗中助长欲望(560a–b)。欲望必定在某些机缘下冲垮压抑它的灵魂防线(550b, 553b–c, 559d–560b)。[1]

由此看来,苏格拉底第一篇演说词当中的审慎,属于荣誉政体式灵魂、寡头政体式灵魂,以及民主政体式灵魂,但一方面不属于僭主政体式灵魂,因为他的灵魂被欲望完全支配,彻底失去了抗衡欲望的意见;另一方面也不属于理性统治的灵魂,因为施行统治的并非真正的理性,即我们灵魂中负责思考的那一部分。在这篇演说词所推崇的审慎者身上,这一部分并没有真正活跃起来。它听从灵魂中其他部分,以它们所认定的善为目的,思考如何实现它。这样的思考,只是辅佐那个真正统治灵魂的部分,为它的统治寻找最有效的手段。显然,这并非柏拉图在《理想国》当中推崇的那种理性统治;这种所谓的审慎也并非《理想国》推崇的那种审慎。按照《理想国》的论述,在真正由理性统治的灵魂中,理性的思考不是工具性的。正是理性通过思

---

[1] 我们的解读受到费拉里的启发。他将苏格拉底的非爱者同《理想国》当中爱荣誉的人(类似荣誉政体的个人)进行了比较,发现二者不乏相似之处:苏格拉底的非爱者内心渴望被爱者,却不承认这种欲望,就如同爱荣誉的人表面上鄙薄钱财,但却暗中喜爱钱财(549b,参550b);而非爱者对欲望的反对,就如同爱荣誉者一样,并不理解欲望,因而在公众面前故意表现出对欲望的敌意。由此,费拉里认为苏格拉底的非爱者其实是爱荣誉的人。如果联系苏格拉底著名的灵魂马车比喻,那么他的第一篇演说词,就是灵魂中白马的声音(253d)。见 Ferrari 1987, 101—102。实际上,荣誉政体式灵魂、寡头政体式灵魂和民主政体式灵魂中都存在类似的分裂和对抗。

考为整个灵魂指明它的善（442c）；同时，理性能够将整个灵魂整合为一，建立起和谐的秩序（442c－d），使之不但能够统治自己（ἄρξαντα αὑτοῦ，443d4），而且与自己为友（φίλον γενόμενον ἑαυτῷ，443d5）。在这样一个灵魂中，感受与思考、快乐与善之间不存在冲突：带给它快乐的，恰恰就是它的善。

本章小结

以纳斯鲍姆为代表的一些学者认为，《斐德若》当中的前两篇演说词代表了柏拉图在《理想国》、《斐多》等对话中的伦理学主张：理性与非理性（欲望）截然对立；好的生活需要由理性引导，尽可能排除非理性因素的干扰。在本章中，我们对这一看法进行了检验。

纳斯鲍姆使用"理性"、"非理性"等词汇，仿佛它们在不同的文本中的含义是确定不移的。但实际上，纳斯鲍姆用"理性"等词汇表达的对象，在不同的文本中是不同的。这也就意味着，尽管在《理想国》（或《斐多》）和《斐德若》的前两篇演说词中，苏格拉底都刻画了理性与欲望（或非理性）之间的对立和斗争，但它们的实质意涵大不相同。在吕西阿斯的演说词中，"理性"指的是对长期稳定的互惠关系所需手段的计算能力。这种理性的思考所要实现的目的，是通过欲望得到满足的方式来定义的（善＝持久稳定的快乐）。同《理想国》的对照表明，这样一种理性与欲望之间的关系，体现在克法洛斯这个人物身上。他所体现的这种审慎，实质上是相互冲突的两种欲望之间的平衡。而在苏格拉底的第一篇演说词当中，理性指的则是一般而言如何实现某一目的的思考能力，这一目的本身却并非理性的思考所设立的。因此，同吕西阿斯演说词的理性一样，这种理性是一种工具理性。这种理性与欲望之间的对抗，实质上也是不同欲望之间的对抗。这一对抗在《理想国》中体现在荣誉政体式个人、寡头政体式个人和民主政体式个人身上。苏格拉底用隐藏的爱者这一身份，巧妙地暗示出这些类型的人身上共同具有的那种内在分裂。因此，《斐德若》前两篇演说词当中的理性-欲望关系，并非《理想国》中苏格拉底推崇的那种理性的统治。

当然，对照《理想国》的论述，未必是理解前两篇演说词的最佳途径。本章的分析仅仅是为了表明，无论是吕西阿斯演说词，还是苏格拉底的第一篇演说词的理性主义，都不能等同于柏拉图以《理想国》为代表的一系列对话中的理性主义。在这个意义上，纳斯鲍姆的主张是不成立的。然而，纳斯鲍姆所提示出来的真正问题并没有因此被消解掉,那就是,在柏拉图看来,欲望和理性的关系究竟是什么? 尽管《斐德若》前两篇演说词对欲望的否定绝非柏拉图在《理想国》当中的立场,但《理想国》的确将欲望放在一个很低的位置。尤其需要注意,在理想国中最糟糕的灵魂——僭主的灵魂——被认为是由爱欲(ἔρως)支配的灵魂(573d)。如果是这样的话,《斐德若》对爱欲的赞美应如何理解? 我们是否必须通过诉诸柏拉图思想的变化来解释《斐德若》对爱欲的赞美? 我们将在本书随后的分析中展示《斐德若》对欲望和理性的思考,并最终回答下述问题:哲学生活作为最好的人类生活的根据是什么? 它在什么意义上是一种理性的统治? 这种理性又是何种理性? 爱欲在这种哲学生活中扮演了什么样的角色?

第二章　灵魂的形而上学

从这一章开始,我们将专注于解读苏格拉底的第二篇演说词,即所谓的"翻案诗"。在三篇演说词中,这一篇表达了苏格拉底认为是真实的看法——我们也有理由地推测,这就是柏拉图自己的主张。这篇演说词篇幅较长(244a - 257b),结构复杂。演说者认为,前两篇演说词之所以得出爱欲有害这一结论,是建立在这样一个前提之上:凡是疯狂都是有害的。爱欲是一种疯狂,那么它必然是有害的(244a5 - 8)。为了反对这一看法,第三篇演说词一开头便列举出希腊人公认的三种疯狂:预言的疯狂(245a8 - d5),秘仪的疯狂(244d5 - 245a1),以及诗人的疯狂(245a1 - 8)。这三种疯狂都给人带来了重大的好处。它们都是神送来的,因而被称为"神圣的疯狂"(θεία μανία)。演说者声称,爱欲是第四种神圣的疯狂,它像其他三种神圣的疯狂一样,能够带来"美好的成就"(καλὰ ἔργα),乃至"最大的好运"(εὐτυχία μεγίστη)。接下来,演说词就要为此提供一个"证明"(ἀπόδειξις)。演说者并没有明确地指出这一"证明"完成于何处,但根据证明的目标——爱欲能给我们带来最大的好处——推断,我们有理由认为,证明一直延伸到256e/257a,整篇演说词的尾声(257a - b)之前。也就是说,第三篇演说词的主体部分就是对爱欲所带来的好处的证明。

要分析这一复杂证明的结构,也并不容易。文本有两处显著的衔接环节,分别位于249d3 和253c6,表明之前的论述暂时告一段落,演说者要开始另一段论述。因此,这一证明大体上可以分成三个部分:灵魂的经历和作为(245c - 249d),人类灵魂与爱欲(249d - 253c),爱者和被爱者的生活(253c - 257a)。我们对第三篇演说词的论述也将大体上追随文本的自然划分,分为三章。不过,为了论述方便,上述第一部分的某些内容,我们会放在下一章论述。这是因为,第一部分的论述将神的灵魂和人的灵魂放在一起处理(论述的主体是"一切灵魂"[ψυχὴ πᾶσα]),而第二部分的论述则单独关注人的灵魂。但要把握第二部分对人类灵魂的论述,第一部分中关于人类灵魂起源的论述(248a - 249d)又是必不可少的。于是我们把第一部分中关于人类灵魂起源的内容留给下一章,在本章中探讨 245c - 247e 的内容。

希腊思想通常将道德思考奠基于自然秩序,"翻案诗"当中的"证明"也遵循这一思路。245c - 247e 提供了一种以自然哲学和本体论为背景的灵魂学说,作为之后论述的基础。为了充分把握这一基础,我们在这一章不得不深入关于灵魂的冗长的形而上学讨论,在此之后,从下一章开始,再重新回到爱欲(更确切地说是人类灵魂的爱欲)的好处这一演说词的核心问题上来。这不仅符合演说词的顺序,而且也是"证明"逻辑的要求:要理解爱欲带来的好处,必须首先理解灵魂之善,而理解灵魂至善的关键,就在于把握灵魂的本性。因此,正如演说者所言,我们必须首先"思索灵魂的本性"(245c3 - 5)。

1. 灵魂不死论证

苏格拉底在"证明"的开头,首先建立了一种灵魂不死的论证(245c6 - 246a2)。这一论证建立在灵魂是"自我推动者"(τὸ αὐτὸ κινοῦν)这一基础上(245e4 - 6),通过论证自我推动者是不死的来论证灵魂不死(245c6 - e2):

　　一切灵魂都是不死的(Ψυχὴ πᾶσα ἀθάνατος)。因为总是处于运动中的东西(ἀεικίνητον)①是不死的;而推动他者及为他者所推动的东西,当它不再有运动的时候,便不再有生命。唯有推动自身的东西,因为它不会离弃自身,故而永远不会不被推动[或:永远不会停止推动自身](οὔποτε λήγει κινούμενον)。② 但它同时也是其他所有被推动者(ὅσα κινεῖται)运动的源头与开端。而开端是不生成的(ἀγένητον)。因为一切生成的东西都必定生成自开端,而[开端]自身则不生成自任何东西;因为,假使开端生成自那个[开端由之生成的]东西,那么它就不是生成自开端了。而由于它不会被生成,它也必定是某种不会毁灭的(ἀδιάφθορον)东西。因为,假使开端毁灭了,它就既不会从任何东西中生成出来,其他东西也不会从它生成出来,因为一切都必定生成自开

---

① 一作αὐτοκίνητον(自我运动)。西塞罗曾引用这段文字,读作 quod semper movetur(《国家篇》6. 27,《图斯库伦论辩》1. 53),可知ἀεικίνητον为原文。"自我运动"大约是抄写员受后文影响擅自改动。见 Yunis 2011, 137。从逻辑上说,苏格拉底在其后数行论证自我推动者持续不断运动,若要论证自我推动者不死,此处应提出不死与持续运动的关联,故"永恒运动"为合理。这段文本除此之外还有数个地方有异读,但都无关宏旨,故不再注出。

② οὔποτε λήγει κινούμενον,其中κινούμενον是被动态或中动态分词,故既可表示"被推动"也可表示"推动自身"。两种理解都能满足论证的需要。

端。自身推动自身的东西正是这样作为运动的开端。它既不能毁灭也不能生成,否则整个宇宙和一切生成都将坍塌并停止,不再有任何东西、事物可由之而被推动。

　　可以看到,为了论证自我推动者是不死的,苏格拉底运用了两个论证:(甲)自我推动者不会停止运动(245c6 - 9);(乙)自我推动者是一切运动的开端(ἀρχή);开端既不会产生也不会消灭(245c9 - e2)。

　　先来看论证(甲)。自我推动的东西不会停止运动,因为它"不会离弃自身"(οὐκ ἀπολεῖπον ἑαυτό)。在这里,苏格拉底借助了希腊人对运动的理解:运动这种状态涉及推动者和被推动者的关系。处于运动状态中的物体,一定是"推动"这一动作的受者,即,它一定是被推动的事物。[①] 这一点对希腊人而言是不言自明的。[②] 因此,苏格拉底的意思是:自我推动者从不离弃自身,因此它从不会失去它的推动者——因为它的推动者就是它自己。而被他物所推动的东西,它的推动者有可能离弃它,使它陷入无物推动的状态。一旦无物推动,它便会静止。[③]

　　就某物是自我推动者而言,它不会停止运动。不过,从上述结论并不能

---

① "一物被推动而无物推动,或一物推动而无物被推动,这种情况是很难有的,毋宁说是不可能的。如果两者缺一,就不会有运动。"(《蒂迈欧》57e)

② 当亚里士多德建构关于运动的形而上学时,就曾以此作为他的哲学反思的起点之一,"因本性运动的这类运动事物,有的是被自身推动着运动的,有的是被别的事物推动着运动的"(《物理学》卷八 254b12 - 13,张竹明译文);另参 256a13 - 14。这个观点虽然寻常,但往往受到忽视。因为无论在中文还是英文中,"运动"作为动词常常被当作表示状态的不及物动词:"他在动。"但在论证中,表示"处于运动中"这一状态的,不是动词κινοῦν及其变形,而是名词κίνησις的各种形式(246c6,c8,c10,d7)。而动词κινοῦν总是表示推动或被推动(包括推动自身 - 被自身推动)。将λήγει κινούμενον翻译为"停止运动",实际上没有抓住问题的核心:苏格拉底字面的意思是"停止被推动"或"停止推动自身"。

③ Rowe 1986a,174,Benardete 1991,135,cf. Hackforth 1952,66。另有不少研究者认为,这句话的意思是自我推动者不会离弃自身的本性。例如,Griswold 1986,Yunis 2011,Bett 1986 都持这种解释。在他们看来,苏格拉底要表达的意思是:自我推动者因其自我推动的本性具有持续运动的属性,停止运动违背了自我推动者的本性。也就是说,持续运动是自我运动者的本质属性;只要自我推动者还是其所是,它就必定不会停止运动。然而,这个解释所需要的一个重要前提,苏格拉底并没有提供给我们——他并没有说明,为什么持续运动是自我推动者的本质属性。贝特提供了一种猜测(Bett 1986,5),试图说明这一隐含的前提。按照这一猜测,柏拉图的隐含论证如下。假如自我推动者停止运动,那么它就必须通过某物重新开始运动:要么通过自身,要么通过他物。如果是通过自身开始运动,那么应是为自身中某一已处于运动之中的部分所推动,如此,则该自我推动者从未真正停止运动;如果它是通过他物开始运动,则该自身推动者并非自身推动者,而是为他物所推动。我认为这一论证并不成立。该论证显然受到亚里士多德的启发,参见《物理学》第八卷第五节关于自我运动的论证。然而,正如亚里士多德指出的,推动者未必一定处于运动之中,因此一个自我推动者也不必为一个已处于运动之中的部分所推动。

推出自我推动者会一直运动下去。贝特(R. Bett)说得非常清楚,上述论证所证明的是(假定这一证明是成功的),某物不可能既是自我推动者,又处于静止当中。但如果自我推动者不再存在了,其运动也就不再存在了。^① 基于此,贝特和其他一些研究者都认为,苏格拉底在这里的论证是不严密的。事实是否如此呢? 这一判断的前提假设是,上述论证(甲)构成了一个完整的灵魂不死论证,而非仅仅构成了论证的一个步骤。在后文重构论证时,我们将考察这一前提假设。此时让我们暂且搁置这个问题,先来考察论证(乙)。

论证(乙)相对较长。苏格拉底首先将自我推动者确立为一切运动的开端。我们对这一观点并不陌生。^② 开端既不能产生,也不能消灭。因此自我推动者既不能产生,也不能消灭。这段论证有些晦涩,但大体的意思是明确的。因为生成(γένεσις)也是运动的一种,^③所以一切生成都源自运动的开端。而这个开端不能生成自别的东西,否则它就不是开端;同时,苏格拉底似乎引入了一个隐含的前提,任何东西都不能从自身生成。这一前提或许也是不证自明的,因为"从自身"意味着自身已经存在,而"生成"意味着自身尚不存在,因而"从自身生成"是自相矛盾的,不可能的。总之,苏格拉底认为,这个开端不能被生成。另一方面,开端也不能被毁灭,因为一旦它被毁灭,宇宙中的运动将不复存在。苏格拉底似乎认定这种情形是不可能的。为什么不可能呢? 苏格拉底的想法也许是这样的:如果宇宙中一切运动都停止了,那么其中的一切也就都死亡了;然而,至少诸神是不会死亡的,因此宇宙是不可能全然静止的。

无论如何,在这段宇宙论思辨当中,"开端"被当成某种单一的、整全性的东西。如果每个灵魂都是一个开端,那么个别灵魂的毁灭并不会造成宇

---

① 按照贝特的表述,"X不会不是F"既可以指"某物不可能既是X又不是F",也可以指"X永远是F"。苏格拉底证明的是前者,而关于不死的证明需要证明后者(Bett 1986,5—6)。

② 参柏拉图《礼法》894e4 - 895b7;亚里士多德《物理学》256a13 - 20。研究者常常引述亚里士多德关于开端是"不动的推动者"的观点,来反对柏拉图关于开端是"自我推动者"的观点。这种做法夸大了两位哲人的不同。亚里士多德的确否认了某物可以整个地推动自身(《物理学》257b2 - 6),然而即使是亚里士多德也承认,运动的开端是某种自我推动者(256a4 - 21)。"不动的推动者"的观念并不否认这一点,而是由之出发,进一步回答这样一个问题:自我推动者是在什么意义上,以何种方式推动自身的(257a32)。这两种观念远非不可调和的。Menn指出,新柏拉图主义调和柏拉图和亚里士多德的学说,划分出努斯、理性灵魂、非理性灵魂的三个层次。普罗克洛斯在《神学要义》(*Elements of Theology*)第14、20节和《柏拉图的神学》(*Platonic Theology*)1. 13中既接受了《礼法》卷十中灵魂是自我运动的说法,也接受了《物理学》卷八、《形而上学》卷十二中努斯是不动的推动者的说法(Menn 2012,60)。

③ 参柏拉图《礼法》894b11;亚里士多德《物理学》201a14 - 15。

宙全体的静止，因为还有其他灵魂在发动着宇宙。在这个论证当中，"运动的开端"必须被当作灵魂全体。只有这一全体的消亡才能导致宇宙的静止和死亡。① 这样看来，如果这一论证是灵魂不死整个论证中不可或缺的一部分，那么灵魂不死必定首先指作为全体的灵魂是不死的。然而，如果苏格拉底的目的仅仅在于证明灵魂全体是不死的，这段论证就和整篇演说词，尤其是与其后的灵魂神话没有任何实质性关系了。除非苏格拉底能够在灵魂全体与个体灵魂之间建立起实质性的联系，否则他无法将关于灵魂的宇宙论思辨（这一思辨关涉灵魂全体），与关于个体灵魂不死的结论联系起来。②

但这并不妨碍我们探讨苏格拉底的论证意图。确凿无误的是，苏格拉底试图在论证（乙）当中证明自我推动者既不产生也不消灭。换句话说，灵魂在宇宙永不止息的生灭变化当中永恒存续。在某种意义上说，这一论证（乙）单独已经构成了一种"灵魂不死"的论证，如果我们把"不死"理解为上述存续的话。

这的确是一种典型的理解。按照这种理解，论证（甲）和论证（乙）是平行的两个论证，独立地论证了自我推动者不死。赫耳迈亚（Hermias）也在他的注疏中就暗含了这种理解。在他看来，柏拉图的论证有两重（104.6—12）：

> 其一是这样的：灵魂是自我运动的；自我运动的东西是永远处于运动当中的；永远处于运动当中的东西是不死的；因此灵魂是不死的。这个论证向我们展示了，[灵魂]不会因自身而消灭（ἐξ ἑαυτῆς οὐ φθείρεται）。其二是这样的：灵魂是自我运动的。自我运动的东西是运动的开端。运动的开端不会产生；不会产生的东西不会消灭；不会消灭的东西是不死的；因此灵魂是不死的。这个论证向我们展示了，灵魂不会被其他什么东西消灭（οὐδ' ὑπ' ἄλλου τινὸς φθείρεται）。

这一总结与当代贝特的重构在实质上是一致的，仅有"纯粹形式上的区别"。③ 赫耳迈亚的总结挑明了他对"不死"的理解：不死就是不消灭（οὐ φθείρεται），即永远存续。贝特也是在这个意义上理解"不死"的。如前

---

① 参亚里士多德《物理学》259a6－7："既然运动是永恒的，第一推动者（如果只有一个的话）就也应是永恒的。"（张竹明译文）

② 将灵魂不死论证与个体灵魂联系起来的一种方式是把其中的灵魂理解为 mass term，见 Griswold 1986, 84。

③ Bett 1986, 3n. 5.

所述,这种意义上的"不死"只需要论证(乙)就够了。论证(甲)虽然证明了自我推动者只要存在就不会停止运动,但是不能如赫耳迈亚和贝特所期望的那样证明自我运动永远存续。正因如此,贝特才会认定论证(甲)是不严密的。

然而,整段论证当中所蕴含的灵魂"不死"观念,并不像赫耳迈亚和贝特所设想的这么简单。对他们来说,"不死"就意味着一直存续下去;但这一永远存续的自我推动者以什么方式存在,并不重要。在245e6 - 246a2,苏格拉底似乎的确考虑的是永远存续的问题,不过在论证的开头(245c6),苏格拉底又明确地将"不死"理解为"永恒运动"(ἀεικίνητον)。也就是说,在这里,不死不仅仅意味着存续,而且意味着永恒的生命。换句话说,不死的灵魂不能像"石头和尸体"一般存在。① 尸体或尸体的某些部分能够"在不可计数的时间里保持完整"绝不意味着尸体一直存活着。② 二者的区别在于:永恒的生命不能是死气沉沉的、寂灭的存续,而必须是生机盎然的、活泼泼的生存。因此,在《斐德若》的论证中,隐含了两种不同的关于"不死"的观念:单纯存续,以及永远涌动着生机的生命。③ 考虑到这一点,罗威的重构可能更加符合苏格拉底的意图。简言之,罗威将论证(甲)和论证(乙)当作前后相继、互相补充的两个论证。(甲)表明,只要自我推动者存在,就将持续运动;而(乙)进一步表明,自我推动者将永远存在。综合二者,自我推动者永远存在并处于永恒运动之中,也就是永远不死。④

尽管贝特在其分析中未能抓住"不死"理念中的这种含混性,尤其忽视了其中所包含的生命/运动层面,但他在比较《斐德若》与其他对话中关于灵魂的论述时,也发现了《斐德若》相关论述的特殊性。他认为,在柏拉图的一组对话(主要是《斐多》、《理想国》和《蒂迈欧》)中,脱离了身体污染的纯粹灵魂与常住不变的彼岸世界紧密联系,自身也被认为是常住不变的;而在另一组对话(《法篇》、《斐德若》)中,灵魂被认为是运动变化着的。⑤ 在上述比较中,贝特正确地意识到了《斐德若》中关于灵魂的讨论并非围绕着存在与消亡,而是围绕着运动与静止展开的。具体而言,他的观察切中了柏拉图灵魂

① 参《高尔吉亚》492e。
② 《斐多》80c2 - d2。
③ 参吴飞 2019。吴飞在关于《斐多》的讨论中区分了存在的三层含义,其中前两层(吴飞称为"物理性存在"和"生命存在")分别相当于我们这里的"单纯存续"和"生命"。
④ Rowe 1986a,174—175.
⑤ Bett 1986,17—27. 在此我们暂时将《智术师》这篇对话放在一边。柏拉图在这篇对话中对常住不变的存在与变动不居的生成这一对立进行了进一步审视,二者不再被看作截然对立。我们将在本章第四节进一步讨论存在与运动的关系。

学说中的某种区分。但仔细分析就会发现，这种区分并不来自两组对话中的不同学说，而是来自灵魂所承担的两种不同功能。一方面，灵魂是运动的原因。灵魂作为自我推动者是一切运动的开端；没有灵魂，自然世界的运动就没有源头。《斐德若》和《法篇》的灵魂不死的论证正是诉诸灵魂的这一功能。按照这一看法，灵魂作为自然世界一切运动的来源，理应是最活跃的因素，其运动永不止息。另一方面，灵魂又同真实存在有着亲缘关系；当灵魂与真实存在接触的时候，苏格拉底说，它就同后者相像：真实存在常住不变，此时的灵魂似乎也常住不变（参《斐多》79d）。灵魂同真实存在接触是什么意思呢？只可能是指思考真实的存在。因此，灵魂一方面能够通过推动身体（物体）产生自然世界的运动，另一方面能够思考不变的存在，从而使自己进入这个常住不变的世界。灵魂在这两种活动中展现出的不同形态，是贝特观察到的两组不同灵魂学说的真正意涵。我们将在本章接下来的部分，分别探讨灵魂与运动、灵魂与存在的关系，进而尝试理解灵魂的永恒生命。

2. 灵魂与运动

与身体不同，灵魂是不可见的。因此，要"理解灵魂的本性"，就无法诉诸直观，而只能通过某种间接方式将灵魂的本性显露出来，也就是通过"观看［灵魂的］遭遇与作为"（ἰδόντα πάθη τε καὶ ἔργα）来理解灵魂（245c4）。显然，灵魂的首要"作为"是产生生命体的运动——我们正是通过这种运动来确认灵魂的存在的（245e3－6）：

> 如果有人说，那［被自身所推动的东西］就是灵魂的本体（οὐσίαν）①与道理（λόγον）；那他这么说并不可耻。因所有身体（σῶμα），凡由外部

---

① οὐσία的翻译是一个棘手的问题。这个词由表示存在（是）的系词εἰμί（不定式εἶναι）的阴性分词οὖσα派生出来。中文文献中常用"实体"、"本质"等翻译，实际上都来自西方学者对亚里士多德哲学的翻译与诠释（"实体"来自用 substantia 翻译οὐσία的传统，但实际上 substantia 已经不是对οὐσία的翻译，而是一种诠释了，这种诠释在亚里士多德逻辑学中是成立的，但在形而上学中就成问题了；"本质"来自用 essentia 翻译οὐσία的传统，是拉丁语对希腊语的字面翻译，但在中世纪哲学中产生了 essentia 和 existentia 的对立，这在希腊哲学中是没有的）。因此在这里，翻译οὐσία的困难在于：首先，柏拉图那里没有亚里士多德赋予οὐσία的特定意涵（例如，范畴论的意涵）；其次，即使在亚里士多德哲学内部，οὐσία也很难用一个单独的词汇翻译。在这里，我们姑且借用中国传统思想中的"本体"一词来翻译οὐσία，是出于以下考虑：柏拉图和亚里士多德都将οὐσία看作这样一种东西：询问某物的οὐσία是什么，是在问这个东西在首要和根本的意义上是什么。

推动,都没有灵魂(ἄψυχον);凡由内部、由自身推动,都有灵魂在其中(ἔμψυχον),因为那便是灵魂的本性(φύσεως)。

　　有灵魂,即有生命的东西,和没有灵魂,也就是没有生命的东西,它们各自的特征体现在两种产生运动的方式当中。有生命的活物,它们可以不假外力,从内部推动自己;没有生命的东西必须依赖外部的某种力量才能运动。灵魂的存在被用来解释由内部产生的运动,比如植物的生长、动物的行动。这类运动的原因不在外部,而在内部,即在运动者自身当中。也就是说,灵魂产生的这种运动,在某种意义上就是一自身推动自身的运动,进行这种运动的生命体,在这个意义上是一自我推动者。这样一来,我们就有两种东西,在其各自的意义上都可以被称为自我推动者:首先,一个自我推动的生命体,例如一个行动的人,可以被看作一自我推动者(自我推动者¯);其次,自我推动者¯之所以能够自我推动,有赖于它之中的一自我推动者,即灵魂(自我推动者¯)。

　　自我推动者被当作自然世界中其他运动的源头(245c9)。苏格拉底并没有为这一点提供证明。但在《法篇》卷十,雅典来客提供了这样一个论证:甲造成乙的运动,乙造成丙的运动,这样一种运动的原因链条必然有一个源头;而被他物所推动者不可能是这一原因链条的开端;因而开端的运动只能是从自身中产生的运动(894e4－895a3)。亚里士多德在《物理学》第八卷给出了一个类似,但形式上相对更加完备的论证:所有运动的事物,要么被他物推动,要么被自身推动;必然存在一个不被他物推动的第一推动者,否则推动者的数目就是无限了;如果第一推动者不是被他物推动者,那么它必定是自我推动者(256a13－21)。然而,《物理学》和《斐德若》对原因链条中的第一推动者有着根本不同的理解。对亚里士多德来说,他在进行上述论证时所设想的原因链条是:人(甲)挥舞木棍(乙),木棍(乙)拨动石头(丙)。①这一链条的第一推动者,是人这种动物,即上述自我推动者¯;而《斐德若》中的第一推动者是灵魂,即上述自我推动者¯。看起来,《斐德若》设想的原因链条无非是在《物理学》的链条前面加上一个灵魂,变成:灵魂(甲,自我推动者)→人(乙)→木棍(丙)→石头(丁)。②不过,这增加的第一项与原先的

---

　　①　亚里士多德实际上设想的链条稍微复杂一些:人(甲)→手(乙)→木棍(丙)→石头(丁),其中手和木棍一样,是工具性的中间环节(256a ff.)。为了方便讨论,我们把这一链条稍作了简化,但不影响我们的讨论。亚里士多德在256a12－13同样省略了"手"这一环节。

　　②　众所周知,亚里士多德不承认灵魂是自我推动者(《物理学》VIII. 256b13－27,257a32－258a25),故而对他而言,这并不是一个以自我推动者为开端的链条。

第一项有着存在性质上的深刻差异，因而，无论是第一推动者自我推动的方式，还是第一推动者（甲）推动第二项（乙）的方式，两者都有着根本区别。

人对木棍的推动，与其后各环节之间的推动没有什么区别，都是身体或物体之间的作用；而灵魂对寓居于其中的身体的推动，则与后续环节根本不同。我们不应想象灵魂以人挥舞木棍的方式使人体运动。[①] 那么，灵魂是如何推动身体的呢？灵魂推动身体，换个角度看正是上述自我推动者¹（即作为生命的灵魂-身体构成物）推动自身；而这一运动由于是灵魂推动身体的运动，恰恰不是自我推动者²（即灵魂）的自我推动：前者是身体的运动，后者则是一种灵魂的运动。按照《斐德若》的说法，前者只是后者的一个影像：当身体获得了一个灵魂，由于灵魂的力量，这个身体看似（δοκοῦν）能够推动自己（246c3－4）。可以说，灵魂，或自我推动者²，才是严格意义上的自我推动者。那么，灵魂的自我推动是一种什么样的运动呢？在245b4，与审慎的人（τὸν σώφρονα）相对的、陷入爱的疯狂之中的人，被称为"被推动/推动自身者"（τοῦ κεκινημένου）。这提示我们，爱是一种典型的灵魂"运动"。在《法篇》卷十，雅典来客列举了十种灵魂的运动（896e8－897b1）：

> 实际上，灵魂带领天空、大地与海洋中的一切，通过它自身的运动。这些运动的名称是：意愿（βούλεσθαι）、探究（σκοπεῖσθαι）、关心（ἐπιμελεῖσθαι）、考虑（βουλεύεσθαι）、采取正确或错误的意见（δοξάζειν ὀρθῶς ἐψευσμένως）、喜悦（χαίρουσανένως）与悲伤（λυπουμένην）、勇气（θαρροῦσαν）与恐惧（φοβουμένην）、恨（μισοῦσαν）与爱（στέργουσαν），而通过所有这些，与生俱来的或首要的运动掌握着次要的、身体的运动，让一切增长或消退、分解或合成，以及与之相伴随的热与冷、重与轻、硬与软、白与黑、苦与甜。

难道不是可以很自然地说，当我写下这些字的时候，是由于我这么做的意愿，而当我哭泣，是因为我悲伤？这些灵魂的运动引起相应的身体运动，因而比后者——灵魂-身体结合物的自我推动——更应被理解为一切自然运动的真正源头。这些灵魂的运动，并不像身体的运动那样，还需要另一个自身之外的事物来推动。意愿、考虑、信念、情绪，这些运动的原理就是灵魂

---

① 亚里士多德实际上在同一个语境中设想过这样一个运动链条：风（甲）吹动石头（乙），石头（乙）打落某物（丙），见256a24－25。灵魂（ψυχή）在希腊语中的原意即是（呼出、吹出的）气息；如果没有认真考虑灵魂与身体在存在性质上的根本差异，我们就有可能将灵魂推动身体的方式想象成一股风吹动石头的方式。

自身。在此意义上，当我们说灵魂推动自身的时候，说的是灵魂产生上述运动。①

这样看来，灵魂作为"自我推动者"是自然世界中运动的源头，其实质意涵在于：灵魂首先推动自身运动，产生灵魂的运动，再通过灵魂的运动使与其结合在一起的身体（物体）运动，而这一身体（物体）的运动再推动其他物体。也就是说，灵魂产生两种性质的运动：身体的运动，以及灵魂的运动。前者是灵魂推动他者，后者是灵魂推动自身。这意味着：（1）同亚里士多德的看法不同，第一推动者并非一种绝对意义上的"不动的推动者"：当灵魂推动自身的时候，灵魂自身也就经历着运动。正是通过这些灵魂的运动，身体的运动才得以产生。② （2）就灵魂与身体的关系而言，灵魂的确是一个"不动的推动者"。我们的意思是说，灵魂让身体运动，身体却不能反过来让灵魂运动。苏格拉底提醒我们，作为运动的开端，自我推动者不会从其他东西中产生（245d4 - 6）。也就是说，身体的运动无法产生出灵魂的运动。就灵魂与身体的关系而言，由于这一源与流的单向关系，灵魂可以说"统治"着（ἄρχειν）身体的世界，或者用苏格拉底自己的话说，"所有灵魂照料（ἐπιμελεῖται）没有灵魂的东西"（246b6），或者说"主宰（διοικεῖ）整个宇宙"（246c1 - 2）。总而言之，身体的运动被理解为灵魂的运动在身体上产生的效果。

然而，以上并非灵魂作为自我推动者的全部意涵。我们必须进一步思考苏格拉底为了说明灵魂的性质而引入的一个意象，也是这篇演说词中最有力的一个意象，灵魂马车。更确切地说，灵魂的样子（ἰδέα，246a3）可以被比拟如下（246a6 - b4）：

> 不妨将灵魂比作有翅膀的拉车的马和驾车人的合力（συμφύτῳ δυνάμει ὑποπτέρου ζεύγους τε καὶ ἡνιόχου）。在神们那里，马儿和驾车人都是优的，出身也优良，在其余的那里，马儿和驾车人就混杂不纯了。在我们人类这里，首先，驾车人要驾驭一对马，其次，其中一匹马儿俊美、优良，出身也相若，另一匹就刚刚相反，出身也相反。这

---

① 贝特把灵魂在宇宙中巡行的描述（246b6 - 7，246e4 - 247a7）当作对于灵魂自我运动的描述（Bett 1986，20），混淆了灵魂的运动与灵魂引起的身体（天体）的运动。位移并不是一种灵魂的运动。亚里士多德会说，位移这种运动只在"偶然的意义上"归属于灵魂（《物理学》VIII. 259b15 - 20）。参 Griswold 1986，85。

② 亚里士多德和普罗提诺（其灵魂学说深受亚里士多德影响）会认为，以上这些运动虽然与灵魂有关，但并不是灵魂的运动，而是在灵魂的作用下身体承受的运动。灵魂只是起作用/活动（ἐνέργεια），但并不经受运动（κίνησις）。参亚里士多德《论灵魂》2.1—2，普罗提诺《九章集》3.6.2—4。

样一来，对我们来说，驾驭必然就成了一件困难且麻烦的事。

所有灵魂，包括神的灵魂和神以外的灵魂（我们的灵魂来自后者，见246b4）都由驾车人和拉车的马组成。紧接着，苏格拉底告诉我们，神的灵魂马车中所有成分都是完美的，而其他灵魂马车中，有一匹劣马间杂其中。

这样一来，神以外的灵魂被分成了三个部分：驾车人、良马与劣马。这个意象让人联想起《理想国》；那里的灵魂也被分为三种成分，即理性、意气、欲望。大多数评论者都将《斐德若》中的驾车人、良马与劣马解释为分别对应着《理想国》中灵魂的三种成分。① 我们无意反对这一解释，但首先要问的是，灵魂马车的意象在此处的语境中要表达的究竟是什么。在上述引文中，首先需要解释的不是良马与劣马的区分，因为这一区分并不涉及所有灵魂，而仅仅涉及神以外的灵魂。换句话说，良马与劣马的区分无关灵魂的本性。过早地援引《理想国》的灵魂三分学说来解释《斐德若》的相关论述，容易让我们把注意力放在灵魂马车的三个部分分别代表什么，而忘记了首先问一问，灵魂为什么有这样一个结构；更确切地说，灵魂为什么有驾车人和拉车的马。

关于一个细节的争论提供了回答上述问题的线索。我们看到，神的灵魂不仅仅是单纯的心思（驾车人），而是同样具有马车的完整结构，也就是说，里面包含驾车人和马这两类成员。一些解释者认为，这一描述与《斐多》中对灵魂本性的描述相左，表明柏拉图对灵魂结构的认识发生了改变，或难以达成融贯的理解。② 无论这一看法对《斐多》及《斐德若》的解释是否准确，它的确提出了一个有趣的问题：在神的灵魂这样的完美灵魂那里，为什么会有马这种力畜？它的存在是为了解释什么？一种看法是，灵魂中的马代表了灵魂中非理性的情绪、激情、欲望这些因素。③ 这一看法显然来自我们之前提到的，对《理想国》灵魂三分的挪用。然而神的灵魂也有这些因素吗？罗威的评注实际上看到了上述解释的困难。他跟随哈克福斯看到，虽然人的灵魂中有两匹马，但神的灵魂中，马的数量并不明确。他对此的解释是："驾车人加上两匹马是为了解释我们当中理性与非理性的混合；而神永

① Hackforth 1952,72,76,Rowe 1986a,77,Yunis 2011,138,Werner 2012,59.

② 将《斐多》中的单纯灵魂与《斐德若》中的三分灵魂对立起来，这一做法几乎主宰了柏拉图灵魂学说的解释路向。这种对立要么被解释为柏拉图头脑中相互对立的思想倾向（如 Hachforth 1952,76），要么被解释为柏拉图灵魂学说的某种发展（如 Bett 1986）。只有 Guthrie 1971 试图贯通这两篇对话。但格斯里的解释没能成为主流。

③ 几乎所有研究者都持有这一解释。参见 Hackforth 1952,72,Rowe 1986a,177,Griswold 1986,94,Ferrari 1987,200,Yunis 2011,138 等。

远都是完全理性的，他需要马仅仅是为了拉车。"①罗威揭示出，《理想国》中的灵魂三分首先是为了解释灵魂中各种力量的可能冲突，而《斐德若》中神的灵魂不需要这种解释，因为神的灵魂中并不会产生冲突。而真正有待解释的恰恰是灵魂马车这个意象中马对马车的拉动。

严格来说，"灵魂马车"是一个不够精确的概括，因为苏格拉底制造的这个意象里面，恰恰没有马车。② 灵魂中的两类成员——驾车人和马——所构成的力量被设想成拉车的力量。无论对于神的灵魂，还是对于其他灵魂来说都是如此。换句话说，所有灵魂都能够通过其自身的力量产生某种类比于"拉车"的运动。那么问题就在于，"拉车"指的是哪种运动，马车代表了什么？答案似乎很明显。马车代表的是身体，因为马车并不能推动自身，就像身体自身无法推动自身；而"拉车"指的正是灵魂推动身体。③ 驾车人是灵魂中能够思考的部分（διάνοια）；但这一部分无论如何善于思考，它本身只能决定运动的方向，而不是让身体产生运动；正如驾车人本身并不拉动马车：它的心智（νοῦς）充当的是马车的"向导"（κυβερνήτης，247c7）。驾车人借助马的力量才能够拉动马车。因为神的灵魂同样具有，甚至在更高的程度上具有让身体（即马车）运动的力量，因而它的结构中必定有拉车的马。④

这样，苏格拉底的灵魂马车意象生动地呈现了我们之前的论述。显然，灵魂马车这个比喻试图把握灵魂作为运动本原的特征：马和驾车人的合力造成了马车的运动，正如灵魂造成身体的运动。作为运动本原的灵魂，以其自我运动——愿望、思考、激情等等——驱动身体的运动。在灵魂马车意象中，驾车人和马的组合像灵魂一样能够推动自身，而马车则像身体一样，其运动依赖于驾车人-马，也就是灵魂的力量来驱动。

然而，这远没有穷尽灵魂马车这一意象。苏格拉底的灵魂马车最奇特

---

① Hackforth 1952,69n. 3,Rowe 1986a,177.

② 格里斯沃德注意到了这一事实（Griswold 1986,93），另参 Hackforth 1952,77。

③ 参 Benardete 1991,137。

④ 费拉里认为神的灵魂包含马是因为它与物质世界打交道，无疑是正确的，但他相信这一复合性的灵魂构成代表了柏拉图对灵魂本性的看法，则是我们不能同意的（我们会在下一节讨论灵魂本性究竟是单一的还是复合的），见 Ferrari 1987,125—133。此外，哈克福斯引用亚里士多德《尼各马可伦理学》的一句话διάνοια δ᾽ αὐτὴ οὐθὲν κινεῖ（1039a36）来解释神的灵魂中心思以外的成分（Hackforth 1952,76）。亚里士多德这句话的语境，是比较单纯的思考（διάνοια αὐτὴ）和为了某一目的、涉及行动的思考（ἡ ἕνεκά του καὶ πρακτική）。前者不产生运动，后者产生运动，即人的行动。而后者恰恰不单单是思考，而是思考与欲求的结合：欲求着的心智（ὀρεκτικὸς νοῦς），或者说思考着的欲求（ὄρεξις διανοητική）；作为行动主体的人正是这样一种结合（1139b4－5）。因此 Hackforth 的引用在一定程度上是正确的；柏拉图使用驾车人-马的复合结构，其意义正如亚里士多德将ὀρεκτικὸς νοῦς或ὄρεξις διανοητική当作行动的原理。不过，亚里士多德的论述仅限于人类，并不涉及神。对亚里士多德的神来说，它恰恰是通过思（νόησις而非διάνοια）产生运动的。

的地方在于,这是一架长有羽翼的(ὑπόπτερος/ἐπτερωμένος)马车。羽翼的力量就在于往上抬起沉重的东西(246d6－7)。完整的灵魂长着羽翼,在天上巡行,而失去羽翼的灵魂则落入尘世,与地上的身体结合(246b7－c6)。这样一来,在灵魂马车这一意象当中,除了我们之前提到的两种运动之外,还有第三种运动:与羽翼相关的上升或下降的运动。①

　　这种运动是什么性质的运动呢? 首先,它不是身体的运动。因为后者取决于马。我们完全可以设想,一个灵魂没有马,只要它有羽翼,就可以向上运动。这意味着什么呢? 这并不是说,实际上存在一个只有驾车人但没有马的灵魂;我们在苏格拉底的叙述中没有发现存在这样一种灵魂。但是,如果我们的解释是对的,马是灵魂造成身体运动的能力,那么,没有马灵魂便无法推动身体,但羽翼仍然可以产生向上的运动。这意味着,羽翼产生的这种向上的运动,不是身体的运动,而是灵魂的运动(变化)。

　　其次,这种灵魂的运动并不是我们之前提到的那种灵魂运动,即灵魂的自我运动,例如意愿、思考、激情这一类运动。同身体的运动一样,同羽翼相关的上下的运动是上述灵魂的自我运动带来的一种效果。灵魂的愿望、认知、激情这些自我运动,不单单能够驱动身体的运动;更重要的是,通过它们,灵魂本身也会发生变化。② 这是一种什么样的变化呢? 所谓的"上下"是什么意思呢? 我们得知,通过羽翼的力量,灵魂上升至"神的种族居住的地方"(246d7)。因而,灵魂的上升是向神性的上升。紧接着,神性(τὸ θεῖον)被界定为高贵的(καλόν)、智慧的(σοφόν)、善的(ἀγαθόν)诸如此类,与之相对的则是低贱的、邪恶的(246d7－e4)。因此,灵魂马车的上升运动代表的是灵魂变得高贵、智慧和善,也就是说,在伦理意义上变好;灵魂马车的下降则代表了灵魂在伦理意义上变糟。灵魂上下穿梭于其中的空间不仅仅是物理空间,更是伦理空间。这是因为,灵魂的自我运动对灵魂的伦理品质有着显而易见的影响;灵魂意愿什么,某种意义上决定灵魂的善恶;探究的真与假、意见的正确与错误也同样影响着灵魂的品性;各种各样的激情

---

　　① 斐奇诺将马和羽翼解释为灵魂产生运动的力量(Allen 2008,68);另参 Griswold 1986,93,格里斯沃德将灵魂的意象与运动联系起来,并且像斐奇诺一样观察到,灵魂产生的运动是双重的:他称之为马的水平运动和羽翼的竖直运动。

　　② 如贝特指出,在《智术师》中,灵魂既是运动的,也被归为真实存在(248a－249d)。因此,灵魂的本性关涉到运动和存在的形而上学关系问题。通常认为柏拉图在《智术师》中将运动包含进存在,是柏拉图后期的形而上学观点;而在他的早期和中期思想中,存在一定是不动的。(贝特正是由此推论,《斐德若》更接近于柏拉图晚期对话。)然而,在较早的《斐多》、《理想国》、《会饮》等对话中,灵魂的可塑性,或者说灵魂的转变和上升/下降一直是柏拉图关心的核心主题。因此并不能说,在较早的对话中,由于灵魂是真实存在,因此它是不动的。下文有进一步的讨论。

也都塑造着灵魂。通过愿望、认知和激情这些运动，灵魂改变着自身：变得更好或更糟。① 如果说对身体的推动是灵魂运动的物理效果，那么灵魂自身的变化就是灵魂运动的伦理效果。上升与下降的运动则是这一伦理效果的隐喻。

因此，苏格拉底第二篇演说词的开头实际上涉及了三种运动：灵魂的自我运动，这是一切运动的原理，从这一原理出发产生出两种派生的运动：在自然世界派生出身体（物体）的运动，在灵魂自身中派生出灵魂品质的提升或堕落。

3. 灵魂与存在

苏格拉说，在可见的宇宙之外，还有一个诗人不可能知道的区域，被称为天宇之上或者之外的地方（247c3 - e4）：

> 天外面的地方（Τὸν δὲ ὑπερουράνιον τόπον），迄今还没有哪个地上的诗人好好歌颂过，当然也绝不会有。[那天外的地方]其实是这样的——这事应该敢于说真相，何况这会儿说的正是关于真理。真正存在的本体（ουσία ὄντως οὖσα），无色、无形，也摸不着，唯有灵魂的向导——心智（νῷ）——才看得见，那一类真实的知识是关于它的，那[天外]地方有的就是它。正如神的心思（διάνοια）靠纯粹的心智和真知（νῷ τε καὶ ἐπιστήμῃ ἀκηράτῳ）滋养，每个灵魂也是如此，只要它关心摄入适合它的东西；一旦灵魂终于见到它喜爱的存在的东西（τὸ ὄν），凝视真实的东西（θεωροῦσα τἀληθῆ），就会得到滋养（τρέφεται），感到欢愉（εὐπαθεῖ），直到天体周行满了一圈，灵魂又被带回到原点。在周行期间，灵魂注视着正义本身（αὐτὴν δικαιοσύνην），注视审慎（σωφροσύνην），注视知识（ἐπιστήμην），不是那种与生成变易（γένεσις）连在一起的知识，也不是在一个东西这是这样、在另一个东西那是那样的知识——我们现在管这些东西叫存在的东西（ὄντων），而是在真正存在的东西（τῷ ὅ ἐστιν ὂν ὄντως）之中的知识。一旦灵魂如此观赏

---

① 我们已经看到，《斐多》中的灵魂也能够改变：它能够变得昏聩或智慧。但一开始的描述容易让人以为，昏聩是身体"拉扯"（ἕλκεται）灵魂的结果（79c2 - 8）。但实际上，苏格拉底很快表明，使灵魂与身体纠缠的不是身体，而是灵魂自身：对身体的迷恋、错误的意见、怨恨、恐惧、回避不可见者的习惯（81b1 - c2），以及把灵魂牢牢固定在身体上的"铆钉"——快乐与痛苦（83d4 - e3）。

(θεασαμένη)和饱餐(ἑστιαθεῖσα)一番真正存在的东西(τὰ ὄντα ὄντως)，它就又回到天穹之内，回到家里。到家后，御车者把马儿牵到马槽，喂给马儿们仙酿琼浆。

　　一方面，天宇内外是两个分离的存在区域，分别包含两种存在性质不同的事物：天宇之外是"真正存在的本体"(ουσία ὄντως οὖσα)、脱离了生成变易(γένεσις)的"存在的东西"(τò ὄν)，也就是"真正存在的东西"(τò ὅ ἐστιν ὂν ὄντως; τὰ ὄντα ὄντως)、"真实事物"(τἀληθῆ)，它们是被心智(νοῦς)把握的东西，是真正的知识的对象；天宇之内则是"我们现在称为存在者的东西"，但实际上属于生成变易的事物，关于这些事物没有真正的知识。显然，天宇(οὐρανός)与天外区域(ὑπερουράνιος τόπος)的区分，是一个标准的柏拉图式的存在区分，对应着《斐多》中自然构成物与存在本身的区分，或《理想国》中可见世界和可思世界的区分。

　　另一方面，尽管灵魂是天宇之内一切自然运动的最终推动者，但它本身受到天外存在的滋养。尽管灵魂的不同成分要求不同的"食物"——心思(διάνοια)与羽翼受到真实存在的滋养(247d1－5，248b7－c1)，而神的灵魂中的两匹马则以荷马诸神的食物(νέκταρ和ἀμβροσίη)为食(247e6)——滋养灵魂整体的适当"食物"不是别的，正是对真实存在的见识(246e2，247d2，248c2)。苏格拉底清楚地表明，所谓灵魂"受到滋养"(τρέφεσθαι)、摄入适合的"食物"，其实质涵是观瞻(θεωρεῖν)天外的真实存在。周天巡行，观瞻真实存在就是灵魂的"宴饮"(ἑστίαιν)；"真理的原野"就是灵魂的牧场(248b5－c1)。①

　　因此，在上述存在秩序中，灵魂有其特殊的位置。灵魂可以向存在秩序的上下两个方向敞开：它既可以同天宇之内的自然结合，产生自然世界的运动，也可以向上攀升，观看天宇之外的存在。我们注意到，灵魂马车这一形象，首先是为了说明灵魂的第一种角色而设立的。就这一角色而言，灵魂被当作一种自然力量、一种自然运动的源头，驾车人和马有明确的指向。马有力量造成马车的运动，代表灵魂中能够同身体结合，造成身体的运动的成

---

　　① 相似的论述，见《理想国》585b－586c：只有存在性质上最真实的东西，才能带给灵魂真正的充实和满足；另参611e－612a，正如伯尼耶特(M. F. Burnyeat)指出，这一段同《斐德若》的灵魂神话有大量相似之处：二者都强调灵魂有真正的"食物"和虚假的"食物"；都把身体与灵魂的结合比喻为灵魂被困在牡蛎壳中；都把灵魂一窥真实存在比喻成从探出海面，看到真实的天空(Burnyeat 2012，251)。此外，适合灵魂的"食物"是真实存在这一比喻，也可以被视为揭示了灵魂与存在的相似性或亲缘性(《斐多》80b)。

分。而驾车人本身并不能推动马车,但驾车人能够控制马拉车的方向,或者用苏格拉底的话说,驾车人的心智(νοῦς)是灵魂马车的向导(247c7–8)。换句话说,驾车人代表灵魂中能够具有心智的成分。心智不仅引导和规范着灵魂,而且也引导和规范着外在的自然世界的运动。如果说灵魂是自然世界中运动的源头,那么它的心智就使这些运动成为有秩序的运动。按苏格拉底的说法,灵魂"照料"(ἐπιμελεῖται)无灵魂的东西(246b6)、宙斯"规整并照料"(διακοσμῶν...καὶ ἐπιμελούμενος)万物(246e5)。完美的、具有心智的灵魂被描述为以宙斯为首的奥林波斯诸神,他们造成了天体的运动,一种有规则的圆周运动(246e–247c)。[1]

　　然而,随着苏格拉底引入"天外区域"中的存在,灵魂和心智的角色就变得复杂了。作为运动的本原,灵魂必须介入自然世界,引导和规范其中的自然构成物;与此同时,灵魂还能够通过心智(νοῦς)观看天外区域当中的真实存在。这就是灵魂扮演的第二种角色——天外存在的观看者。如果说灵魂的第一种角色在于建立和维护自然秩序,第二种角色则让灵魂将眼光投向自然秩序之外,投向更高的存在(247b6–c2):

　　　　那些被称为不死者的灵魂们呢,一旦到达穹顶,这些灵魂还要出到天外,在天宇外表停留——一旦站稳,天体的周行便带领这些灵魂绕行,观看天外之物。[2]

　　有心智的灵魂的双重功能(规范自然秩序和观看真实存在)分别对应存在的两个层次。因此,灵魂的功能结构实际上反映了它在存在秩序中的位置。《斐德若》中的灵魂处在两种存在性质截然不同的层次之间:天外的存

---

　　① 哈克福斯指出,诸神在天上巡行的描述,是对早期希腊宇宙论图景的神话表达;"幸福的诸神之属在天宇中巡行的轨道"(247a4–7)中"轨道"(διέξοδοι)一词往往被用来指天体运行的轨道(Hackforth 1952,73,cf. Rowe,Yunis ad loc.)。事实上,在与《斐德若》此处的论述极为接近的《法篇》第十卷(灵魂运动是自我运动,是其他运动的源头)中,天体运动也是灵魂在自然世界中造成的首要运动(897a–c)。灵魂对自然世界的照料首先体现在造成并维持天体的永恒运动,是柏拉图主义的一贯看法,例如,柏拉图《蒂迈欧》41d–e,普罗提诺《九章集》4.3.15,斐奇诺《斐德若》注疏(Allen 2008,64)。

　　② 尽管神的灵魂能够毫不费力地接近并观看真实的存在,它们并没有被描写成持续地观看天外存在,而是随着天球的旋转周期性地观看那些天外存在(247c1–2,d5,e2–4)。解释者都同意,这一周期性的观看不能在字面意义上被理解,似乎神的灵魂观看真实存在有时间限制(Hackforth 1952,Ferrari 1987,etc.)。我们认为,这一周期性的观念同圆周运动联系在一起,是心智的运动的象征(诸神在旋转的天球上观看真实存在,象征着对真实存在的这种观看或沉思的运动能够被类比为某种圆周运动)和后果(心智的运动在自然世界的产物是最接近它的天球的旋转和天体的周行)。后文有进一步说明。

在本身与宇宙中的自然构成物之间——后者可以说是广义上的身体(物体)。灵魂在两种存在层次之间的位置体现在它既能够向上接触纯粹存在,也能够向下与身体(物体)结合。灵魂马车中的两类成员恰恰就是灵魂与存在秩序两个层次的接榫之处。灵魂能够接触不可感的存在本身,依靠的是其结构中与真实存在本身相应的成分,那就是心思或思考的部分(驾车人);而灵魂能够与身体结合、推动身体,也必定要依靠某种成分来完成这一点,这种成分就是灵魂马车意象中的马。换句话说,灵魂马车之所以是复合的,最根本的理由,是它可以和两类不同存在(真实存在与自然构成物)产生关系。灵魂在存在秩序中的特殊地位构成了灵魂马车结构的存在论根据。

然而,灵魂这一特殊的地位也使它的真实性质的问题产生了疑难:

(一)灵魂的本性是单一的还是复合的? 灵魂马车这一结构似乎表明灵魂本身就是一种由多种成分构成的,而非单一的存在者。尤其是考虑到,不但人的灵魂,即不完美的灵魂具有这一结构,甚至神的灵魂,即完美的灵魂同样具有这一结构,那么这种复合的结构并不是由于某种不完美而产生的,而在某种意义上是灵魂所固有的。假如真的如此,《斐德若》对灵魂的描述似乎同其他一些核心对话,例如《斐多》、《理想国》并不一致。在《斐多》当中,灵魂的真实本性似乎就是单纯的心智,因而是单一而非复多的(79d);在《理想国》当中,灵魂当中被区分出三种成分,除了理智之外还有非理智的成分,但在最后一卷中,苏格拉底又将灵魂的三分归因于身体对灵魂的"污染",而灵魂就其真实本性而言仍然被认为是单一的(611a - c)。因此《理想国》对最终灵魂的看法同《斐多》是一致的。但《斐德若》似乎就很难同二者的观点相协调了,因为不单被身体"污染"的人类灵魂是由多种成分构成的,甚至连神的灵魂也是如此。因此,一些研究者深信,《斐德若》的论述表明,柏拉图在灵魂本性问题上改变了原先的看法。然而,真正的困难在于,灵魂的单一性或非构成性(ἀσύνθετον)被认为来自真实存在的单一性或非构成性(《斐多》78c ff.)。只要柏拉图坚持真实存在的单一性,灵魂本性的复合性就难以与之相协调。

(二)灵魂的本性是运动的还是静止的? 我们在本章第一节结尾已经提出了这一问题。按照《斐德若》的论述,作为运动的源头,自我推动的灵魂应该是处于永恒运动之中的(ἀεικίνητον);而这似乎同(例如)《斐多》中对灵魂运动性质的论述不一致。按照后一种论述,灵魂作为真实存在的观看者,在同存在接触的时候,会超越生成变化,进入常住不变的存在世界。这时,灵魂似乎就摆脱了运动的状态(《斐多》79d)。对这一疑难的回答直接关系到我们如何理解灵魂不死论证中的永恒生命。

上述两个疑难困扰着解释者。① 让我们首先思考第一个疑难。解决这一疑难的关键在于正确理解灵魂马车这一比喻的实质意涵。上一节已经指出，灵魂（包括神的灵魂）的结构中之所以有马，是因为它能够产生身体的运动。本节，我们进一步将马解释为灵魂同自然世界产生关系的枢纽。总之，灵魂的结构中有马，是因为灵魂能够与自然世界产生关系，引发自然构成物的运动，而非像一些研究者认为的那样，是因为所有灵魂中都具有可以同人类灵魂类比的非理性因素。因此，神的灵魂马车既有驾车人又有马，仅仅意味着神的灵魂像所有灵魂一样，身兼两种角色：既是天外存在的观看者，也是自然世界的运动原理。但这并不意味着这两种角色必定由两种不同的成分来完成。换言之，灵魂马车这一形象包含两种角色，并不意味着灵魂的本性就是复合的。实际上，只要我们能够设想，神正是通过对真实存在的观看或思考推动天宇的运转，我们就完全可以说，神能够凭借单一的本性同时扮演驾车人和马双重角色。没有迹象表明，这种设想对柏拉图来说是不可能的。②

诚然，第二篇演说词的灵魂论述中没有明确地主张一种容纳上述设想的学说。这是因为，详细论述这种学说对这篇演说词的主旨来说是不必要的。毕竟，演说词的论述只需要表明，神观看真实存在，并照料自然世界，而并不需要表明，神通过观看真实存在来照料自然世界。不过，上述设想的后果，在苏格拉底的灵魂神话中并非无迹可寻。按照苏格拉底的描述，神的灵魂探出天外，观瞻真实存在的时候，是端坐在天宇的边缘，由天球的旋转（περιφορά）载着（247b - c）。整个天宇的运动和天体的周行并没有因为神"离开"自然世界去观看天外存在而停止。同时，苏格拉底也没有将其描述为神一边观看存在，另一边照料天球的运动。最自然的解释恰恰就是：天球（天体）的圆周运动正是神通过观看（沉思）真实存在而造成的。③ 事实上，苏格拉底在描述诸神探身而出，观看天外存在的段落，完全没有提及灵魂的复杂结构，就仿佛这一结构不存在一样。④

---

① 最典型的例子就是贝特的经典研究。贝特认为，灵魂在《斐多》中被看作与恒常不变（changeless）、非构成的（non-composite）存在相似，因而就其本性而言也是恒常不变、非构成的；而《斐德若》中的灵魂则永远处于运动中，即使离开了身体也是如此。关于这两点，贝特都只能诉诸柏拉图思想的变化来解释（Bett 1986，17—19）。

② 例如，《蒂迈欧》37a - c；参《法篇》897c。

③ 沉思作为运动的原理，正是新柏拉图主义对自然世界（不仅是天宇的运动）的解释，见《九章集》III. 8. 1 - 8；另参 II. 9. 2，V. 3. 7，V. 4. 2。

④ 一个被解释者注意到的文本细节是，在 246e4 - 6 处，苏格拉底描述道，宙斯"驾驶着他的长着羽翼的马车（ἄρμα）"，也就是说，宙斯被等同于驾车人（Hackforth 1952，73，Ferrari 1987，130—131，Fierro 2013，45—46）。

让我们不要忘记,灵魂马车终究是一个比喻。一切比喻都传达了部分的真理。但这也就意味着,比喻也必定无法传达完整的真理。在提出"灵魂马车"这一比喻的时候,苏格拉底就已经告诫我们,这不是灵魂在神眼中精确的样子,而只是人对灵魂不精确的描绘(246a4-6)。如果我们接受上面的解释,这一神人视角的差异就能得到贴切的理解。从人对灵魂的经验出发,无法设想单纯的思想成为运动的原理。对于人而言,灵魂产生运动的过程,只能被拆分为两种作用的结合:思想决定运动的方向,而异于思想的某种灵魂力量(统而言之,欲求)产生运动。[①] 由于这个原因,人才设想出一种复杂的结构来刻画灵魂。

接下来让我们反思第二个疑难:灵魂在观看真实存在的时候,是运动的还是静止的。由于灵魂对真实存在的观看(θεωρεῖν),就是进行以后者为对象的思考,因此,上述问题就转化为:理论性思考或沉思是否是一种灵魂的运动?

我们认为这一问题的答案是肯定的:沉思真实存在是一种灵魂运动。在我们引述过的《法篇》第十卷的相关段落中,"探究"(σκοπεῖσθαι)被认为是灵魂的十种自我运动之一(897a1)。阻碍我们接受这一回答的,是苏格拉底在某些地方将灵魂的运动性质同它所接触的对象联系起来,从而认为,当灵魂思考不变的存在的时候,自身也不变(不运动)。因此,我们首先来考察支持上述看法的关键文本:《斐多》中提出的灵魂与存在的"相似性论证"。在那里,苏格拉底的确主张,灵魂的运动性质随着它所接触的对象而变化(79c2-8,79d1-7):

> 一旦灵魂通过身体去考察某种东西,也就是通过视觉或听觉或其他什么感觉去考察——毕竟,"通过身体"就是通过感官去考察——这时,灵魂就被身体拽向那些从不处于相同状态的东西(τὰ οὐδέποτε κατὰ ταὐτὰ ἔχοντα)。灵魂岂不就被这样的东西拽住,像喝醉了一样游荡、昏聩、晕眩(πλανᾶται καὶ ταράττεται καὶ εἰλιγγιᾷ)?
>
> 但是,一旦灵魂自己依据自身来考察,去到那纯粹的、总是存在的、不死的、处于同样状态的(ὡσαύτως ἔχον)东西那边,由于灵魂与它的亲缘,只要灵魂自己依据自己、能够如此的时候,它就伴随那东西左右,被这样的东西拽住,停止游荡(πέπαυταί... τοῦ πλάνου)、围绕在那些东西周围(περὶ ἐκεῖνα)、总是处在相同的状态(ἀεὶ κατὰ ταὐτὰ ὡσαύτως ἔχει)。

---

① 参《尼各马可伦理学》1139a21-1139b5;另参本章注 26。

可以看到,苏格拉底实际上强调的,并非思考真实存在的灵魂彻底告别了运动,而是告别了特定的运动——在同灵魂的本性相异的感官对象之间的游荡,回到了存在之家,进入到同存在一样的状态中,即自己与自己相一致的状态(κατὰ ταὐτὰ ὡσαύτως ἔχει)。在柏拉图看来,自我同一性正是真实存在同自然构成物在存在性质上的根本差别:真实存在的东西必定是其所是,因而自己与自己相同;自然构成物既是其所是又是其所不是,因而自己与自己相异。灵魂摆脱的是后一种状态,进入前一种状态。但是,对于前一种状态本身的运动性质,《斐多》并没有给出明确的断言。①

有一种运动在柏拉图看来,是保持与自身相同的运动。这就是围绕固定中心旋转的运动。在不精确的描述中,我们会说这一运动"既动又不动"(《理想国》436d‑e)。在《法篇》第十卷中,雅典来客明确将运动(κίνησις)赋予完美的思想,称其为"心智的运动"(νοῦ κίνησις),并将这种运动同上述旋转的圆周运动联系起来:心智的运动是人类理智无法充分理解的,但我们可以诉诸它的可见影像,即围绕一个不动的中心不断旋转的圆周运动(897c‑e)。这种运动同心智的运动一样,具有以下特征:总是依据相同的东西(κατὰ ταὐτὰ)、以同样的方式(ὡσαύτως)、在同一处(ἐν τῷ αὐτῷ),围绕一个固定的中心(περὶ τὰ αὐτὰ),与同样的事物保持关系(πρὸς τὰ αὐτὰ),遵循一个道理(ἕνα λόγον)和一个规则(τάξιν μίαν)(898a‑c)。显然,这里的描述同《斐多》描述灵魂在真实存在近旁的状态(79d4‑6)高度相似。按照《法篇》的说法,这种运动不与真实存在的不变本性相冲突。而且恰恰是通过它独特的运动形式,这种运动才分享了真实存在的特征。《蒂迈欧》同样显示出心智运动与圆周运动的亲缘关系(34a)。造物匠神(δημιουργός)用圆周运动来构造理性灵魂(36c‑d),而人类的理性灵魂,当它被较低的灵魂运动扰乱的时候,需要通过学习、理解宇宙的圆周运动来恢复理性灵魂的圆周运动(90a‑d)。同样,《蒂迈欧》也没有将圆周运动同恒常不变对立起来:时间被等同于天体循环往复的圆周运动,而正是这种圆周运动,构成了永恒者的影像(37d6)和模仿(38a8)。当然,圆周运动并不直接等同于心智的运动。但它分享了后者

---

① 必须澄清的是,当苏格拉底在《斐多》声称灵魂与不变的存在更相似(ὁμοιότερον)、更亲近(συγγενέστερον)的时候,他不是在描述灵魂的运动性质,而是在指出灵魂的存在性质。灵魂与存在的相似性或亲缘性体现在其单纯性、非构成性,而非体现在其是否运动、怎样运动。实际上,苏格拉底在"相似性论证"中从未通过灵魂的运动性质来论证灵魂不死,而是通过灵魂的存在性质(非构成性)来证明灵魂不会像身体这类"构成性自然"一样分解消散(78b4‑9,80b8‑10)。

的特征:作为一种运动,它并不是离开自身,而是不断地回到自身。从柏拉图对心智的运动及其可见影像——圆周运动——的论述可以看出,心智的运动正是处在自己与自己相一致的状态。① 可见,对柏拉图来说,将灵魂对真实存在的沉思称为一种运动,与将这种沉思描述为真实存在一般如如不动,二者并无矛盾。②

4. 灵魂的永恒生命

我们在本章第一节对《斐德若》中的灵魂不死论证进行了分析。按照我们的分析,灵魂的不死并非仅仅被理解为永恒的存续:一块石头,哪怕它在时间中永远不被毁坏,也不是灵魂所享有的那种不死。灵魂在永恒存续之外,还享有永恒的生命。那么,这种永恒生命的实质意涵是什么? 在经过对灵魂的运动性质和存在性质的分析之后,我们已经可以对上述问题作出一个初步的回答。

在苏格拉底的论述中,生命首先是和运动联系在一起的。在论证的开头,运动被当作生命的特征:"永远处于运动中的事物是不死的"(τὸ γὰρ ἀεικίνητον ἀθάνατον)(245c6)。这里所说的运动,我们想到的首先是伴随着生命的一系列运动,呼吸、心跳、新陈代谢等等;其次是生物活着的时候由自身内部引起的运动,例如动物支配自己身体的动作。当生命逝去,这两类运动都会随之消失。不过很快我们就能看到,苏格拉底相信生命的真正特征是第二类运动。苏格拉底将灵魂定义为自我推动者,其根据是下述事实:有灵魂的身体(即活的身体)能够推动自身运动(245e4 - 6)。活的身体之所以有生命,是因为其中有灵魂;苏格拉底将其解释为:活的身体之所以能够推动自身运动(即是某种意义上的自我推动者),正是因为它的内部有一自我推动者;这就是我们称之为灵魂的东西。因此,生命的特征是灵魂产生的那种不假外力的、自我推动的运动,而非前述第一种运动。因为第一种运动虽然也伴随着每一生命,但并非自我推动的

---

① 在《斐德若》现存的唯一古代注疏中,注疏家赫耳迈亚主张理性灵魂的运动是"折回自身的运动":"完善自身、唤醒自身、折回自身属于理性灵魂"(τῆς γὰρ λογικῆς ἔστι ψυχῆς τὸ ἑαυτὴν τελειοῦν καὶ ἀνεγείρειν καὶ ἐπιστρέφειν εἰς ἑαυτὴν,114. 24 - 25)。Cf. Menn 2012,58 - 60.

② 格斯里敏锐地指出,沉思作为一种灵魂运动的本性对柏拉图来说是某种神秘的东西,但亚里士多德则通过"作为"(ἐνέργεια)这一概念(旧译"现实"、"实现活动")阐明了这种灵魂运动的本性。因为ἐνέργεια是完满的、充分的活动,而运动只是一种不充分的ἐνέργεια(《物理学》257b8),见Guthrie 1971,241。

运动:它们是假外力而发生的。①

有了灵魂的身体是一个活的身体。活的身体推动自身的运动不是别的,正是灵魂推动身体的运动;由此看来,生命似乎就是灵魂与身体的结合;与之相对,死亡就是灵魂脱离身体。这也是通常对生命与死亡的理解。② 然而,既然生命以推动自身的运动为特征,或者说,自我推动者就是有生命的东西,那么按这一标准,灵魂就必定是有生命的,且灵魂的生命同它是否同身体结合无关,因为无论灵魂是否推动身体,它都是自我推动者。因此,对生命和死亡的通常理解——生命就是灵魂和身体结合,死亡就是灵魂与身体分离——只适用于活的身体这一灵魂-身体的复合体,也即是通常我们理解的终有一死的"生物"(ζῷον),而不适用于不死的存在者(246b5 - d2):

> 那么,怎么有的生物叫作会死的,有的又叫作不死的呢,这一点我们得试着来说一说。凡灵魂都关切无灵魂的,而且游历诸天,但不断变换样子。倘若[灵魂]完善、翅羽丰满,就游到上界,主理整个宇宙;倘若失去了翅膀,灵魂就向下落,直到遇上某个坚实的东西撑住自己;于是,这灵魂就取一个尘世的身体,在那里住下来,由于灵魂的能力,这身体看上去好像还能自己让自己动起来,灵魂和身体合起来的整体,就叫作生物(ζῷον),而且还有一个别名叫"会死的";"不死的"可不是这样,我们不是出于任何道理的论证,我们只是想象——因为我们既没看见过神,又不能恰当地思考神,因而想象出一种不死的生物,既有灵魂又有身体,两者永远长在一起。

当灵魂与身体结合的时候,灵魂带给了这个身体一种能力,使后者"看上去"(δοκοῦν)能够推动自己。也就是说,灵魂与身体的结合体,这个活的身体或者叫"生物"(ζῷον),只是看上去是自我推动者,但在严格意义上说还不是。假如它真的是自我推动者的话它就是不死的。只有灵魂才是严格意义上的自我推动者;按照论证(245c6 - e2),灵魂正因此是不死的。无论如何,由于存在两种意义上的自我推动者,因此也存在两种意义上的生命。相较于生物(活的身体)这种自我推动者,灵魂在更严格的意义上是自我推动

---

① 参亚里士多德《物理学》259b6 - 16。亚里士多德认为,成长、衰退、呼吸这些运动都来自周围的环境或食物。亚里士多德比柏拉图更进一步;他主张,由于动物推动自身的运动也依赖于这些来自外部的运动,因此在严格意义上(κυρίως)并不是从自身中产生的。

② 参《斐多》64c4 - 9。

者,因而灵魂比生物有更充分的生命。一开始我们曾以为生命就是活的身体活着这件事,但现在发现,生命并不仅仅属于活的身体,甚至并不在首要的意义上属于活的身体。从某种意义上说,活的身体所拥有的生命,只是灵魂的生命的某种影像。通过"灵魂不死"论证,苏格拉底实际上将传统的灵魂观念颠倒了过来。荷马笔下的灵魂只是活的身体在死后的"幻影"(εἴδωλον),比身体更加虚弱、更加无力、更不真实(参《奥德赛》11. 141—144);①而苏格拉底反过来证明,活的身体只不过是灵魂的某种幻影,它的一切活力乃至生命都来自灵魂。

作为活的身体的自我运动所模仿的原本,灵魂的生命是严格意义上的自我运动。我们在上一节已经看到,这种运动是灵魂对真实存在的沉思(观看),即心智的运动(νοῦ κίνησις)。对于这一运动,《斐德若》并没有直接的论述。事实上,在柏拉图的所有对话中,我们都找不到对这种心智运动的直接论述。这是因为柏拉图相信,直接论述这一运动超出了人类的能力(《法篇》897d)。因此,我们只能够通过某种迂回的方法来尝试了解这种运动。《斐德若》的灵魂神话即包含了对心智运动的诗性呈现。

《斐德若》同其他论及心智运动的对话一样,将其比拟为围绕固定中心旋转的圆周运动,因为只有这一运动才分享心智所具有的特征:与自身相一致。自然世界中的圆周运动,不仅是心智运动的可见影像,而且也是心智运动在自然世界的效果:天体的运行和天球的旋转——自然世界中最有秩序、最完美的运动,也是最接近心智运动的运动——正是由心智运动直接造成的。因此,《斐德若》神话中描述的天宇运动,就具有了双重意涵:它不仅体现了心智运动对自然世界的规整(διακοσμεῖν)和照料(ἐπιμέλεσθαι),也象征了心智运动本身。诸神的周天巡行(246e4 - 247c2)不仅展开了《斐德若》的宇宙论图景,也反映了具有心智的灵魂对真实存在的沉思。于是,这一沉思没有被刻画为心智与其对象的静态对峙,而是被描述成诸神从它们的家宅(οἶκος)出发,周游整个天外区域(即可思世界),遍历其中的真实存在,最终回到诸神之家的运动(247a1 - 2, 247e2 - 4)。

需要指出,心智运动不仅仅是思想的运动,同时也是欲望的运动。真实存在既是灵魂思考的对象,也是欲望的对象。神观看真实存在的同时充满对后者的爱(ἀγαπᾷ, 247d3);灵魂对真实存在的强烈渴望(πολλὴ σπουδὴ, 248b6)只有通过真理的盛宴才能得到满足,使灵魂感到欢愉(εὐπαθεῖ,

---

① 参 Rohde 1925,5,另参 Burnet 1916,Solmsen 1983。

247d4）。沉思的快乐满足了灵魂最深刻的欲望。①

不过，心智运动中包含的欲望运动在某种意义上超出了柏拉图对欲望的经典论述。按照后者，欲望来自缺乏；它是贫乏神（Πενία）之子。② 但欲望并不是绝对的缺乏，而是绝对的缺乏与完满的充盈之间的某种状态，是神与人之间的中介和使者。用《会饮》中的话说，爱欲不是神，而是精灵（δαίμων）。③ 然而，在《斐德若》当中，爱欲被认为是神（242d9）。作为精灵，爱欲介于无知与知识（智慧）之间；④而作为神，爱欲伴随着诸神对真实存在的沉思。欲望现在不仅属于智慧与无知之间的凡人，也属于智慧的诸神。如果智慧意味着无所缺乏，那么怎么还会有欲望？

如果我们将欲望理解为完满的欲望对象推动本性缺乏的欲望者的运动，那么，上述欲望的难题实际上反映了更具一般性的自我运动的难题：运动的前提是推动者异于被动者，⑤而自我运动则是推动者与被动者为同一事物的运动（245c9）。这样一种运动是如何可能的？

《斐德若》没有为解决上述困难给出一份概念上的说明，但通过其中的灵魂神话提供了指引。诸神离开它们的家宅去观瞻"真正存在的本体"（ουσία ὄντως οὖσα），只有赫斯提亚（Ἑστία）一直留在家中。表面上看，似乎赫斯提亚无缘得见这些本体的真容，但实际上，Ἑστία在柏拉图的哲学词源学的解释中就是ουσία。⑥ 诸神之家也是存在之家。但是，为了理解真实存在，心智（νοῦς）不能待在这一"圆满真理的不动心脏"。⑦ 心智必须离开作为"一"的存在，⑧按顺序理解诸多样式（εἴδη），并通过理解诸样式之间的关系，把握其同可思存在的整体之关系，最终理解作为"一"的存在本体，完成自身。我们认为，这就是诸神从家中出发，周游天外观瞻存在，最终回到家中的真正意涵。因此，心智所沉思的诸样式，并非在心智之外，而就在其自

---

① 参《理想国》586a-b。这种欲望及其相应的快乐属于灵魂的理性部分，即灵魂脱离身体干扰的真正本性（611e-612a）。

② 《会饮》203b-c。确切地说，爱欲的父亲是丰赡（Poros），母亲是贫乏（Penia）。母亲带给爱欲缺乏和贫穷，而父亲带给他机智和手段（203c-d）。施特劳斯（L. Strauss）指出，父亲的机智和手段，已经蕴含在母亲身上了：贫乏神正是由于她的缺乏手段（διὰ τὴν αὑτῆς ἀπορίαν）而想出了计策（ἐπιβουλεύουσα，203b7），从而成为一种生产性的原理。因此，爱欲的两个方面——在神话中被分为父亲和母亲——实际上都归因于缺乏（Strauss 2001，194）。

③ 《会饮》202a-203a。

④ 《会饮》203e-204b。

⑤ 《蒂迈欧》57e3-6，《智术师》249b12-c1。参亚里士多德《形而上学》Θ.1046a28-29。

⑥ 《克拉底鲁》401b-d。

⑦ 巴门尼德残篇342(KRS) = Sextus adv. math，VII. III and Simplicius de caelo 557,25。

⑧ 普罗提诺将ἑστία与"一"（ἕν）联系起来，见《九章集》5.5.5.14-27。

身之中。这样一种运动在最严格的意义上是一种自我运动：推动者与受动者同一。如果生命就在于自我运动，那么心智运动就是最完满的生命。心智并不会因为它已经看见它的对象而泯灭欲望，[①]成为"石头和尸体"式的存在，而是伴随着永恒的思想和欲望的运动，充满不竭的活力和生机。[②]

本章小结

我们在之前区分了伴随着生命的两种运动：一种是呼吸、心跳这类运动，第二种运动是活的身体推动自身的运动。后者是灵魂推动自身运动在身体上产生的效果，也是活的身体活着的真正特征。我们通常将自己看作这个灵魂与身体结合在一起的生物（ζῷον）。由于这个原因，苏格拉底说，我们把神想象成一种比人更加完美的人，拥有不死的身体（246c6 – d2）。然而，每个人的经验都告诉我们，活着（ζῆν）不单单意味着有一个活的身体，能够推动自己运动，而且意味着能够欲望和思想。心智的沉思正是欲望和思想最完满的形式，从而构成了最高意义上的生命。因此，神作为不死的生命并不是一种兼有灵魂和身体的生物，而只是灵魂（246c6 – d2）。这并不是说，神的灵魂不能够和任何一种身体相结合。假使如此，神如何去推动宇宙间的物体、主宰宇宙（246c1 – 2, 246e5 – 6）？苏格拉底的意思是说，"神"或者"不死者"只是指灵魂自身——无论是否与身体结合。如果说神也过一种生活（βίος）的话（参 248a1），那么这种生活的主体就是灵魂，更确切地说，就

---

① 亚里士多德通过内在目的性区分作为（ἐνέργεια）和运动（κίνησις）：后者的目的在自身之外，而前者的目的在自身之中，因而"正在看（ὁρᾷ）和已经看（ἑώρακε），正在知（φρονεῖ）和已经知（πεφρόνηκε），正在思（νοεῖ）和已经思（νενόηκεν）是一同成立的。但是正在学习（μανθάνει）和已经学会（μεμάθηκεν），正在治疗（ὑγιάζεται）和已经治好（ὑγίασται）却不是。正在活得好（εὖ ζῇ）和已经活得好（εὖ ἔζηκεν），正在幸福（εὐδαιμονεῖ）和已经幸福（εὐδαιμόνηκεν）是一同成立的"（《形而上学》1048b23 – 26）。亚里士多德据此认为，最高的快乐不是到达目的之前尚未完成、一旦完成就停止的运动和生成，而是每一刻都已经完成了的作为（《尼各马可伦理学》1174a13 – 1174b14）。我们认为，亚里士多德那里作为运动和生成的快乐，正是柏拉图笔下次等欲望的满足：这种欲望只是从自然的底部来到了自然的中间，从而达到了某种灵魂的平静（ἡσυχία），但却远非真正得到满足（《理想国》583b – 586c，比较《尼各马可伦理学》1152b33 – 1153a7）。柏拉图同亚里士多德一样，都认为存在着比这种欲望及其快乐更加真实的欲望和快乐；二者也都认为这种欲望和快乐属于沉思。二者的区别在于：对亚里士多德来说，正在看、正在知和正在思，就是已经看、已经知和已经思，否则就一定会有一个停止（1048b26 – 27），因为运动一旦完成就会停止；而柏拉图却是从另一个角度来看待这一问题的：已经看、已经知和已经思所具有的完满性，意味着它们同时也就是持续的正在看、正在知和正在思，因为完满的运动不会停止。

② 《智术师》248e – 249a。参普罗提诺《九章集》6.5.12。

是灵魂的本质——心智，而非某种灵魂与身体结合而成的生物。正因如此，苏格拉底才能在临死前对他的朋友们说，他将去过一种更好的生活；也正因为如此，苏格拉底才能说，关心你自己，就是关心你的灵魂。

然而，对于人这种存在者而言，沉思并不像神的灵魂那样，能够产生心智运动自身之外的身体运动。也正因为沉思不造成身体的运动，（不用说这种活动作为本原也并不由身体的运动所造成），这个意义上的生命（ζωή）不能归属于那个灵魂-身体的结合体，而只能归属于灵魂自身。非但如此，对于人而言，灵魂依据自身的心智运动，同灵魂与身体的结合，二者存在着紧张关系。① 如果像我们分析的，生命不仅仅意味着灵魂对身体的推动，更加意味着灵魂对自身的推动的话，那么，沉思这种最高意义上的生命，与其说是人的生命，不如说是心智的生命和作为身心结合体的人的死亡，因为灵魂的纯粹活动同时也是灵魂与身体的分离。哲学是死亡的练习。②

这并不可怕。苏格拉底告诉读者，我们作为身心结合体的存在并不是我们的真正存在；毋宁说，只有我们的灵魂才是我们的真正存在。灵魂在失去羽翼之后，落入尘世，才"取一个尘世的身体"，与之结合成为某种生物（246c2－4）。这个身体归根结底并不属于我们，正如与神的灵魂结合在一起的无论什么身体，也并不是神的一部分。身体只是我们在尘世的短暂逆旅的某种依托，更有可能成为我们真正存在的牢笼（250c5－7）。因此，人作为一种自然存在物难以摆脱身心关系的困难：人的灵魂同身体在自然秩序中结合、在存在秩序中分离。我们将在其后两章中看到，面对这一困难的方式决定了《斐德若》伦理思想的基本面貌。

---

① 《斐多》79c，81b，82e－84b。

② 《斐多》64a。

第三章　人类灵魂与人性论

苏格拉底同斐德若在城外相遇。他们走到一条溪流边上的时候，斐德若错把这个地方当作了传说中雅典国王的女儿欧律图亚(Eurythuia)嬉戏的地方。苏格拉底指出了他的错误。显然，苏格拉底对神话传说的熟稔激起了斐德若的好奇心。他问苏格拉底，这位举止怪异，不同流俗的哲学家，是否也相信神话传说中的故事？苏格拉底回答说，有智慧的人诚然能够对这些传说给出一番符合常理的解释，但这样会占去大量闲暇(229e4－230a6)：

> 我可没一点儿闲暇去搞这些名堂。至于原因嘛，亲爱的，就是这个：我还不能按德尔菲铭文做到认识我自己。连自己都还不认识就去探究不相干的东西，对我来说显得可笑。所以，我同这些说法告别，接受关于这些事情人们通常所相信的，不是去探究这些，而是探究我自己，看看自己是否碰巧是个什么怪兽，比百头怪还要曲里拐弯、欲火中烧，抑或是个更为温顺而且单纯的动物，天性的份儿带几分神性，并非百头怪的命份。

"认识你自己"——柏拉图笔下的苏格拉底仍将这一希腊古风时代的智慧箴言作为其哲学探究的首要主题。不过，"认识你自己"的原初意涵在于认识到自己仅仅是人，而不是神，因而是一种否定性的知识。相反，苏格拉底明确赋予了这样一种自我探究的任务以正面的意涵："我"究竟是像神话生物提丰(Typhon)一样的百头怪兽，还是更温顺、单纯、富有神性的生灵(230a)。对苏格拉底来说，认识自己不仅要求认识到自己不是什么，而且要求认识到自己是什么，或者说是什么样的存在。

对苏格拉底来说，这样一种关于自我的知识只能是关于灵魂的知识，因为在他看来，灵魂才是一个人真正的自我。我们恰巧可以在《斐德若》里面苏格拉底的第二篇演说词当中找到一种关于灵魂的知识，尽管这种知识以神话的形式表达出来。我们在上一章中致力于阐明这样一种关于灵魂的知识。如论者指出，这种关于灵魂的知识并非现代意义上心理学的研究对象，因为这种知识不是依赖于一种对存在领域的既定划分来确立它的研究范围（所谓的"心理现象"），而恰恰着眼于灵魂在存在秩序中的位置，以灵魂的诸种存在方式为首要主题。[①] 这一知识与其说是心理学的，不如说是宇宙论和本体论的。

但这还不够。上述关于灵魂的知识着眼于"一切灵魂"（ψυχὴ πᾶσα），包括神的灵魂和其他灵魂。而构成苏格拉底的自我知识的那种灵魂知识，不光需要揭示一般而言的灵魂的本性，而且需要阐明苏格拉底的灵魂所属的一类特殊的灵魂，即人的灵魂。因此，苏格拉底的自我知识还包含关于人类灵魂的特殊知识。苏格拉底在对话开始时的提问，应被理解为对于人类灵魂的提问：人的灵魂究竟是像"曲里拐弯、欲火中烧的"怪物，抑或温和单纯，更接近神？

在苏格拉底的神话中，作为自然世界的运动来源的灵魂是没有起源的：它既不产生、也不消灭（245c‒246a）；但人类灵魂有其起源。因此，关于人类灵魂的知识首先呈现为关于人类灵魂起源的知识。对起源的追溯是为了解释现在，因为希腊人相信，起源（ἀρχή）具有支配性的力量。同样地，探究人类灵魂的起源，也是为了理解人类灵魂的当下处境。人类当前的处境既包含人类灵魂的现状，即现实的人性，也包含这一现状同灵魂之本性的关系。人类灵魂的古老过去能够揭示业已被遗忘的存在秩序，以及人类灵魂对这一秩序的根本依赖；而人类灵魂的当下处境则被追溯到灵魂同它所依赖的存在秩序中脱落出来。因此，当前的人类处境就具备了一种方向，即向着原初秩序的回归。人类灵魂的最终拯救就依赖于这种回归。只有这种回归，才是苏格拉底所谓"归属于我们的最大的善"（244a7）；而苏格拉底这篇演说词中的目的，正是向人们展示爱欲的疯狂能够带来这一属人的最高善。

在这一章中，我们将首先关注人类灵魂的起源所反映出来的当前的人类处境。我们认为，《斐德若》的灵魂神话表达了柏拉图关于人类本性和人类处境的根本看法，从而为理解《理想国》当中更为著名的灵魂学说提供了至关重要的背景。同时，《斐德若》展现了爱欲何以能够使人类灵魂以某种方式超出人类的基本处境，重新建立同真实存在的联系。对以上论述的解读能够揭示《斐多》、《会饮》和《理想国》等对话中的相关学说在柏拉图整体思想中的真正位置。可以说，《斐德若》的相关论述堪为柏拉图的人性学说

[①] 海德格尔《柏拉图的〈智者〉》§ 51(a)。参 Griswold 1986,2‒3。

的纲领。

1. 人类灵魂的起源

在希腊思想中，人性通常都是由神性和兽性从上下两端界定的。更确切地说，人性的内在品质低于神而高于野兽。《斐德若》的灵魂神话为这一框架提供了一种前史的同时，在某种程度上颠覆了这一既定框架。颠覆之处在于，《斐德若》中人的灵魂不再是通过内在品质同神的灵魂和野兽的灵魂相区分。神的灵魂凭自身就是神的灵魂，人类灵魂却并非凭自身即是人类灵魂。人类灵魂是人类身体中的灵魂。尽管按照苏格拉底的叙述，人类灵魂来自天上，但严格说来，天上并没有人类灵魂：天上有完美的、神的灵魂，也有不完美的灵魂（"［神的灵魂之外］其他灵魂"，248a1，247b1－3）。人类灵魂则是由于一种特定的遭遇才出现的：一些不完美的灵魂继续留在天上，而另一些不完美的灵魂则落到地上，进入人类的身体，这才有了人的灵魂（248c2－e5）。同样是这些人的灵魂，在下一次转世中可能进入野兽的身体，成为野兽的灵魂（249b1－5）。由于所有不完美的灵魂，在无尽的时间当中至少一次会落到地上，进入人类的身体，因此在一种宽泛的意义上，我们可以将所有不完美的灵魂称为人类灵魂：这些灵魂要么过去、要么现在、要么将来总是会进入人类身体。但在严格意义上，人类灵魂仅仅指那些"现在"在人类身体之中的灵魂。

上述灵魂转世的观念虽然是毕达哥拉斯派的，但柏拉图将其放在他的形而上学框架之内。按照《斐德若》的叙述，神的灵魂毫不费力就可以探出天外，将真实存在尽收眼底（247b2，247d1－e4）；而不完美的灵魂就没有这么幸运了（248a1－b1）：

> 而其他［不完美的］灵魂之中，最优秀的跟随神、模仿神，抬起驾车人的头，探入外面的区域（τὸν ἔξω τόπον），并随天球的旋转一同周行，但由于马儿滋扰，这灵魂费劲地（μόγις）注视那些存在（τὰ ὄντα）；而另一个灵魂一会儿升上来，一会儿沉下去，由于受到马儿的蛮力拉扯，它只能看到一些［存在］，而看不见另一些［存在］。

显然，神的灵魂和不完美的灵魂之间的区别，就在于它们同真实存在的不同关系。按照苏格拉底的说法，神的神性，就来自它们与真实存在的接触

（249c6）。完美的灵魂轻松拥有完整的存在视野；而不完美的灵魂中，要么只有残缺的视野（"看到一些，看不见另一些"），要么哪怕能够获得完整的视野（"随着天球周行"），也极端困难（μόγις）。

按照我们在上一章的解释，完美灵魂的运动是心智的运动（νοῦ κίνησις）。这一运动既造成天宇的圆周运动，在灵魂神话中后者又象征着这一运动。而心智运动在柏拉图看来，就是心智理解一切可思对象的运动。心智只有把握了一切可思对象，才完成了这一运动。对神而言，这一运动是轻而易举的，这一方面因为心智所要把握的可思对象不在自身之外：神之思存在，即心智之思自身。脱下神话的外衣，天外存在并不外于诸神之家。而另一方面则是因为，心智的运动不会被打扰。诸神的灵魂除了观看真实存在，还能够产生自然世界的运动，这就是为什么神的灵魂结构中有马。根据上一章的分析，灵魂中的马的存在论意义是灵魂与可见世界的接榫之处。但神的灵魂并不因为同可见世界的联系而受到干扰，因为神的灵魂马车中两匹马都是驯顺的良马（246a7–8）。

对不完美的灵魂而言，情况就不同了；但这一不同并不在于灵魂的心智。不完美灵魂同神的灵魂一样，能够并且渴望观看真实存在。换句话说，符合这些灵魂本性的运动同样是心智对自身所包含的可思对象之思。只不过，这样一种沉思会被马儿搅扰：与神不同，不完美灵魂中的马儿良莠不齐（246a7–b4）。不完美的灵魂之所以不能像诸神那样轻松、完整地观看真实存在，正是因为劣马会给驾车人造成麻烦（248a4）。[①]而劣马干扰驾车人的实质意涵，就是灵魂同可见世界的联系干扰了心智对自身或真实存在的沉思。造成的后果是，不完美的灵魂难以摆脱对可见世界的牵挂；后者使灵魂

[①] Burnyeat 2012,246—247. 伯尼耶特认为我们应区分"解说顺序"（expositional order）与"解释顺序"（explanatory order）：在苏格拉底的叙述中，劣马影响驾车人-马车难以驾驭-驾车人很难看到真实存在，这是他所谓的"解说顺序"；但实际上的解释顺序，伯尼耶特认为，则是倒过来：是否能充分观看存在解释灵魂的优劣，而灵魂的优劣就表现在灵魂内在结构上面。据此他认为，不完美的灵魂当中的劣马并不是一开始就不完美的，而只是失去完整存在视野的一个后果。我们认为，同存在的关系的确是灵魂是否完美的根本解释，但伯尼耶特以此反过来解释灵魂中的劣马则是错误的。灵魂中的劣马显然被当作不完美灵魂中某种给定的缺陷，用以说明神的灵魂同不完美的灵魂之间必然的区分（cf. 246b4）。二者之间的鸿沟是不可跨越的。伯尼耶特之所以做出上述解释，其动机可以理解：他希望保留灵魂的存在视野在解释顺序上的优先地位，以符合苏格拉底的论述。但实际上，灵魂的存在视野在解释顺序上的优先地位，并不会被灵魂内在结构的解释力所干扰。换句话说，我们可以同时坚持以下两者：首先，灵魂是否完美的终极试金石就是灵魂是否拥有完整的存在视野；其次，完美和不完美的灵魂在内在结构上有不可消解的差异。这就好比说博尔特是比我更好的短跑运动员，根本原因是他比我跑得更快；同时他腿还比我长。虽然后一个事实在某种程度上构成了博尔特跑步速度更快的一个内在条件，但谁是更好的短跑运动员的根本标准仍然是谁跑得更快，而不是谁的腿长。

倾向于离开可思世界，如果不是使灵魂同可思对象完全隔绝的话。无论如何，灵魂无法完整把握可思对象，完成心智的运动。用《斐德若》灵魂神话的语言来说，就是灵魂对真实存在视野残缺不全（248a1 - b1）。

人的灵魂是不完美的。因此，人的灵魂一定会遭遇一切不完美灵魂难以摆脱的麻烦：同可见世界的"接触"可能"污染"灵魂，使灵魂不能全心投入它自身，更确切地说，投入对心智自身所包含的可思对象的沉思。但这并不是说，人的灵魂（的出现）是由于它残缺不全的存在视野导致的。① 我们已经指出，严格意义上的人类灵魂并不能被直接等同于不完美的灵魂（广义上所有不完美的灵魂都可能成为人类灵魂）。不完美的灵魂是由它的内在品质决定的，而严格意义上的人类灵魂虽然具有不完美的内在品质，但它并不是因为这种品质而产生的。人类灵魂是一次遭遇的产物，即灵魂坠落到地上。如果说有缺陷的存在视野是灵魂不完美的原因，那么这一缺陷并不会直接导致灵魂下落到地上，否则《斐德若》的神话就应该是：所有完美的灵魂在天上，所有不完美的灵魂在地上；天上根本不会有不完美的灵魂。这显然同苏格拉底的描述不符。那么，是什么因素导致原本在天上的不完美灵魂下落到地上，成为人类灵魂呢？ 关于这个问题，苏格拉底说，"不可逃避的法规"（θεσμός Ἀδραστείας）是这样的（248c2 - 7）：

> 凡与神同路看到某些个真实的东西（τι τῶν ἀληθῶν）的灵魂，直到再一次周行都会不受伤害——而且，如果它总是能做到这一点，他就总会不受伤害。但是如果灵魂由于没能力跟随［神］而看不到（μὴ ἴδη）［真实］，由于经受某种不幸以至于被遗忘和劣性（λήθης τε καὶ κακίας）填满而沉重起来，翅羽飞得沉重，坠落在地。

这就是说，只要灵魂能看见任何一点真实存在，它就不会失去羽翼而坠落，成为人类灵魂。不完美灵魂享有的有缺陷的存在视野，不但不是它坠落的原因，而恰恰滋养着羽翼，让它不致坠落。而让灵魂坠落的原因则是这种存在视野（无论多么有限）的彻底丧失（μὴ ἴδη）。②

因此，灵魂同真实存在的关系有三种：永远保持完整的存在视野、可能

---

① 一个典型的解释错误，见 Hackforth 1952，Yunis 2011，Burnyeat 2012，etc.

② 哈克福斯认为这里的μὴ ἴδη不应按照字面被理解为（完全）看不到，因为那样的话跟后文（249b5）冲突：后面表明只要是人类灵魂，就或多或少看过一些真实存在（Hackforth 1952，83n. 2）。这是一种典型的误解。所有人类灵魂都曾经看到过存在，不意味着这些灵魂在成为人类灵魂之前一直都能看到存在。一旦无法再看到存在，灵魂就要坠落，无论它之前看过多少存在。

丧失存在视野、已经丧失存在视野。只有完美的灵魂才能处在第一种关系之中；而所有不完美的灵魂的存在视野都有可能丧失（哪怕在丧失之前也几乎肯定是残缺不全的）；而在任何一刻，只有那些真的丧失了存在视野的灵魂才会落到地上，成为严格意义上的人类灵魂。因此所有的人类灵魂都曾经瞥见过存在；它们曾经的存在视野的大小，决定了当它们成为人类灵魂之后的生活形态。按照苏格拉底，这些生活形态一共有九种：曾经识过最多存在的灵魂，自然被赋予了哲学家的生活，第二多的灵魂被赋予君王的生活，等等（248d2－e3）。过这九等生活的人类灵魂都曾见识过存在，即使是最低的僭主灵魂；而它们在成为人类灵魂之前的那一刻都失去了曾经的存在视野，即使是最高的哲学家灵魂。①

因此，苏格拉底在神话中实际上对人性做了双重规定。人类灵魂就其内在品质而言是不完美的，这一不完美体现在它很难完整、充分地把握真实存在。但反过来说，不完美的灵魂同真实存在绝不是隔绝的；它具有把握真实存在的能力，而且一定曾经见识过真实存在，哪怕只是部分地见识过。因此，不完美的灵魂（即宽泛意义上的人类灵魂）规定了人性所能够达到的范围：首先，同希腊的传统智慧的教导一样，人（不完美的灵魂）不是神（完美的灵魂），也不能梦想成为神；二者之间的鸿沟是不可跨越的。然而，这一人神之间的鸿沟并不意味着神是完全超越于人的理解、与人彻底隔绝的存在者；相反，人可以追慕、模仿，甚至效法神，因为人的灵魂，尽管困难重重，但并非没有可能在某些幸运的时刻进入神的运动——心智对可思对象的沉思——，分享神的生活。这种生活不是神的特权。人神之间的区别不在于是否能够进入这一生活，而在于是否可能"遗忘"这一生活。②

对不完美灵魂的论述规定了人性所能达到的范围。《斐德若》对人性的第二重规定则是关于现实的人性。现实的人性则是由（相对广义上的人类

---

① 研究者在解释248a1－b1时有一种常见的错误：将其中"追随神最紧、最像神的灵魂……只能将将看到一些存在"（248a1－5）、"另一个灵魂……浮浮沉沉……有时能看见有时看不见存在"（248a5－6），以及"剩下的其他灵魂……无法上升（看到存在）……在天穹之下"（248a6－b1）解释为后文九种人类生活里面的三类灵魂的前生，例如，第一个灵魂对应哲学家，第二个灵魂对应君王，其他灵魂对应其他种类的生活（Yunis 2011，Burnyeat 2012，etc.）。但实际上，第一个灵魂应对应哲学家不假，但并非即将变成哲学家的灵魂，因为在此刻它仍能看见存在，并不会坠落投胎；第二个灵魂同理；如果未来这个灵魂不幸坠落，他应被赋予哲学家之外的九种生活之一。而其余的失去视野的灵魂则是即将投胎的灵魂。这些灵魂当中可能有曾经看过较多存在的灵魂，投胎后会成为哲学家；也可能有只看过很少存在的灵魂，投胎后会被赋予一些比较糟糕的生活。但即使是僭主，在坠落之前也曾经看过存在，也就是说，曾经属于前两类被描述的灵魂。

② 按照《蒂迈欧》的论述，制造人类的理性灵魂，使用的是制造宇宙灵魂剩下的原料（41d）。普罗提诺正确地看到，我们的灵魂是宇宙灵魂的"姐妹"（《九章集》II 9，18.16，IV 3，6.13）。

灵魂即不完美灵魂而言)严格意义上的人类灵魂所规定的。人的基本处境
就在于人必然有一个身体;人的灵魂必然同一个人类身体绑在一起。这一
转变是如何发生的?严格意义上的人类灵魂起源于一场空中交通事故
(248a6 - b5):

> 而其余灵魂全都跟随着,竭尽全力想要上升,却无力做到,于是在
> 天宇之下跟着一同周行,互相踩踏、冲撞,每一个灵魂都试图抢在别的
> 灵魂前面(ἑτέρα πρὸ τῆς ἑτέρας)。因此就出现了喧哗、争斗和拼尽全
> 力,由于驾车人的劣性(κακία),许多灵魂一瘸一拐,许多灵魂也弄折了
> 羽翼。而所有这些灵魂历尽艰辛,却没能看见存在
> (ἀτελεῖς τῆς τοῦ ὄντος θέας)就离开了;它们离开后只能享用看似的食
> 物(τροφῇ δοξαστῇ)。①

　　这些因丧失羽翼而坠落的灵魂,同之前那些同样不完美,但借助羽翼的
力量留在天上的灵魂的一个重大差别在于:后者尽管被劣马滋扰,但驾车人
仍勉力维持;前者的驾车人本身却染上了"劣性"(κακία)。这一描写显然呼
应了"不可逃避的法规"的描述:灵魂由于"遗忘和劣性"
(λήθης τε καὶ κακίας)而坠落(248c7)。我们认为,苏格拉底使用与"德性"
(ἀρετή)相对的"劣性"(κακία)一词来刻画驾车人的失败是十分精确的,因为
这一失败既非超出驾车人的本性所允许的范围而无法避免,也不能完全归咎
于马儿的滋扰。② 驾车人本身负有责任,因为他"遗忘"了真实存在。换句话
说,同人类身体绑在一起的这个灵魂,尽管能够拥有存在视野,并曾经或多或
少拥有过存在视野,却注定在它成为人类灵魂的那一刻起被剥夺了这一视
野。遗忘了真实存在的灵魂彻底转向了可见世界。这种转向同《理想国》当
中洞穴里发生的"灵魂转向"正好相反:洞穴里发生的转向,是灵魂从存在的
阴影转过身来,面向真实存在;而遗忘了真实存在的灵魂所经历的转向,则是
灵魂从真实存在那里转过身来,面向存在的阴影——表象或意见。
　　对现实人性的进一步刻画需要探究这种遗忘的症候。我们注意到,上

---

　　① "看似的食物"(τροφῇ δοξαστῇ)既可以表示"以表象/意见为食"也可以表示"表面上滋养
[灵魂]的食物",从哲学上说,二者没有根本区别。苏格拉底显然是将这种替代性的食物同真正滋
养灵魂的食物进行对比。真正滋养灵魂的是真实存在,而表面上滋养灵魂的自然是与真正存在相
对应的"似乎是",即表象/意见。Cf. Rowe 1986a *ad loc.* 比较《理想国》对于什么事物能够真正"填
满"灵魂的论述(585b - 586b),尤其注意苏格拉底将灵魂的匮乏对比身体的饥饿。
　　② 参亚里士多德《尼各马可伦理学》对"劣性"(κακία)、"不能自制"(ἀκρασία)和"兽性"
(θηριότης)的区分(1145a15 - 17 ff.)。

述转变当中的一个重要事件是灵魂之间爆发了冲突。每个灵魂都想上升，一亲存在的芳泽，以至于争先恐后，产生混乱和冲突。正是灵魂之间的冲突损坏了羽翼，导致了坠落（248a6－b1）。如何理解这一冲突？所有灵魂都想见识存在，但并非所有的灵魂之间都会爆发冲突。只有没见着存在的灵魂之间会产生冲突，而那些能见着存在的灵魂之间则相安无事。可见，这一冲突是同上述灵魂对真实存在的"遗忘"（λήθη）相关的。

　　由于灵魂对真实存在的观看或沉思不外是心智的运动，我们立刻能够想到，冲突之所以与遗忘相关，是因为心智产生秩序。具有心智的灵魂造成有秩序的运动，[1]而自然世界中最能体现这一心智运动的秩序的，是天体/天球的圆周运动。按照苏格拉底的描述，天上灵魂的周天巡行表现为天体的运行。反过来，天体运行的秩序与和谐也表征了天上灵魂之间的秩序与和谐。当灵魂凝视真实存在的时候，便能够根据后者的理智秩序改造、规范自然的运动，从而造成和谐的自然秩序。不过，当我们考察灵魂冲突或和谐的原因时，并不是在考察灵魂的自我运动在自然世界的效果——灵魂中的马所造成的运动；而是考察上述自我运动对灵魂自身造成的伦理效果——羽翼所造成的上升或下降的运动。

　　那么，如何理解灵魂的"遗忘"所产生的伦理效果呢？在《游叙弗伦》中，苏格拉底主张，如果诸神在善恶、美丑这一类主题上不能一致的话，他们就会产生冲突（7b－e）。如果一件事美好，仅仅是由于为诸神所喜，那么诸神必然冲突，因为没有什么能够约束诸神的喜好一致；反过来，如果一件事为诸神所喜是因为它本身就美好，换句话说，如果关于什么是美好的有一种普遍有效的知识——用苏格拉底的话说就是像关于大小、轻重的知识，这种知识有一种普遍承认的尺度，例如尺子和秤，那么具有这种知识的灵魂之间就不会产生冲突。可见，只有当欲望的对象是可理知的，换句话说，只有当善是心智的对象时，才能避免盲目意志之间的冲突。《斐德若》中的"天外存在"正是这样一些事物。因此，当灵魂能够进入心智运动，分享普遍有效的知识，它们就能够避免冲突；反之则造成冲突。

　　需要指出的是，灵魂之间的这一冲突，不仅仅意味着"遗忘"了真实存在的灵魂在认知上的混乱状态，更重要的是伴随着灵魂"性格"的转变。拥有存在视野的灵魂之间并不存在竞争关系：尽管要赢得存在视野需要灵魂赢得"真正的奥林匹克竞赛"，但这场竞赛并不是同其他灵魂的对垒，而是灵魂对自身的胜利（256a7－b7）。这种胜利并没有名额限制；按苏格拉底的说法，诸神对它的

---

[1]　参《法篇》966d－967a。

跟随者并不嫉妒(247a7)。然而,一旦灵魂不再能看到真正的善,灵魂同自身的"真正的奥林匹克竞赛"就变成了灵魂与其他灵魂之间的竞赛,参赛者的唯一目标就是超过他人(ἑτέρα πρὸ τῆς ἑτέρας)。灵魂对存在的追逐——这是符合灵魂本性的渴望——让位于灵魂之间的竞逐。灵魂的羽翼折断了——从后文(252b)我们知道,这羽翼(πτερόν)就是爱欲(ἔρως);灵魂之间的战斗爆发了。在这场战斗中,灵魂呈现出一种全新的特征,是心智运动中未曾有过的。希腊人称这种特征为意气(θυμός)。由于所有人类灵魂都从这些"争先恐后"、意气昂扬的灵魂中产生,我们可以合理地推断,《斐德若》的灵魂神话主张意气是人类灵魂的基础、构成了人类灵魂的独特"性格"。

这并不是说,当灵魂下降为人类灵魂的时候,它的本性改变了。灵魂的本性并不会因为它的下降而改变,但灵魂的处境会改变。而处境的改变会改变灵魂的视野。意气(θυμός)成为人类灵魂的基础,意味着柏拉图遵循希腊传统,将人类的基本视野理解为一种社会性的、竞争性的环境。诚然,任何一种竞争都预设了某种社会性,即人与人的共同生活。但并非一切形式的竞争都具有一种更根本意义上的社会性。与意气相关的竞争正是在这一更根本的意义上是社会性的:这一竞争所要争夺的是他人眼中的优越地位。因此,这一竞争不仅发生在社会之中,而且在本质上就需要社会。人们相信,他只有在社会中、通过他人的承认才能够获得他所渴望的东西。意气(θυμός)所带来的正是这样一种视野。

θυμός一词在荷马史诗中就已出现。它指的是英雄的"心胸",即英雄感受、思想、意愿、欲求的场所。[①] 同θυμός一词特别相关的是下面这些感受和激情:愤怒、好胜、羞耻、胆量(有时甚至是鲁莽)。意气所支配的英雄们倾向于立刻投身竞争性的行动,去夺取或者维护自己的荣誉。柏拉图在大体上也继承了对意气的上述理解。在《理想国》第四卷中,意气被认为是我们借以发怒的东西,尤其是看到/感受到不公正时产生的道德义愤(436a,440c-d)。正如亚里士多德指出的,愤怒是"为报复针对某人自己或他的亲友所施加的不应得的明显的轻慢"。[②] 我们发怒的根本原因是受到轻慢和侮辱,

---

① 例如,阿基琉斯考虑是否要"约束心胸(θυμόν)、压抑怒火"(《伊利亚特》1.192);"在她的心(θυμῷ)中两个她都喜爱和关心"(《伊利亚特》1.196);"在心(θυμόν)中我知道这个"(《伊利亚特》6.447);"在心(θυμῷ)中他渴望战斗"(《伊利亚特》19.164);"心(θυμόν)中充满了力量"(《伊利亚特》22.312),"他对自己雄壮的心(θυμόν)说道"(《伊利亚特》9.403);等等。对θυμός一词在早期史诗中的语义学分析,见 Caswell 1990。值得指出,在这个意义上θυμός十分接近于后世所谓的"灵魂"(ψυχή)一词,尽管在史诗中,前者通常指人活着的时候的生气,而后者则指人死后的幽灵。关于ψυχή在柏拉图与希腊早期文献中的含义,见 Solmsen 1983。

② 《修辞学》II.2 1378a30-32。

而非利益损害。显然,这是出于对自身在社会中地位的关切。在第八至九卷中,苏格拉底表明意气有一种根本性的欲望,就是对统治、胜利和名誉的欲望,受意气支配的灵魂是"爱胜利"和"爱荣誉"的(581a - b;参550b)。这一论述更加显明了意气在根本意义上的社会性:荣誉不仅仅预设人在社会中生活,而且正是他被社会(他人)所承认和尊重的标志。柏拉图的这两处论述共同揭示了,他所理解的意气,无论是防御性的(不能忍受侮辱的尊严),还是进取性的(争取他人尊敬的欲求),都同他人的眼光密不可分。一个人被意气所主导,意味着他将自己置于一种社会性和竞争性的视野中。①

需要指出,同意气相关的竞争性和社会性,并不依赖于他人的实际在场。意气关乎他人的眼光,这并不是说,意气只关切被别人看见的事情。他人的眼光在这里是内在于行动者自身的。在柏拉图看来,对意气的培养就是要将恰当的社会评价内在化,从而培养"爱美好的事物、恨丑恶的事物"的感情(《理想国》401d - 402a)。这样,哪怕一个人没有被任何人看见,他也能够以社会评价的标准要求自己,换句话说,同他人实际在场一样。这是一种被广泛地称为"耻感文化"的生活方式:"羞耻心"(αἰδώς)在这一文化的道德生活中扮演了核心的角色。② 可以说,《斐德若》对人类灵魂起源于灵魂"战争"的描述,准确地揭示了这一文化的实质:人类生活的基本处境就是意气主导下的竞争,目标是对于自身在人类社会中(无论在共同体内部,还是共同体之间)的地位的确认。无论他人是否实际在场,意气都活动在社会性的视野中,为获得承认而斗争。③

2. 灵魂三分学说与意气

正如我们在上一章的分析中看到的,《斐德若》灵魂马车中的三种角色

---

① 参库珀(J. M. Cooper)对柏拉图的意气作为一种"人类动机"的讨论,见 Cooper 1984,14—16。我们同意库珀将意气界定为"在竞争中争取胜利、追求自我肯定和受他人尊敬的欲望"。

② "羞耻心"与意气的关系,见 Cairns 1993,383—392。此外,威廉斯(B. Williams)对羞耻心在希腊道德生活中的位置的辨析,有助于我们避免一些关于"耻感文化"的流俗意见和误解。他正确地指出,羞耻心并非只是对脸面(face)和表面(appearance)的关切,而是一种内在化的道德情感。尽管如此,它仍然是社会性的:内在道德意识中的他人,并非自我的某种投射。见 Williams 1993,80—84。

③ 我们总体上同意伯尼耶特的论断:意气意味着人类作为一种社会性动物的存在。见 Burnyeat 2006,9—13。不过,人是一种社会性动物,并不能反过来推导出人一定具有意气。意气只是社会性的一种表现形式。本章第 3 节,我们会讨论一种净化了意气但保留了社会性的人性设想,即《会饮》中阿里斯托芬所理解的爱欲。

承担了宇宙论和存在论的功能。具体而言,灵魂马车中的驾车人和马分别对应了存在论的两个层次:驾车人思考可思的真实存在;马产生可见的自然世界的运动。后者又被前者的思考所引领,从而使可思世界的秩序规范可见世界的运动。在人-马区分的基础上,两匹马之间的进一步区分(即驯服的良马和不驯服的劣马)只不过是表达了自然世界的运动偏离理性秩序的必然性。这一论述在《理想国》中没有对应。在《理想国》的论述中,灵魂从未被当作宇宙论意义上的运动原理。这是很自然的,因为《理想国》的灵魂论述针对的是人类灵魂。而且,《理想国》并不一般地探讨人类灵魂产生的所有运动,而只探讨其中一类特定的运动,即人类的行动。换言之,《理想国》的灵魂论述关注人类行动的复杂动机,在这个意义上属于道德心理学。正是在这一层面上,两篇对话的灵魂三分论述有了某种对应性,因为《斐德若》演说词的后半部分也借助灵魂马车中的三个角色给出了一种道德心理学的论述。我们认为,两篇对话中包含的灵魂论述构成了某种互文关系:借助《理想国》对人类行为动机的探讨,我们能够理解《斐德若》通过神话语言描述的灵魂马车三成员之间互动的基本结构;反过来,借助《斐德若》演说词前半部分的宇宙论-存在论的灵魂学说,我们能够把《理想国》所描述的人类动机的复杂结构放在一个更加整全的视野下面考察。

　　苏格拉底自己承认,《理想国》中对灵魂的分析有其局限。在第四卷灵魂三分论述之前,苏格拉底预先警告对话者(435d):

　　　　让我告诉你,格劳孔,根据我的意见,用我们现在讨论中的这个方法是无论如何也不能准确地理解这个问题。解决这个问题的正确方法是另一条更加漫长而且困难的道路。

　　第四卷的方法所不能准确理解的"这个问题",是灵魂是否具有三个部分或"样式"(435c)。而解决这一问题的"更加漫长且困难的道路"被证明必须通过"最大的学问",即关于善的学问才能够抵达(504a ff.)。表面上看,苏格拉底在论述关于善本身的"最大的学问"之后,并没有回到灵魂的内部结构的分析。不过,他在其后的论述给了我们暗示。从关于善的三个比喻开始,直到第七卷结尾,苏格拉底不仅没有再提到灵魂的三个部分,更重要的是,在这一《理想国》最高峰的论述中,灵魂的唯一活动就是观看(θεωρεῖν)或理解(νοεῖν),或者更确切地说,对存在的观看或理解。这一存在视野的清晰程度,对应着被观看对象的真实程度。而越是真实的对象,越吸引着灵魂。这一观看的终极对象,被证明是一切存在的本原。苏格拉底暗示,灵魂的本质活动不是别的,就是智思(νόησις),即心智运动(νοῦ κίνησις)。

因此,苏格拉底暗示,第四卷及第八、九卷提及的灵魂三分结构,尽管是"我们现在看见"(νῦν ἡμεῖς θεώμεθα)的样子,却不能反映灵魂"真正的样子"(οἷον δ' ἐστὶν τῇ ἀληθείᾳ),因为那只是灵魂受到"与身体结合以及其他的恶"(τῆς τοῦ σώματος κοινωνίας καὶ ἄλλων κακῶν)的影响下所呈现出来的样子(611b10–c2)。而只有当我们换一种眼光,去观察灵魂对智慧的热爱(φιλοσοφία),即观察处在哲学活动中的灵魂,才能够穿过海神格劳科(Glaucus)式的外表,看到灵魂"就其本性曾是什么样子"(οἷος ἦν φύσει):

> [我们必须]看向灵魂对智慧的热爱(Εἰς τὴν φιλοσοφίαν αὐτ),[必须]理解,它抓住什么,它寻求同什么样的东西打交道,因为它既是神圣和不死者,又是永恒存在者的亲属。[我们也必须理解,]当灵魂与上述事物相伴的时候,以及当整个灵魂被这一冲动[按:对智慧的爱]从它现在所处的深海中托举起来、敲落周身的石块和牡蛎的时候,灵魂会变成什么样。因为,它现在既然享受大地的宴饮,由于这所谓的幸福的宴饮,它周身已经长满了许多来自土地、岩石和田野的东西。到那时候,有人就会看到灵魂的真实本性了,它究竟是多样的(πολυειδής)①还是单一的(μονοειδής),它究竟处在怎样的状态、如何处在这一状态。而现在,它在人世生活中的遭遇(πάθη)和样子(εἴδη),我想我们已经以适当的方式论述过了。

苏格拉底暗示,灵魂的本性并非多样的而是单一的;可以分为三个部分的灵魂只是它"在人世生活中的遭遇和样子"。而灵魂真正的、单一的本性,只有在被哲学托举出海面的时候才能显现出来。而灵魂的哲学活动不是别的,只能是心智的运动(νοῦ κίνησις)。灵魂在这一活动中所呈现出的样子也必定是单一而非复合的。②

《斐德若》不仅说出了《理想国》限于主题没有谈及的灵魂的存在论和宇

---

① 所谓"多样的"即复合的。苏格拉底在区分灵魂的三个"部分"时使用的是"样式"或"类别"(εἴδη)一词。见435c1,c5,e2,etc.。

② 心智运动的单一性,并不与《斐德若》中灵魂马车的结构冲突。按照某些注释和研究,《斐德若》将神的灵魂描绘成马车的结构,意味着这篇对话主张灵魂的本性是复合而非单纯的。然而,灵魂马车这一形象(尤其是灵魂中的马)旨在说明灵魂是自然运动的本原,而单一的心智运动完全可以充当这一本原。因此《斐德若》的论述并没有主张灵魂的本性是复合的。见本书第二章第3节的详细探讨。

宙论角色,而且同《理想国》一道,表达了柏拉图道德心理学的完整学说。《理想国》的论述没有涉及灵魂的本性,即心智运动,也没有为人类灵魂如何从心智运动这一本性转化而来提供说明。相反,人类灵魂的起源是《斐德若》灵魂神话的重要部分。按照本章第 1 节的论述,人类灵魂的产生,并非由于灵魂的固有缺陷(灵魂的不完美)导致心智运动的缺陷(存在视野的不完整),而是由于灵魂完全偏离心智运动(从完美的圆周运动跌落、失去存在视野),进入意气主导的竞争(争先恐后、导致冲撞)而造成的(248a - b)。因此,意气(θυμός)是人类灵魂的基础。

把意气解释为人类灵魂的基础,立刻会招致一种怀疑:在柏拉图著名的灵魂三分学说中,意气只是灵魂的三种成分之一。它既不是灵魂中最大的成分,也不是灵魂中最高的成分。这样看来,似乎意气作为人类灵魂的基础,同灵魂三分学说之间存在着冲突。我们将在下文表明,二者并不冲突。在人类灵魂,三种成分都受到意气的主导。只有在此基础上,我们才能正确地理解《斐德若》灵魂马车中三个形象之间的互动。

几乎所有的研究者都将《斐德若》中的灵魂马车看作《理想国》灵魂三分学说的翻版。换句话说,灵魂马车中的三个角色分别对应于《理想国》中灵魂的三个部分:驾车人相当于《理想国》中灵魂的理性部分(τό λογιστικόν),灵魂马车中的良马相当于灵魂的意气部分(τò θυμοειδές),劣马则相当于灵魂的嗜欲部分(τò ἐπιθυμητικόν)。[1] 这一对应并非全无道理:思考的工作只能归之于驾车人(这也是只有这一成分才被比喻为一个"人"的用意),而这一工作在《理想国》中被归于理性部分(439d);良马被描述为热爱荣誉的(《斐德若》253d6),而在《理想国》的划分中,这正是意气部分的特征(《理想国》581b2);黑马垂涎被爱者的身体,欲求性爱的快乐,这也同《理想国》中的欲望部分相似(439d)。

不过,这一对应也有一些困难。其中最明显的困难在于对劣马的描绘。良马和劣马的形象是相互对照的:前者白色,后者黑色;前者高鼻,后者扁鼻;前者节制,后者狂妄;前者听从言辞,后者只接受强制(253d - e)。但是,这一对照并不完备。白马被称为"爱荣誉的"(253d6),我们猜测黑马也应该有它的所爱。在《理想国》中,同爱荣誉的意气部分对照的欲望,是爱利得(φιλοκερδές)的部分(580e - 581a)。按照《斐德若》的语境,我们不禁猜测黑色的劣马应当被称作"爱美好身体的"或"爱肉体快乐的"。然而劣马并没有

---

[1] Hackforth 1952,72,Rowe 1986,177,Griswold 1986,94,Ferrari 1987,200,Burnyeat 2012,249,etc..

被如此描述。我们认为,这并非一个无关紧要的细节。理解劣马的真实意义,是理解灵魂马车内部三个成分之间的互动的关键。我们将看到,《理想国》和《斐德若》的灵魂学说的确是一致的,而且可以相互印证。但简单地将两篇对话中的灵魂三种成分对应起来,并不能揭示出二者之间的深层一致。实际上,如果我们仔细推究苏格拉底是如何把意气这一成分区分出来的,就能发现,意气并不仅仅属于以它命名的灵魂成分;相反,《理想国》第四卷的灵魂三种成分都包含了意气的要素。

让我们首先来看苏格拉底区分意气与欲望的段落(439e - 440a)。苏格拉底以一个喜剧人物莱昂提奥(Leontius)的故事为例,[1]他路过雅典城外的一处刑场的时候,很想要去看被处决的尸体,却又为这个念头而感到羞耻,咒骂自己。苏格拉底希望通过这个例子表明,对尸体的欲望同鄙视低贱欲望的意气之间的冲突,证明它们是灵魂中两个不同的部分。接下来,苏格拉底要区分理性和意气(441b - c)。这一次苏格拉底直接引用了奥德修斯的例子:奥德修斯乔装成乞丐回到家中,看见求婚者的卑劣行径,他一方面怒火中烧,恨不得立刻冲上去杀死他们,另一方面却要求自己冷静下来,不能暴露自己的身份。苏格拉底试图用这个例子说明,让奥德修斯愤怒的意气,同让他冷静的理性,是灵魂的不同部分。

为了将意气确立为同理性和欲望并列的灵魂中的第三种成分,第四卷的分析忽视了莱昂提奥(字面意思"狮子一样的人";让我们记住:在第九卷意气被比作狮子)和复仇的奥德修斯这两个例子当中,意气并不仅仅是灵魂内在冲突中的一方,也同样主导着与之相冲突的灵魂成分。[2] 在莱昂提奥的例子中,他对肤色苍白的男孩的欲望,从根本上说来源于意气。苍白的肤色是缺乏锻炼的肤色,因此是柔弱的象征,对这种男孩的欲望是一种僭主式的征服与支配的欲望,[3]因而是意气的表征。而在奥德修斯的例子中,压制冲动的理性,本身的目的同他的愤怒一样,都指向复仇。这样的理性处在意气的主导之下。如果我们照通常的理解看苏格拉底引用《奥德赛》的那句诗(20.17)的话,显然,奥德修斯责备的θυμός,就是他的内心或者说他的灵魂——这是θυμός一词在荷马史诗当中的通常用法。而责备θυμός的,同样是他自己的内心。被苏格拉底刻画为理性对意气的责备,从另一个角度说

---

① 莱昂提奥是阿提卡喜剧中的一个人物,以喜爱像尸体一样苍白的男孩闻名,cf. Adam *ad loc.*,Annas 1981,129。

② Ferrari 2007,170.

③ 对照《斐德若》中苏格拉底的第一篇演说辞(237b - 241b),尤其是 239c - d。对莱昂提奥故事的另一种解读,见 Benardete 1989,99—102,Ferrari 2007,181—182。

就是英雄的内心对自身的责备。无论灵魂听从"理性"还是"意气",呈现出来的都是渴望复仇的典型的荷马英雄的灵魂。在这种意义上,意气不是灵魂中理性的辅助者,而是灵魂的基本面貌。①

　　同样的,《斐德若》当中人类灵魂马车的全部三个成员也无法摆脱意气这一人类灵魂与生俱来的基调。按照苏格拉底的描述,三者都表现出意气的特征。当见到一位美貌的少年时,灵魂的反应是这样的(253e5－254b1):

> 　　当驾车人一看到那双激发爱欲的目光,整个灵魂就会因这感觉而发热,渐渐爬满渴求的痒痒和刺戳。两匹马中顺从驾车人的那匹这时像往常一样受到羞耻强制(αἰδοῖ βιαζόμενος),克制自己不扑向被爱者。另外那匹却不顾驾车人的马刺和鞭子,跳跃着强力往前拽——这就给同轭的伙伴和驾车人带来种种麻烦,强迫他们靠近那男孩,还提醒他们性的快乐。同轭的伙伴和驾车人起初气恼地(ἀγανακτοῦντε)抗拒,因为,这是在被强迫去做可怕的和有违礼法的事(δεινὰ καὶ παράνομα ἀναγκαζομένω)……

　　在这一片段中,白马和驾车人首先对性的欲望感到羞耻,接着对黑马的非礼(παράνομα)要求义愤填膺,试图反抗。白马和驾车人在此都表现出明显的意气的特征,即羞耻和义愤。这一点当然并不让人惊讶,因为苏格拉底在描述白马时,就表明它"热爱荣誉,伴着节制和羞耻,与真实的名声为伴"(253d6－7)。白马(同驾车人一起)反抗黑马时所体现出来的这种意气,显然就是《理想国》灵魂当中充当理性的辅助者的意气:这种意气听从理性的指令,辅助理性一同对抗欲望(《理想国》440a－b)。

　　但这并非意气的唯一形态。同白马和驾车人强力对抗的另一角色,灵魂马车中的黑马,同样展现出意气的特征。当驾车人由于被爱者的美回忆

---

　　① 诚然,在苏格拉底对理性和欲望的区分中(437b－439d),双方中任何一方都没有表现出意气的特征。这与其说表明第四卷中的理性和欲望同意气无关,不如说苏格拉底的这一灵魂冲突本质上只是一种抽象构造,而非人类思考和行动的实际情况。正如研究者已经发现并指出的,这一冲突中被认为是理性的一方面目十分模糊,我们不知道它究竟出于什么理由,或者说出于什么推算(ἐκ λογισμοῦ,439d1)才去阻止饥饿或口渴的欲求(Ferrari 2007,171—174)。在440c,苏格拉底举例一个人忍受饥饿、寒冻,但命令他忍受的思考同意气联系紧密(他"相信自己行了不正义")。当然,命令灵魂压抑欲望的思考可能出于非意气的理由,例如健康。但健康不能作为理性部分的思考(推算)的根本目标,这一目标被苏格拉底表述为"对灵魂每一部分,以及对灵魂整体最好"(442c)。以健康为目标的思考是服务于实现上述根本目标的手段。也就是说,这一冲突是苏格拉底从有关人类行动的内在冲突中抽取出来的一个片段:它存在于许多人类灵魂当中,但本身却不能决定我们如何行动。

起了天上的美,敬畏之下分离拉扯住黑马的时候,黑马的反应是这样的(254c5 - 8):

> 另一匹[黑马]不顾辔头和跌倒在地引起的疼痛,不等喘过气来就带着怒气(ὀργῇ)咒骂,喋喋不休责骂御车者和同伴,说他们因怯懦、缺乏男子气(δειλίᾳ τε καὶ ἀνανδρίᾳ)临阵脱逃,说好了的又不算数。

在数行之前,黑马的动作还是用性快感引诱、拉扯灵魂(254a6 - 7);但在这里,黑马的动作则展现出意气的典型特征:愤怒。单纯的欲望会被挫败,但不会产生愤怒(ὀργή);因欲望的挫败而恼羞成怒,是由于自尊受到了伤害。这正是意气的关切。考虑到黑马的愤怒针对的是它眼中"怯懦和缺乏男子气"的行动,黑马的愤怒在某种意义上可以说是道德义愤。①

如果我们进一步分析文本,就会发现,《斐德若》对灵魂内在冲突的描绘分为两个不同的场景,二者以灵魂驾车人"回忆"(ἡ μνήμη)起美之本性为界(254b5)。这两个场景在苏格拉底的描绘中前后相继,因而被很自然地看作是灵魂内在冲突的两个阶段。这一看法本身并无问题。但关键在于,这两个阶段并非从属于同一过程。因为,这两个阶段中灵魂内在冲突的运作方式是不同的。在第一阶段(253e5 - 254b1),灵魂的内在冲突呈现为灵魂通过发怒(ἀγανακτοῦντε)对抗低下欲望的努力。我们已经指出,这一场景所呈现的灵魂内在冲突,正是《理想国》着重刻画的理性-意气的联盟对抗欲望。而这一联盟之所以能够成立,端赖城邦的教育。城邦通过教育建立了一个意见和信念的世界,驯服意气昂扬的天性,使之成为守护法律的牧羊犬。② 当理性发布命令时,它着眼于灵魂整体的善;而灵魂整体的善是什么,正是教育所建立的信念决定的。在讲述完这一教育的全部内容,和这一教育所造成的灵魂内部关系之后,苏格拉底表明,这一教育的人性基础,恰恰就是意气主导的对于荣誉和胜利的追求。③ 这就是说,二至四卷的护卫者教育所建立的理性-意气联盟,实质上是意气的自我说服。这里的理性思考和追求的是一种社会性的善:成就他人艳羡的美(高贵)、获得他人的承认。因此,这一思考正是在社会性-竞争性的视野之内进行的。(《理想国》

---

① 参费拉里对这段描写的细致分析(Ferrari 1987,185—190)。

② 《理想国》440d,比较 375a - 376c。

③ 《理想国》465d - 466c。

直到第五卷才突破这一视野。）

上述理性与意气的联盟是《理想国》第四卷当中建构灵魂秩序的关键；但在《斐德若》所描述的灵魂冲突的第一阶段中，这种建立在意气之上的机制却阻碍了灵魂走向哲学。显然，对荣誉的极端热爱可能导致无法无天；但即使爱荣誉没有走向狂妄（ὕβρις），它也是灵魂上升的阻碍：如果驾车人和白马固执于法律教导的信念不肯退让，那么灵魂将不可能回忆起真实的善。换句话说，如果意气一直能够忠实地捍卫合法、正派的信念，那么哲学的爱欲也无法产生。

不过，这种情况几乎不可能发生。意气无时无刻不在遭受着欲望的撕扯（254b1‐3）。并非只有城邦的法律才能为灵魂建立起信念。与人类灵魂结合的身体同样通过强烈的苦乐提供了身体的意见。① 换句话说，在"回忆"带给灵魂回归神圣源头的力量之前，人类灵魂的基本处境是意气在关于善的意见中进行抉择；每一种意见都主张自己才是真实的。这一处境正是苏格拉底下面这一表达的实质意涵：灵魂下落进入人类身体之后，就只能以"意见的（看似的）食物"（τροφή δοξαστή）为食（248b5）。哪一种意见才是真实的？对此的信念决定了人类灵魂（意气）在它同他人在竞争中将什么事物当作追求的目标。在身体和法律所主张的两种意见之中，前者的力量几乎总是能超过后者。因为后者的力量依赖于后天的培养：只有完美的法律和教育体系，才能在灵魂中建立一个稳固的"政体"，让法律的意见牢牢占据上风；而在其他任何情形下，身体的意见最终总是会压倒法律的意见，使灵魂滑向下一个更低水平的冲突。这就是《理想国》八、九两卷生动地展示的灵魂败坏的自然倾向。② 这是因为，同身体主张的意见相比，法律所建立的信念显得是外在的，因而看起来更不真实。在初步的反思之下，法律所建构的意见世界显得像是一种虚构。哪怕是格劳孔这种受到良好教育、天性正派的君子，也不得不承认，代表"大众"观点的正义起源学说对法律正义的解构天然地具有理智上的吸引力。③ 当二者发生冲突的时候，身体的感受总是显得比法律的教导更加"自然"。驾车人和白马最终让步了。④

《斐德若》描绘的灵魂内在冲突的第二阶段则以灵魂对美的"回忆"开始（254b3‐7）。在这一场景中，灵魂不再对性欲的违法本性感到愤怒。与之

---

① 《斐多》81b，83c‐e。
② 《理想国》545c‐573c。
③ 《理想国》358b‐d。
④ 《斐德若》254b1‐3。

化成无限的贪欲(πλεονεξία)。这也就是为什么僭主才是欲望无限扩张的终点。① 因此,黑马对性爱的要求更应被理解为一种僭主的专横,即意气被败坏的一种极端形式。这种意气将敢于追求肉身的欲望认作勇敢和男子气概,从而将胜过别人的意气表现为胜过别人的贪欲。人性中对僭主式生活的渴望,与其说是欲望的不断引诱,不如说是意气的暗中鼓动。②

由以上的分析我们可以看到灵魂三分学说同意气的关系。灵魂三分学说的一个重要作用,是解释灵魂可能的内在冲突。灵魂内在冲突的实质,则是关于善的不同意见在灵魂中造成的内在分裂。人类灵魂的特征就在于,无论它将什么东西当作是善,都会将这一信念置于一种社会性-竞争性的视野之中:如果灵魂采纳法律主张的意见,那么就会投身于一种(法律所认定的)高贵行动的竞赛,同时将身体的意见看作低贱的、必须加以反抗;如果灵魂采纳了身体主张的意见,那么就会投身于一种肉体欲望的竞赛,同时将法律的意见看作软弱无力、缺乏男子气概。因而灵魂内在冲突的不同模式(就《理想国》第四卷和《斐德若》253e5 - 254b1 而言)实际上是意气这一人类灵魂的基础呈现出的不同形态。《理想国》第四卷的论述中,灵魂三个部分之所以都带有意气的特征,是因为前四卷的论述并未超出意气规定的人类灵魂的基本视野。

传统解释认为,《斐德若》灵魂马车中的两匹马分别对应意气和欲望。这一解释并不能揭示出灵魂马车内在冲突的真实意涵,除非我们对这里的意气和欲望进行更加深入的解释。实际上,白马和黑马分别体现了意气的两种不同形态:前者代表了意气采纳法律的主张的形态,而后者则代表了意气采纳身体的主张的形态。前者可以被刻画为理性与意气的联盟(在《理想国》第四卷的意义上),而后者则可以被刻画为意气与欲望的联盟(最极端地体现在《理想国》第九卷的僭主式欲望)。进一步说,二者正是《斐德若》中苏格拉底的第一篇演说词所刻画的人性内部的两种相互冲突的本原(ἀρχαί):对快乐的欲望和趋向善的意见。③ 前者是"天生的"(ἔμφυτος),因为它来自身体的感受;后者是"习得的"(ἐπίκτητος),因为这种意见是通过教育建立起来的。但无论是天生的还是后天的意见,都需要意气为之注入人性的动力,从而使这两种原则能够"统治和引导"(ἄρχοντε καὶ ἄγοντε)灵魂:法律的意

---

① 《理想国》571a - 575a。

② 黑马对"软弱、没有男子气"的同伴的谴责,同卡里克勒斯对哲学的谴责(《高尔吉亚》485a - 486d)如出一辙(另参格劳孔 359b)。也正是卡里克勒斯这一角色最彻底地提出了败坏的意气的主张。卡里克勒斯表面的"享乐主义"背后的意气特征,参 Hobbs 2000,137—141。

③ 《斐德若》237d。

相应,白马的角色被高度弱化了。在这一场景中,白马成了一个完全被动的角色(254c)。① 灵魂的内在冲突呈现为回忆所带来的对神圣事物的经验,同黑马所代表的力量之间的冲突。与前一场景不同,这一场景中灵魂冲突的运作方式是《理想国》当中没有的。在大多数解释中,黑马都被简单地当作《理想国》灵魂欲望部分的对应物。尽管在关于灵魂内部冲突的叙述中,黑马的确要求施行性爱,但在苏格拉底对黑马的描述当中(253e1 – 5),黑马从未被刻画为一种嗜欲:正如我们在前文指出的,黑马并未被称为"爱美好身体的"。黑马代表的绝非单纯的欲望。相反,黑马的基本特征毋宁说是不受控制的意气:它被描述为眼睛充血、不服管教、"与狂妄与自夸为伴"(ὕβρεως καὶ ἀλαζονείας ἑταῖρος, 253e3)。

如果说白马是理性与意气结盟的产物,那么黑马则来自意气与欲望的结合。按照我们对人类灵魂基本处境的分析,这一结合的实质就是意气接受了身体所主张的意见,将身体感受到的苦乐当作真实的善恶。黑马同样在社会性-竞争性的视野内活动。只不过,黑马所理解的竞争,不再是在法律的框架下对高贵行动的追逐,而是在欲望的竞赛中成为强者。需要指出,这一欲望与意气的结合,遵循的归根结底是意气的逻辑,而不是欲望的逻辑。按照后者,人所追求的不过是欲望的单纯满足。真正属于身体的自然欲望是很容易满足的;这些必需的欲望在最简单的城邦中就能够得到满足,②但欲望被完全满足的生活在黑马看来恰恰不值一过:那不过是猪的生活,③如果不是石头和尸体的话。④ 黑马式的欲望所追求的,不是自然欲望的满足所带来的属于身体的快乐,否则娈童的生活就是最幸福的了——那位黑马式的对话者不承认娈童的生活是幸福的,因为这种生活尽管快乐,但却是被动的、软弱的、不名誉的;⑤黑马所追求的,毋宁是在对欲望的无限追逐中肯定自我,享受在其中获得的拥有力量的感觉和征服支配的快乐。换句话说,黑马追求的与其说是欲望的满足,不如说是对欲望的追求本身。⑥ 只有通过这一逻辑,有限的身体欲望才可能转

---

① 伯纳德特敏锐地指出,白马从这一场景中消失了,见 Benardete 1991,150。

② 《理想国》372a – d。

③ 《理想国》372d。

④ 《高尔吉亚》492e。

⑤ 《高尔吉亚》494e。

⑥ 卡利克勒斯鼓吹的欲望的生活,不是寻求欲望的满足,而是敢于按照欲望去生活。夫人的话准确地概括了这种生活的逻辑:"是男子汉就应当敢作敢为;要是你敢做你所不能f那才更是一个男子汉(When you durst do it, then you were a man; | And, to be more than v were, you would | Be so much more the man.)。"(《麦克白》I. 7 49 – 51,朱生豪译文)

见必须通过意气转化为对高贵行动的追逐，才成其为能拉动灵魂马车的白马；身体的意见也必须通过意气转化为对追逐欲望的无限渴望，从而化身为黑马。这就解释了我们在分析苏格拉底的第一篇演说词时指出的一个现象：对快乐的欲望这一原则，在一开始似乎指的是生理性的欲望，但在接下来的论述中，上述原则主导下的爱者却表现出僭主式的，支配性的欲望。①人类具有肉身的情欲，是因为拥有一个身体；但令这种自然的情欲突破身体的自然限制，成为一种可以无限扩张、无限追求的疯狂的欲望，②则是由于意气。严格意义上的人类灵魂，它的"理性"或"欲望"背后总是能发现意气的踪影。毋宁说，意气才是人性的真正基础和动力。

3. 从意气到爱欲

《斐德若》神话揭示出了现实人性的基本运作方式：意气规定了人类灵魂的基本视野是社会性-竞争性的，而意见则进一步明确了灵魂参与的竞争是围绕什么目标的竞争。在意见的诸多来源当中，最强有力的当属必然与（严格意义上的）人类灵魂相伴随的人的身体：除非哲学抓住了这个灵魂，否则它就会不由自主地把身体主张的当作真实的。③这一人性中"最大的恶"让柏拉图不厌其烦地告诫我们警惕身体及其欲望。身体带来的意见之所以具有巨大的力量，是因为身体能够给人带来巨大的快乐和痛苦。而人应对这一人性之恶的方式，是通过教育在身体的苦乐之外，提供另一种关于善的意见。这种意见主张，屈从于肉体快乐是卑贱的；而反抗肉体快乐，追逐法律所认定的善是高贵的。这样一来，灵魂的竞赛转而围绕法律所认定的高贵行动而展开。

然而，柏拉图非常清楚，上述道德生活的原理同它意图制约的那种生活遵循同样的逻辑，即意气的逻辑。而教育所提供的信念同身体的主张相比是外在的，因此并不牢靠。为了根治人性之恶，柏拉图的方法是彻底改变人性的逻辑：不是以信念来反抗肉体快乐（用一种竞赛取代另一种竞赛），而是以真实的快乐取代虚假的快乐。柏拉图认为，身体上的快乐并非真实的快乐，而只是痛苦的暂时减退。心智的快乐才是真实的，因而也是最令人满足的快乐。④我们已经看到，意气主导下的灵魂，当它在追求快乐的时候，真

---

① 参见本书第一章第 2 节。

② 《理想国》573a - c，577d，578a。

③ 《斐多》83c - d。

④ 《理想国》583b - 586c。

正的目的并非欲望的满足，而是对欲望的追逐本身。要让灵魂真正转而寻求欲望的满足所带来的快乐，并不像初看起来这么自然而然。这需要改变灵魂的基本视野，即把基于意气的人性进行转化，将意气转化为爱欲。这一转化并不是改变现实的人性（这是不可能的），而是对其进行重新解释，使其不是遵循意气的逻辑，而是遵循爱欲的逻辑。

柏拉图对话为我们提供了两种对意气进行转化的方式。《会饮》中阿里斯托芬的圆球人故事代表了其中的一种。这位喜剧诗人讲述了一个关于人类本性的故事来赞美爱欲（189c - 193d）：据说我们最初并非现在的样子。我们的"古老本性"（ἀρχαία φύσις）是圆球形的。圆球人同今天的人类相比，不但躯干是最完满的圆球形，而且手脚和各种器官都翻了倍，因而拥有比我们强大得多的力量（189e - 190b）。由于这一"厉害"（δεινά）的本性，圆球人"心高志大"（τὰ φρονήματα μεγάλα εἶχον），妄图挑战诸神。宙斯因此降下惩罚，将圆球人切成两半，缝合伤口，按诸神自己的样子造成了现在的人形（190b - 191a）。因此，今天的人类个体只是残缺的半人。于是我们总是渴望找到自己的另一半，同另一半长相厮守，甚至融合为一，恢复原初的整体（191d - 193a）。阿里斯托芬认为，这就是我们说的爱欲。

阿里斯托芬的故事表面上同《斐德若》的灵魂神话全不相干，但实际上具有一个共同的结构：现实的人性并非向来如此，而是来自更古老的原初本性。后者比前者更加完满：无论是阿里斯托芬的故事，还是《斐德若》的灵魂神话，都使用了圆这一最完满的形状——圆球人和心智的圆周运动——来刻画我们的原初本性。由于某种错误，我们失去了古老本性，成为了现在这个样子。两个故事都认为，现实的人性实际是一种疾病的症候。因此，就像病人渴望疗愈和健康一样，我们在灵魂深处渴望重新回到那个完满的本性。

但是，阿里斯托芬故事的独特之处在于，对残缺的现实人性重归完满的渴望，并不联结着对人类"古老本性"的歌颂。爱欲是一种悖谬的激情，因为我们的爱欲所指向的那个"古老本性"，恰恰就是我们被诸神惩罚，从而成为一种残缺的存在的根源：诸神将圆球人切开，重新缝合成为现在的样子，正是因为圆球人的"厉害"与骄傲。形容圆球人的"心高志大"（τὰ φρονήματα μεγάλα εἶχο）一语，让人联想起荷马的笔下的英雄也被称为心高志大的人（μεγάθυμος）。① 人类的"古老本性"是高傲自大的，换句话说，是意气过剩的。尽管圆球人的意气没有表现为荷马英雄之间争夺荣誉

---

① 例如"心高志大的阿凯亚人"（μεγάθυμοι Ἀχαιοί，《伊利亚特》1. 123）、"心高志大的阿基琉斯"（Ἀχιλλῆος μεγαθύμου，《伊利亚特》20. 498）等。

的竞争,而是表现为"上升"(ἀνάβασις)与诸神一较高下的骄傲,①但二者都来自希腊人强调竞争和追求卓越的激情。这一激情既是人的力量之所在(被切开的半人变得虚弱),也产生了僭越神圣秩序、招致自我毁灭的危险。希腊最深刻的悲剧诗人将人因这种激情而获得的力量概括为人的"厉害"(δεινότης)。② 这一独特的希腊词汇的意思既是"聪明",又是"可怕"。悲剧诗人正好用它来表达人身上的充满矛盾的力量:人正是凭借他的聪明机巧征服自然,建立文明,但文明反过来无时无刻不受到这一力量的威胁。柏拉图笔下的阿里斯托芬用这个词(δεινά是δεινότης的形容词形式)表达了对悲剧智慧的深刻体认。

如果说阿里斯托芬故事中人的"古老本性"——也就是未经改造的人性——是意气所规定的,那么以宙斯为首的奥林波斯神对圆球人的惩罚和改造,代表的正是文明/习俗对人性深处这一力量的驯化。诸神既不能允许圆球人无法无天,但又不能将其灭绝,因为诸神仍旧需要人的祭祀(190c)。于是诸神将人的"古老本性"切开(削弱力量)、按诸神的样貌进行改造(文明教化)、留下伤疤(产生敬畏)。但这一改造却造成了新的麻烦:恢复完满的渴望占据了半人的全副头脑,以至于他们除了寻找另一半,与之厮守,别的什么也不做,于是人类仍然走向灭绝(191b)。人的自然本性如果完全得不到满足,那么结果同样是不可接受的。因此,必须找到一个折中的方案:彻底放任自然不加约束和用文明/习俗彻底压抑自然都不行,唯一的办法是在人性中寻找一种替代性的满足。于是诸神将人的生殖器移到前边,使人可

---

① 我们看到,骄傲的这两种表现恰好集中体现在荷马笔下最伟大的英雄阿基琉斯身上。阿基琉斯既同他的阿凯亚人同伴争夺荣誉,也在战斗的高潮时刻直接挑战了河神(《伊利亚特》21.212—382)。

② 索福克勒斯《安提戈涅》,332—372。传统上将这一段合唱歌称为"人颂":"厉害的(δεινά)事物虽多,却没有一件比人更厉害(δεινότερον);他要在狂暴的南风下渡过灰色的海,在汹涌的波浪间冒险航行;那不朽不倦的大地,最高的女神,他要去搅扰,用变种的马耕地,犁头年年来回地犁土。他用多网眼的网兜捕那快乐的飞鸟、凶猛的走兽和海里的游鱼——人真是聪明无比;他用技巧制服了居住在旷野的猛兽,驯服了鬃毛蓬松的马,使它们引颈受轭;他还把不知疲倦的山牛也养驯了。他学会了怎样使用语言和风一样快的思想,养成城中聚居的秉性,怎样在不利于露宿的时候躲避霜箭和雨箭;什么事他都有办法,对未来的事也样样有办法,甚至难以医治的疾病他都能设法避免,只有无法免于死亡。在技艺方面他有机巧智慧,想不到那样高明,有时候使他走厄运,有时候使他走好运;只要他尊重大地的法和他凭天神发誓要主持的正义,他的城邦便能耸立起来;如果他胆大妄为,犯了罪行,他就失去城邦。我不愿这个为非作歹的人在我家做客,不愿我的思想和他相同。"(刘小枫译文)值得注意的是,"人颂"中人的"厉害"体现在他的诸种技艺(τέχνη)上面。传统上,普罗米修斯因为将火代表的技艺给予人类而获得了"爱人类"(φιλάνθρωπος)的美名。但阿里斯托芬认为,最爱人类的(φιλανθρωπότατος)神不是技艺之神,而是爱神(189c8 - d1),因为技艺体现的"厉害"同时也是危险。阿里斯托芬在此批评了他之前的发言者,鼓吹技艺的医生厄里克希马库斯(Eryximachus)。参 Rosen 1987,144。

以通过性交部分地满足合一的渴望。这样，人才能带着他的残缺和随之而来的渴望继续活下去。

阿里斯托芬借用这个故事表达了他的人性观和人生之道。在悲剧智慧所揭示出来的自然-文明（习俗）冲突的基础上，对自然人性中的危险激情进行外科手术式的精确改造。一方面要安顿人对完满的渴望，另一方面又要"净化"人的完满本性中所包含的意气。这一被"净化"的对完满性的欲望，阿里斯托芬称之为对属于自己的东西（τò οἰκεῖον）的爱（193d2）。这种爱可以表现在私人生活中，即对"另一半"的寻求；也可以表现在参与城邦的公共生活（192a）：城邦在另一个意义上，或许在更高的意义上是"属于自己的东西"。但建立在这一原则上的政治生活是被"净化"了的：在其中完全没有希腊政治的核心要素——为荣誉而竞争——的痕迹。爱荣誉，作为一种合法的骄傲，是圆球人之骄傲的残余。① 阿里斯托芬的政治生活仅仅意味着献身于自己的城邦，却取消了竞争性的激情，也就是意气。阿里斯托芬用一种诙谐的反讽消解了政治生活中的意气成分：他的故事中"最具男子气的"、天生适合政治生活的人，正是被称为"慕男者"（φιλεραστής）的男孩（191e - 192a），他们在传统上被认为具有女性气质。②

《会饮》中阿里斯托芬的圆球人故事旨在净化意气中的骄傲。改造后的人性由其基本的不完满性及其对这一残缺处境的深刻体认构成。产生自这一体认的爱欲，代表了改造后的人性逻辑。爱欲取代了人性中向上攀登的竞争性激情，从而将意气主导的人性逻辑，转化为爱欲主导的，基于人之不完满处境的对完满性的渴求。到此为止，柏拉图和他笔下的阿里斯托芬仍是同路人。不过，对于进一步的问题：如何理解这种不完满的人性对完满性的欲求？柏拉图就不能同意《会饮》中的阿里斯托芬了。在阿里斯托芬看来，人的残缺在于，改造后的人只是完整人性的一个碎片，而那个完整的人性原本是属于我的。人对于完整性的渴望，根本上是要拿回属于自己的东西。因此，人的这种爱欲，被柏拉图笔下的阿里斯托芬界定为对"属于自己的东西"（τò οἰκεῖον）的爱欲（193d）。但这并非对人生之不完满性的唯一解释，从而也不是对爱欲的唯一理解。

苏格拉底在随后的发言中借女祭司第俄提玛（Diotima）之口反驳了阿里斯托芬的看法（205d - 206a）。同阿里斯托芬一样，第俄提玛也是从人生

---

① 在索福克勒斯的"人颂"中，政治的技艺恰好是人的"厉害"的最高体现（《安提戈涅》355—357）。

② Dover 1989,68—80.

在世的不完满处境和对这一处境的意识出发的。世人意识到自己是残缺的，于是想要获得完满，这是爱欲产生的根本原因。但第俄提玛认为，让我们获得完满的东西并不是属于自己的东西（τò οἰκεῖον），而是好的东西（τò ἀγαθόν）。这一点可以从如下事实得到见证：如果自己的东西不好，人们会毫不犹豫扔掉；"世人甚至愿意切掉自己的脚和手，如果他们认为自己的这些无益处的话"（205e3－5）。换句话说，阿里斯托芬虽然看到了世人对完满的追求，但却错误地将其解释为对"属于自己的东西"的爱。

尽管柏拉图在原则上赞成苏格拉底-第俄提玛，反对阿里斯托芬，但他并没有完全抛弃阿里斯托芬的洞察。圆球人故事具有的非比寻常的力量，证明了它的确发现了人性中的一部分真理。柏拉图以苏格拉底-第俄提玛的眼光重新解释了圆球人故事中的洞察，保留了其中真理，同时给出了他自己对意气的转化方式。

事实上，早在《吕西斯》这篇对话中，柏拉图就对爱为何产生进行过探讨。在那里，苏格拉底同他的对话者提出了对这一问题的两种可能的回答：爱要么产生于由于恶的存在带来的对善的欲望，[1]要么产生于因为属于自己的东西被剥夺而产生的欲望。[2] 接着，为了理解属于自己的东西究竟是什么，苏格拉底尝试性地提出了一种看法：善是属于每个人的东西。[3] 类似地，第俄提玛在批评阿里斯托芬的观点时做出了如下评论："我认为，每个人都不会拥抱自己的东西，除非把好东西叫作自家的东西（οἰκεῖον）和自己的东西（ἑαυτοῦ），把坏东西叫作别人的东西（ἀλλότριον）。"[4]也就是说，如果灵魂正确理解了什么东西是真正属于自己的，那么它就会看到，对善的爱欲实际上就是对真正意义上属己之物的爱欲。对柏拉图来说，真正意义上的属己之物就是善，反之亦然；对善的爱欲同时也就是对属己之物的爱欲。《斐德若》用神话语言表达了同样的思想：真正属于我们自己——也就是灵魂——的东西是真实存在，而真实存在也就是真实的善。灵魂对善的爱欲体现为灵魂周天巡行观看真实存在的运动，即心智思考其对象的运动。正如我们在上一章表明的，这一心智运动也是返回自身的运动。永远留在家中的赫斯提亚女神（Ἑστία）恰恰就是灵魂想要观看的存在本体（οὐσία）。[5]柏拉图借此暗示，真正属于自己的东西就是作为真实存在的善。

---

① 《吕西斯》216c－220b。

② 《吕西斯》221d－e。

③ 《吕西斯》222c－d。

④ 《会饮》205e5－7。

⑤ 《克拉底鲁》401b－d。参见本书第二章第4节。

不过,属己同善好仅仅在真实存在那里同一。一旦我们"遗忘"了真实存在,二者就分离了。这就是说,一旦对属己之物的爱不再指向真正意义上属于我们自己(也就是灵魂)的真实存在,从而恢复我们真正的古老本性(也就是心智运动),那么,在通常意义上爱属于自己的东西,就不同于爱好的东西。柏拉图没有否认也不能否认这一现象,那就是我们的确在通常的意义上爱属于自己的东西:我们爱自己的孩子、从小养成的口味和本乡的习俗,因为它们是属于我的。或许苏格拉底是一个例外:他关心别人的孩子胜过自己的孩子,只要别人的孩子更美、更优秀。但苏格拉底的行为在旁人看来不可思议,恰恰证明了这种偏爱在人性中根深蒂固。[①] 只不过,柏拉图对这一现象做出了和阿里斯托芬不同的解释:我们爱自己的东西,不是因为我们对属己之物的天生归属感,而仅仅是因为我们相信属于自己的东西是好的。换句话说,对属己之物的爱是一种更根本的爱欲——对善好的爱欲——的一种表现形式。这种爱的原理不是神秘的命运,而是灵魂中关于善的一种信念/意见:属于我的便是善。

对于柏拉图来说,凡是属于我的便是善构成了一种不真实的意见。这一意见之所以被认为不真实,并非因为属于我的不是善——善是真正属于我们每个人的,而是因为我们错误地指认我们的身体作为自我的核心,从而将同我们的身体相亲近的东西误认为是属己之物。我的身体,连同它所在的家庭、村镇、城邦(它们甚至就是由于身体而产生的)成了区分"我的"和"别人的"的坐标原点。但实际上,此世的身体不过是灵魂暂时流连的寓所,如果不是囚禁灵魂的监狱的话。[②] 在柏拉图看来,由于我们对什么东西属于自己的判断,建立在把身体当作自我的基础上,对属己之物的爱注定是盲目的,因为身体不能分辨善恶,只有心智才具有分辨善恶的能力,而心智只能存在于灵魂之中。苏格拉底暗示,阿里斯托芬错误的根本原因,是忽视了心智(νοῦς)对完满性的意义。在圆球人故事中,我们对于完整性的渴望在根本上缺乏感知、思考与选择:按照这个故事,我们渴望另一半,并非我们感知到对方的美,也非我们思考了与之结合的善。阿里斯托芬故事中的所有角色都是喜剧式的,换句话说,丑陋的。既然完满性与美和善没有任何关系,那么也就不需要心智的参与。无怪乎阿里斯托芬故事中的半人对自己内心深处的爱欲讲不出任何道理。[③]

---

① Cf. Ludwig 2002,323 – 324.

② 《斐德若》250c。

③ 《会饮》192c – d。

　　柏拉图还暗示,对属己之物的爱不仅是盲目的,而且存在着滑向意气的危险。一方面我们深刻地感到不完满,因而想要回到那个完满的自我;另一方面,这个不完满的我所归属的那个完满的自我又令我感到彻底的满足。在经验中,对属己之物的爱往往联系着自我满足。既然属于我的便是善,何必还要去别处寻找完满呢? 这样的爱者是骄傲固执的。柏拉图暗示,阿里斯托芬试图用对属己之物的爱欲净化意气,是难以成功的。因为对属己之物的爱本身就同意气有着千丝万缕的联系。① 在阿里斯托芬的故事中,意气始终是一个挥之不去阴影:阿里斯托芬口中最优秀的、参与政治的男人们是太阳的后裔。他们是"有胆量、有男子气和丈夫气"(θάρρους καὶ ἀνδρείας καὶ ἀρρενωπίας)的人(192a4‑5)。这些人"被法律强迫"(ὑπὸ τοῦ νόμου ἀναγκάζονται)去结婚生子(192b2)。他们没有像他们的祖先那样反抗法律(诸神),但是也绝非自愿地顺从。对属己之物——属于他的另一个男性——的爱欲使他们同法律处在紧张的潜在冲突之中。②

　　重新滑向意气的危险让阿里斯托芬在他的总结性段落一开头,就警告人类再次受到诸神惩罚的可能性(193a)。为了不让人类重蹈覆辙,这位本性上"最爱人类"(φιλανθρωπότατος)的爱神,只能为我们带来一个注定要落空的"远大希望"(ἐλπίδας μεγίστας)(193d3),却并不能真的让我们同另一半结合——这只发生在匠神的假设之中(192d‑e)。因为一旦这个希望变成的现实,意气就会随着"古老本性"一同回归,令我们再次受到惩罚,陷入更加悲惨的境地。阿里斯托芬在结尾处再次提醒我们,爱神对我们的治疗和帮助,必须以"带着对诸神的敬畏"(ἡμῶν παρεχομένων πρὸς θεοὺς εὐσέβειαν)为前提(193d3‑4)。因此,阿里斯托芬故事的核心思想,与其说是赞美爱神能满足我们对完满性的渴望,不如说是告诫我们,作为注定残缺的存在,我们不可再去追求这一完满。

　　《会饮》中苏格拉底和阿里斯托芬的争执,是哲学与诗歌的古老争执在

---

　　① Cf. Ludwig 2002,324—326. 路德维格指出,对属己之物的爱带来的这种自我满足,并不热衷于竞争,而是防御性的、试图避免挑战。在这个意义上,这种爱仍然还不是最典型的意气。尽管如此,无论是竞争性的意气,还是防御性的自我满足,都是一种自我肯定。二者在受到挑战时都表现出意气的典型反应:愤怒。

　　② Strauss 2001,137,146. 施特劳斯敏锐地指出,爱欲的本质中包含了反抗(rebellion)。换句话说,对属己之物的爱欲同意气紧密联系。圆球人代表的意气是我们最深处的渴望,但这一渴望无法得到满足,因为诸神会因此惩罚我们。爱欲并非代替了意气,而是一种不得已的妥协。因此,爱欲不是别的,正是原初意气的残余,或者说一个极度削弱的版本。我们认为,施特劳斯正确地指出了阿里斯托芬式的爱欲同意气的联系,但呈现这一联系并非阿里斯托芬的原本意图(阿里斯托芬并不意图将爱欲理解为削弱的意气),而是表达了阿里斯托芬对这一联系所带来的危险的自觉和警惕,从另一层面来说也表达了柏拉图对属己之爱的批评。

当下的延续。苏格拉底引述"很久以前"第俄提玛的主张时,唯独对阿里斯托芬的观点进行了反驳(205d - e)。这意味着阿里斯托芬是苏格拉底唯一的真正对手。柏拉图不仅借苏格拉底或第俄提玛之口批评了阿里斯托芬,同时也借用阿里斯托芬故事中蕴含的诗歌智慧对哲学的人性观和人生之道进行了深刻的检讨。阿里斯托芬对心智的忽视,并非一个偶然的疏忽,而毋宁说是对心智的刻意排斥。圆球人的故事隐隐构成对《斐德若》神话的解构:上升挑战诸神的圆球人,正是对灵魂上升回归圆形的心智运动——参与这一运动是神的生活——的喜剧戏仿。在诗人看来,哲学让人的灵魂上升到诸神左右是人所能有的最大的骄傲,是对神圣秩序的根本僭越。当阿尔喀比亚德抱怨哲学家的狂妄(ὕβρις)时,[①]他无意中说出了诗歌对哲学的终极指控。

　　柏拉图在下面这个意义上完全接受诗人的批评:他承认,人的最高目标就是"变得像神"(ὁμοίωσις θεῷ)。只不过这并非僭越,而是原本的自然秩序,正如《斐德若》的灵魂神话揭示的那样。因此,哲学与诗歌的根本分歧在于他们看待世界秩序的不同方式:在诗人的世界中,我们的另一半是无法选择的,因为我们所归属的那个整体是无法选择的。谁(或什么)是属于我们的,是命中注定的。[②] 命运是这个世界的主宰。人必须忠诚于命运的分配。而哲学家则相信,这个世界并非由命运的法则支配。通过分辨真实的善和关于善的虚假意见,人能够为自己选择更好的生活。他获得的善越真实,他的人生就越圆满。

　　无论如何,柏拉图要用爱欲的逻辑取代意气的逻辑,从而改造人性(或者说,让灵魂摆脱它沾染上的人性)。更确切地说,柏拉图要用对善和美的爱欲取代任何形式的人性竞赛,哪怕是高贵的竞赛。这就意味着,灵魂要从根本上超越意气的自我肯定:被灵魂放弃的那些礼数和高雅的举止,正是它曾经在竞赛中引以为傲的东西;失去骄傲的灵魂甚至愿意去做被认为是奴隶才做的那些事。[③] 只有这样,灵魂才可能作为在这个世界中注定无家可归的(ἄοικος)爱欲,向它的真正源头,同时也是这个自然世界的真正源头——真实的善或美——敞开自身,踏上追求真正完满性的道路。这是柏拉图对爱欲的最高礼赞,也是《斐德若》中苏格拉底第二篇演说词的根本任务。

---

① 《会饮》219c。

② Benardete 2001,185—188.

③ 《斐德若》252a4 - 7,参《会饮》203c - d。

4. 美与回忆

在古代传统中,《斐德若》的一个副标题是"论美"。无论这一副标题是谁、在什么时候加诸这篇对话的,有一点是肯定的:美是《斐德若》的重要主题。苏格拉底的第二篇演说词旨在赞美欲爱,收回之前演说词中对爱神的不敬言论。这篇演说词篇幅很长,结构复杂,各个段落的主题不尽相同。一般而言,爱欲是对美的事物的爱,但καλός这个词在 245c6 – 249d3 之间只出现过区区三次(246b2,246e1,248d2);而自 249d4 开始,在接下去的几页中,καλός和κάλλος出现了十六次之多(249e5,e4,250b5,c8,d7,e2,251a3,b2,c6,d7,e3,252a2,a7,b2,d5,253c4)。如果我们将 243e9 – 245c5 作为整篇演说词的序曲,245c6 – 249d3 作为第一部分,249d4 – 253c6 作为第二部分,其余作为第三部分和结尾,那么显然,美同第二部分的关系远比同第一部分的关系密切。这是为什么呢? 简而言之,第一部分的主题是灵魂的本性及其命运。这一部分的特点是,神的灵魂,即完美的灵魂,和有缺陷的灵魂被放在同一个论述里,具有相同的本性(自我推动者)和结构(灵魂马车)。① 在某种原初状态下,二者共享着同样的视野,即关于真实存在的视野。尽管不同的灵魂能够见识真实存在的范围和程度大不相同:神能看到的,有缺陷的灵魂看不全(248a1 – 6);但无论是神,还是其他灵魂,都想观看,并观看着同样的东西,即真实的存在(248d1 – 3)。在这个意义上,他们共享着同样的(尽管程度和范围不同)存在视野。只有当这种存在视野被剥夺的时候,有缺陷的灵魂才会落入凡间,成为人这种身心结合体的一部分(248c2 – e3)。演说词的第二部分,就是从丧失了存在视野并进入了人类身体的灵魂的角度进行论述的。论述的中心是人的灵魂如何重新获得原初的存在视野。按苏格拉底的说法,重新获得存在视野需要通过"回忆"(ἀνάμνησις)。"回忆"是凡人的灵魂同灵魂的原初状态相联系的通道,而美正是开辟这一通道的关键因素(249d5 – e1):

当一个人看见这里的美,回忆起(ἀναμιμνησκόμενος)真实的美,它

---

① 注意 245c6 和 246b6 的两个ψυχὴ πᾶσα。Burnyeat 认为ψυχὴ πᾶσα的真正意义是将神和人的灵魂一同囊括进来,对应着 245c3 – 4 的ψυχῆς... θείας τε καὶ ἀνθρωπίνης(Burnyeat, 243—244)。苏格拉底更明确地把神和"我们"的灵魂都描绘成一架马车(246a6 – b1)。

开始长出羽翼,渴望振翅而上,却无能为力,像鸟儿一样仰望着,毫不在意底下的事情。为此,人们指责他疯了。

　　苏格拉底第一次提到真实存在的时候,只列举了正义、节制和知识(智慧),并没有提到美(247d6-7)。这么做的原因现在清楚了:在249d3之前,灵魂被放在宇宙整体的背景下,美并没有特殊的意义;而在此之后,视角转换到人间,美的意义就凸显出来了。正如καλός这个词出现的频率所显示的,只有在人的灵魂那里,美才在论述中起作用。按照我们上一章的论述,这一事实的原因是清楚的:人类灵魂的基本视野需要从意气式的竞争转变为爱欲式的追求真实的满足,而这一转变需要美的触发;天上的灵魂则根本不需要这一转变,因为天上的灵魂本身就充满对真实存在的爱欲,尚未沾染上意气。

　　那么,美为什么对人类灵魂具有上述转化性的力量呢?按照苏格拉底的论述,美本身是一种能力,是其他真实存在所不具备的。苏格拉底将美的这个特性比喻为光亮。① 但这并不是说,只有美本身才发光,正义本身、节制本身和智慧本身不发光。但苏格拉底复杂的讲述有可能误导读者。苏格拉底先是在250b表示正义和节制在尘世中的像没有光亮,接着用一个δέ作为转折开始讲述美(250b5)。但这段讲述在一开始有些离题。苏格拉底并没有直接对比美在尘世中的像和正义、节制的像,而是首先讲起了天上的美本身和其他存在本身(250b5-c6)。直到c8才通过περὶ δὲ κάλλους... 回到一开始的对比上来(250c8-e1):

　　　　正如我们之前所言,它存在着,同那些存在一起闪耀着光芒;而当我们来到这儿,通过我们最清晰的感官抓住了它最清晰的光亮。因为视觉是所有通过身体而来的感官中最锐利的。但通过视觉我们并不能看见智慧——假如它的某种清晰的影像能够到达我们的眼睛,它将引起非凡的欲爱,所有其他的可爱的存在(τἄλλα ὅσα ἐραστά)也是如此。而只有美得到了这种命运:它既是最可爱的(ἐρασμιώτατον),又是最显著的(ἐκφανέστατον)。

　　因此,虽然在250b5的转折之后,苏格拉底讲述了美本身如何在天上闪

_____

① 例如φέγγος(250b3),λαμπρόν(250b6),ἔλαμπεν(250d1),στίλβον(250d2)。这让我们想起,"斐德若"(φαιδρός)这个名字的意思就是光亮。

耀,但这并不意味着其他真实存在是黯淡的。相反,所有真实存在,当我们的灵魂在天上看到它们的时候,都是像美一样闪耀着(美"同那些存在一起(μετ' ἐκείνων)",250d1)。只不过,其他的真实存在,比如智慧本身,它们在这个世界中的影像并没有光亮,不能被肉眼看见;唯有美,不但本身闪耀着光芒,而且它在这个世界中的影像同样闪耀着光芒。

那么,苏格拉底用光亮比喻的是一种什么样的特性呢?光亮会立即吸引我们的目光,令发光的东西从背景中凸显出来。显然,正是真实存在所发出的光亮,导致了天上的灵魂"想要看见真理的强烈渴望"(248b5)。换句话说,发出光亮的东西,是我们爱欲的对象。因此,苏格拉底将所有这些真实存在都称作"可爱的"(ἐραστά,250d6);如果它们能被看到,将引发强烈的爱欲(250d4 - 5)。不过,一旦灵魂落入这个世界,对真实存在的渴望就消退了。这不是因为真实存在本身没有光芒,而是因为它们在这个世界中的影像没能反映出它们自身的光芒,因而不能激发我们的爱欲。也就是说,智慧、正义等等,它们的影像之所以暗淡无光,不能引起我们的爱欲,不是因为它们不可爱(ἐραστόν/ἐράσμιον),而是因为它们没能显现出来(ἐκφανές)。唯有美在这世界中的影像反射出真实的美的光芒,因而它既可爱,又能显现出来:它激发爱欲的光芒能被我们清楚地看到。这一过程,被苏格拉底表述为回忆:"一个人看见这里的美,回忆起真实的美。"(249d5)

那么,美所引起的这种回忆(ἀνάμνησις)究竟是什么呢?柏拉图对话中的"回忆说"通常被当作一种标准的认识论学说,用来解释知识的可能性。[①]人类对知识的寻求面临这样一种悖论:人不会去寻求他知道的东西,因为他已经知道了就不再需要去寻求了;人也不会去寻求他不知道的东西,因为他不知道他要去寻求什么。[②]《美诺》提供的解决办法是将获得知识(学习)解释为回忆,即灵魂在某些提醒下,回忆起从前见识过的东西。这样一来,学习就不是获得新的、未知的知识,而是激活从前就有的知识。[③]《斐多》进一步将通过回忆获得的知识的对象确定为"F 本身"(αὐτὸ τὸ Φ)或者 F 的样式(εἶδος)这一类真实存在。[④] 苏格拉底认为,看到一个东西,由此想到另一个东西,这就是回忆(74c - d)。因而,是回忆将我们所看到的同我们所想到的联系在一起:我们看到是感觉对象(比如相等的木块),而我们想到的则是理智对象("相等本身")。所谓想到"相等本身"的意思,是我们能够说出或理

---

① 回忆作为一种认识论(知识论)学说,见詹文杰 2020,122—131,167—176。

② 《美诺》80e。

③ 《美诺》85d。

④ 《斐多》74a,78d。

解别人说出的"相等"(例如在"木块是相等的"这样的表述中)。

《斐德若》对"回忆"的说法同《斐多》完全一致。苏格拉底在 249b6‑c2 第一次提到"回忆"(注意:此时还没有谈及由美引发的回忆——显然,由美引发的回忆只是回忆之一种):

> 人必须依据样式($\kappa\alpha\tau'$ $\epsilon\tilde{\iota}\delta o\varsigma$)来理解被说出的东西($\lambda\epsilon\gamma\acute{o}\mu\epsilon\nu o\nu$),由杂多的感觉($\pi o\lambda\lambda\tilde{\omega}\nu\ldots$ $\alpha\dot{\iota}\sigma\theta\acute{\eta}\sigma\epsilon\omega\nu$)出发,用理性($\lambda o\gamma\iota\sigma\mu\tilde{\omega}$)将它们收集到一起($\sigma\upsilon\nu\alpha\iota\rho o\acute{\upsilon}\mu\epsilon\nu o\nu$),达到单一的东西($\epsilon\dot{\iota}\varsigma$ $\ddot{\epsilon}\nu$)。这就是对我们的灵魂从前见到的东西的回忆……

按照这个说法,回忆就是对超越一般感觉对象的样式($\epsilon\tilde{\iota}\delta o\varsigma$)的发现。我们的感觉是杂多的:它给我们带来无限复杂的感觉材料。但假如要说出我们的感觉,或者要理解被说出的感觉(这不仅包括像"木块是相等的"这样的表述,而且包括"这是木块"这样的表述),却不能靠指涉这些杂多的感觉材料,而是必须涉及对事物的分类,即对事物的区分和联系。在语言之中,事物被收集起来,归为一个种类($\epsilon\tilde{\iota}\delta o\varsigma$),而分类的依据($\kappa\acute{\alpha}\theta'$ $\ddot{o}$),即为何将这些事物归于这一类,另一些事物归于另一类的根据,就是这一类事物的共同样式($\epsilon\tilde{\iota}\delta o\varsigma$)。严格地说,被说出和被理解的任何东西,都只是种类而非个别事物:"这块木头"这一表述中已经蕴含了"木头"这个种类。不借助种类,我们无法说出任何东西。哪怕像"这一个"($\tau\acute{o}\delta\epsilon$ $\tau\iota$)这样的表述,也蕴含了"单一的事物"这一种类。① 事实上,感觉中没有单一的东西;只有通过在语言中"收集"($\sigma\upsilon\nu\alpha\iota\rho\epsilon\tilde{\iota}\sigma\theta\alpha\iota$)杂多,我们才能达到单一的东西。②

按照这一理解,"回忆"是每个(能够说话和理解话语的)人都能够参与且实际上一直参与的活动:只要我们在交谈,就一定在使用着超出感觉的 $\epsilon\dot{\iota}\delta\acute{\eta}$,在这个意义上必定伴随着对诸样式的回忆。但柏拉图的确会在某种

---

① 参《泰阿泰德》151e‑157c。通过阐发"知识就是感觉"这一看法的哲学意涵,柏拉图表明感觉对象不存在、不能被称为"一个东西"($\ddot{\epsilon}\nu$),因为感觉所触及的是变易之洪流,在其中没有任何东西是什么。尤其值得注意的地方是 157c‑d,苏格拉底暗示这一学说的软肋在于它不仅将感觉对象归于变易,而且将"人"、"石头"、"善"、"美"等等诸种类($\epsilon\tilde{\iota}\delta o\varsigma$)也归于变易的事物。

② 比较苏格拉底对辩证法的定义:"综观($\sigma\upsilon\nu o\rho\tilde{\omega}\nu\tau\alpha$)散落各处的事物,将它们引到单一的样式($\dot{\iota}\delta\acute{\epsilon}\alpha\nu$)"(265d3‑4);"反过来,按照事物的自然关节切分出各种类($\epsilon\tilde{\iota}\delta\eta$),试着不破坏任何部分"(265e1‑2),或简而言之,"区分与综合"($\delta\iota\alpha\iota\rho\acute{\epsilon}\sigma\epsilon\omega\nu$ $\kappa\alpha\grave{\iota}$ $\sigma\upsilon\nu\alpha\gamma\omega\gamma\tilde{\omega}\nu$)(266b44)。辩证法($\delta\iota\alpha\lambda\epsilon\kappa\tau\iota\kappa\acute{\eta}$)作为交谈($\delta\iota\alpha\lambda\acute{\epsilon}\gamma\epsilon\sigma\theta\alpha\iota$)的技艺,正是对我们日常交谈中不自觉地运用的"样式"或"种类"的系统关联的研究,或者用苏格拉底在第二篇演说词中的说法,对"回忆"的"正确使用"。参汪子嵩 *et al*. 2004,701—702。

意义上将"回忆"特别地同哲学家联系起来。这是因为,尽管所有在最低限度上具有理性的人都能够在上述意义上发生"回忆",但只有哲学家才能够"正确地使用"回忆(249c7)。所谓对回忆的正确使用,指的并不是通过回忆直接提供关于真实存在的充分的、完善的知识,而是意识到我们用以归类的εἶδος是一类与感觉对象不同的存在者。以《斐多》中的相等为例。苏格拉底认为,当我们看到相等的木块,会认为这一感觉对象想要同"相等本身"这一理智对象相似,但又大大不如后者(74e‑75b)。在这里,我们从普通人的视角进入了哲学家的视角:普通人使用着"相等"这样的概念;他们在感觉之前已经在某种程度上知道了什么是"相等",但却未能做出"相等本身"与相等的木块这一关键的区分。①

做出理智对象与感觉对象的区分并不意味着我们充分地具有了关于这一理智对象的知识。换句话说,哲学家通过比较相等的木块和"相等本身"从而得到二者既相似又不同的看法,并不能就"什么是相等?"这个典型的苏格拉底式的问题给出一个完善的定义。② 在《理想国》的一个著名段落中(523b‑524d),尽管没有直接出现"回忆"这一字眼,但苏格拉底的论述清楚地展示了什么叫作对"回忆"的正确使用。苏格拉底以三根手指为例:在感觉中"大"和"小"总是混合在一起的:一根中等的手指比更大的手指小,比更小的手指大;它既是大的,又是小的。但"大"和"小"本身则绝不可能相混:"大"不可能是小的,"小"也不可能是大的。由此我们就能够理解可见的和可理解的是不同的两类事物。③

在《斐德若》中,"回忆"的正确使用带来的上述意识表现在:灵魂意识到还有一个同我们生活在其中的世界不同的更高的世界,苏格拉底称为"天外区域"(ὑπερουράνιος τόπς)的世界,一个诗人们从未见过的世界(247c3‑4)。换句话说,回忆的正确使用能够为我们打开或者说找回一个超出可见世界的存在的视野。只有这样正确地使用回忆的灵魂,才能够被说成是回想起了真实的存在。如前所述,这样一种状态并非具有完善的知识,而是介于完全的知识与彻底的无知之间的状态。这种状态在《会饮》的著名段落中被描述成充满爱欲的状态(204a1‑7):

---

① 有学者主张柏拉图在这里没能区分两种"回忆"的概念,前一种属于所有人,后一种专属于哲学家,见 Scott 1995,69。我们认为,柏拉图并没有两种"回忆"的概念。司哥特所谓的专属于哲学家的"回忆",实际上被柏拉图称为对回忆的正确使用。换句话说,所有人都在回忆,但对相关的存在缺乏明确的意识。只有哲学家通过回忆意识到两类存在性质不同的事物。Cf. Kahn 2006, 123—124.

② Cf. Kahn 2006,131—132.

③ Cf. Ferrari 1987,144—145.

情形是这样：没有一个神爱智慧，也没有一个神欲求变得智慧——因为他们已经是智慧的了——如果还有别的什么人是智慧的，他也不会爱智慧。反过来，那些无知之徒也不爱智慧，不欲求变得智慧。在无知方面，最难对付的就是这一点：尽管自己不美、不好、不智慧，却以为自己已经足够了。不以为自己有什么欠缺的人不欲求自认为不欠缺的东西。

　　在这一点上，《斐德若》同《会饮》完全一致。美所引起的"回忆"，让灵魂"开始长出羽翼，渴望振翅而上，却无能为力，像鸟儿一样仰望着，毫不在意底下的事情"（249d5－e1）。从后文我们得知，"羽翼"（πτερόν）就是"爱欲"（ἔρως）——诸神将爱欲称为Πτέρως（252b）——因此灵魂通过回忆而发生的这种转变，就是从一种无爱欲的状态转变为一种爱欲的状态：这里的爱欲，当然只能被理解为属于灵魂的真正的爱欲，即对真实存在的爱欲。诸神并不爱智慧，因为他们已经拥有了完整的智慧，即拥有了对真实存在的完整洞见：端坐在宇宙的边缘的诸神不再需要翅膀（247b6－c2）。而人的灵魂就没有这么幸运：它们永远不能拥有完整的存在洞见。尽管如此，"真理的草原"仍然是"灵魂最高的部分"最适合的养料（248b7－c2）。人的理智是被关于真实存在的洞见所滋养的，尽管这种洞见对人而言是有限的。只要能一瞥存在的真容，所有人的灵魂都会充满对真理的欲望。换句话说，在落入尘世之前，所有灵魂都是哲学家——这就是我们的灵魂还在天上的状态：有限的洞见和"强烈的渴望"（πολλὴ σπουδή）一直伴随着它们（248b6）。① 而回忆所展开的视野，就是让灵魂回到这种堕落之前的状态。

　　《斐德若》同《斐多》、《会饮》等对话共享了同样的存在秩序（真实存在/理智对象-通常意义上的存在/感觉对象）；相应地，按照《斐德若》的刻画，由美引起的回忆的首要特征，就是让灵魂从背离真实存在转向接近真实存在：它生活在地上（"这儿"），却仰望高处（249d7－8），换句话说，想要"接近神因之具有神性的东西"，即天外的真实存在（249c6）。不过，这样一种从感觉对象走向理智对象的运动，在《斐多》中表现为一种认知过程，因而哲学表现为一种认识论上的中间状态；而在《斐德若》这里，从感觉走向理智的运动则是从一种生存状态到另一种生存状态的转化，因而哲学表现为一种生存论上

---

① 这一判断不应与苏格拉底的另一段故事相混淆。按照他的讲述，落入尘世的灵魂有九个等级，最高一级是哲学家的灵魂（248d3）。哲学家的灵魂是在天上所见最多的灵魂。这与我们的解释并不矛盾；我们仅仅是说，无论灵魂在天上见过多少真理，都具有对真理的欲望。

的特定状态（就这一生存状态同真实存在的关系而言，可以被称为本真的生存），或者一种特殊的生活方式。①

实际上，《斐德若》围绕"回忆"的一系列论述，关注的重心都在于灵魂通过回忆的自我转化，而非回忆所能呈现的知识。当"这里的美"引起灵魂的回忆时，灵魂回忆起来的内容，是"真实的美"（249d5）。但按照苏格拉底的讲述，回忆起真实的美指的并不是美的概念展现在心智眼前。那么，回忆起真实的美指的是什么呢？ 在 249d5 之后，文本还有三处提到了美引起的回忆。第一处在 251a。苏格拉底并未直接使用"回忆"或者"记忆"之类的相关词汇，但从上下文，尤其是上文"从这里转向那里、转向美本身"（250e2）一语很容易看出，这里描写的正是美所引发的回忆。不过，苏格拉底在此并没有直接谈到回忆的内容。

第二处在 253a3。按照苏格拉底的描述，没有败坏的人类灵魂，在尚未成为人类灵魂的时候所追随的那位神，将决定它作为人类灵魂的生活样态：他按照这位神的天性选择爱侣，也将按照这位神的方式对待被爱者；并且，他将让自己尽可能模仿这位神的"习性和生活方式"，同时想方设法让他的被爱者也模仿这种生活方式（252c－253c）。而这位神的天性和生活方式——他安排自己和爱侣的生活的准绳——正是通过回忆获得的（252e7－253a5）：

> 他们在自己身上求索，以求发现属于他们自己的神的天性（φύσιν）。他们有办法做到这些，因为他们身不由己直勾勾地凝视自己的神。凭靠记忆（τῇ μνήμῃ）拽住这神并被这神附体之后，他们从神那儿拿来他的习性和生活方式，尽一个凡人所能分有神。

这里，回忆（ἀνάμνησις）所提供的记忆（μνήμη），并不直接关于美本身或者美的样式（εἶδος），而是关于灵魂追随的神。诸神同样是"真正的美"。因此，美引发的回忆提供的是灵魂能够追慕的理想；这一理想的内容是特定的"习性和生活方式"。灵魂按照这样一个理想来改造和提升自我。

苏格拉底提到回忆的另一处是 254b5。苏格拉底在这里描述了灵魂内部的激烈冲突。其中的核心环节是男孩的美引发了爱者灵魂（确切地说，灵

---

① 《斐多》从"回忆论证"向"存在相似性论证"的推进，事实上已经包含了从认识论向生存论的旨趣转变：真理从灵魂能够抓住和占有的某种东西，变成了灵魂同真实存在在一起的状态（πάθημα）。参李猛，《苏格拉底在〈斐多〉中证明了什么》（未刊稿）。

魂中的驾车人）的回忆（254b5 - 7）：

　　　　驾车人看到［被爱者的脸孔］时，他的记忆（μνήμη）就将他带回那美的天性（τοῦ κάλλους φύσιν），再次看到这天性与审慎一起登上了神像基座。

　　这里"美的天性"一语，并未明确灵魂回忆起的究竟是美的样式还是一位神。或许柏拉图在此有意保留了这一含混性：真实的美既显现为单一的样式，又显现为十一位奥林波斯神。不过，可以肯定的是，这里所谓的"天性"（φύσις），同上文提到的回忆中的神的"天性"一样，指的都是触动灵魂自我转化的理想，而非某种认知的对象：同美的天性一同到来的是审慎，二者一同登上神像的基座，暗示了这美的天性是灵魂崇拜的某种神圣形象。

　　相应地，《斐德若》不像《会饮》那样，关注灵魂如何从身体的美逐渐上升，直到观看美本身，而是着重描写灵魂与美遭遇时的内在状态。这样一种状态被苏格拉底描绘成一种准宗教体验：拥有身体之美的被爱者在爱者眼中成了一位神，或者一尊神像（250a）。如果说被爱者显现为一位神，那么他本身就超出了周遭世界；如果说他显现为一尊神像，那么他就指向某个在他背后的东西，而这个东西也超出了周遭世界。无论哪种情况，被爱者的身体之美都引发了爱者同某个超越者的遭遇。换句话说，通过可见者（身体之美）指向了不可见者（诸神或美本身）。这样一种对不可见者的指引，正是对回忆的"正确使用"。这样一来，爱欲的经验，作为灵魂对美的体验，就并没有表现为一种直接的吸引；相反，由于总是关涉一个不在场的超越者，灵魂产生了一种陌生的体验。在 251a 和 254b，回忆起真实的美——无论这一表达指的究竟是什么——的灵魂都经历了某种悚然敬畏的经验；与之相对的、败坏的灵魂同美的遭遇，被描述为彻底缺乏这种敬畏（250e）。敬畏成为了对真实之美的经验的标志，这正是因为回忆指向的是陌生的、不在这个世界之中的事物。由于同样的原因，接近和占有美的身体并不能满足美的身体所引发的欲望。这就使得灵魂在同美遭遇的时候经历了一种快乐和痛苦混合的奇特经验：身体之美引发了爱欲，但这种爱欲的对象却并不在场。欲望无法满足的痛苦，只能用更多的欲望来缓解（251b - d）。①

―――――――――――――

　　① 费拉里和尤尼斯都指出了这里所描写的经验与同性快感的经验之间的微妙对应；费拉里进一步将此处的描写同弗洛伊德对性快感的描述相比较，见 Ferrari 1987，155—156，Yunis 2011，152。

如前所述,《斐德若》明确地将"正确地使用回忆"这一特权保留给了哲学家(249c)。不过,苏格拉底的复杂讲述有可能让人产生误解。因为他首先提到的,是"少数"灵魂,它们能够通过正义、节制的像艰难地上升到正义、节制本身(250b1 - 5)。这就让一些学者产生了误解。比如,费拉里就认为,250b4 提到的"少数(灵魂)"暗含着"不言自明的对比":"美本身……能够被更大范围的人群察觉到。"①实际上,250b4 提到的"少数(灵魂)",显然对应着上文 250a5 提到的"少数(灵魂)"。这是一些拥有充分的记忆的灵魂,没有沾染尘世的邪恶,以至于无法想起真实的存在。而大多数灵魂则因为不幸的命运损害了它们的记忆。这些灵魂无法想起真实的存在,或者说无法正确地使用回忆。无论涉及的是正义、节制,还是美,都是如此。苏格拉底描述了美的光亮无法照亮的灵魂(250e1 - 251a1):

> 因此,如果一个灵魂不是新近加入秘仪,或者已经被败坏,当它注视着在这儿被叫作美的东西的时候,无法敏锐地从这儿走向那儿的美本身。于是,当它看到(美的事物)的时候,就没有敬畏,而是屈服于快乐,试图像四蹄野兽那样冲上去播种后代;它与狂妄为伍,毫无畏惧和羞耻之心,追求违背自然的快乐。

美不是无所不能的。对于那些原本就已经瞎了的眼睛,美无法给它们带来光明,只能让这些灵魂陷入兽性的而非神圣的疯狂;只有少数仍然残留的有足够记忆的灵魂,美相比其他真实存在的独特作用才能发挥出来。也就是说,只有对这些灵魂而言,美的光亮才能让他们回想起真实的美。因此,250a5 处的"少数(灵魂)"和多数灵魂的对比,并不是正义、节制等其他真实存在同美之间的对比,而是没有被败坏的、有可能回忆起真实存在的灵魂,和已经被败坏的,无法回忆起真实存在的灵魂之间的对比。

因此,关于美的独特光亮,苏格拉底做出了双重的区分:一方面,是少数人(哲学家)与多数人之别;另一方面,在少数人当中,美与其他真实存在之别。那么,美同其他的真实存在到底有什么不同? 更确切地说,回忆起真实的美,同回忆其他真实存在什么不同? 我们可以更进一步地明确我们的问题:回忆美之外的其他真实存在是十分困难的,这一困难的根源是什么? 在《斐德若》中我们读到(250a6 - b5):

---

① Ferrari 1987,144.

这些灵魂［按：即保有足够回忆的灵魂］一旦见到那边的东西的某些个相似物，就惊愕得不能自己，由于缺乏充分的感知，他们又懂不了自己的这种感受。这样一来，正义、审慎以及灵魂所珍视的所有这类东西，在此世的相似物中无不黯淡无光。不过，少数人吃力地凭借他们晦暗的工具走向这些摹像，观看被摹写的类。

对于真实的正义、审慎等存在，少数灵魂又是如何吃力地（μόγις）从这些存在的摹本走向原型呢？显然，理解"苏格拉底是正义的"并不比理解"苏格拉底是美的"更困难。而且，当我们说出"某某是美的"时，其中所包含的对真实的美的知识，并不比我们说"某某是正义的"所包含的对正义的知识更多。我们已经表明，美所引发的回忆也并不会提供一种完整的知识。更重要的是，对真实存在"缺乏充分的感知"（τὸ μὴ ἱκανῶς διαισθάνεσθαι）的具体含义是什么？这种缺乏同人们回忆起正义、审慎之类的真实存在的困难有什么样的关系？这种缺乏能够被对真实的美的回忆所克服吗？

让我们回到人类灵魂的根本处境。按照《斐德若》的叙述，人类灵魂从源头上亲近不可见的真实存在，但人类灵魂的现实处境是被困在身体中。人类灵魂之为人类灵魂恰恰是被这一现实处境所规定的。灵魂是真实存在的同侪，但人却生活在《斐多》所谓"自然构成物"的世界。因而符合人之自然本性的感知，恰恰就是"通过模糊的感官"所进行的那种感知，而这种感知无法通达真实存在，因而对于感知真实存在来说总是不充分的。事实上，这种感知的不充分，不仅是一种缺憾，也是对人的一种保护：按照苏格拉底在《斐多》中的夫子自道，对人这种自然存在者而言，试图建立一种直接的、充分的对真实存在的感知，是危险的；直视存在将把人的灵魂弄瞎。[1] 因此，我们必须通过真实存在的"像"（εἰκών）来接近存在，就像通过水中的倒影来观看太阳一样。苏格拉底为他自己找到的这种真实存在的"像"，就是道理（λόγοι）。但是，通过道理这种存在的像来接近存在，带来了不可避免的困难。首先，道理本身也同真实存在一样，是不可见的。这一困难是苏格拉底的前三个证明，尤其是关于灵魂存在性质的第三个证明，依然无法说服对话者的真正原因：由于这一证明所依赖的道理，同这一证明希望揭示的灵魂的存在性质一样，都是不可见的，因而这一证明对对话者来说充分与否，取决于这一道理在对话者——拥有身体的自然存在者——看来充分与否。然而这一道理却是不可证明的。用亚

---

① 《斐多》99d - e。

里士多德的话说,就是证明的原理(ἀρχή)是不可证明的,而是通过心智的直观直接把握到的。① 但这种直观的把握在苏格拉底的论述中是不可能的;如果人作为人能够直观存在的话,那就根本不需要"逃遁至道理中"(εἰς τοὺς λόγους καταφυγεῖν)这一"次好的办法"(δεύτερος πλοῦς)了。人作为一个自然存在者的存在性质就决定了,除非他的灵魂离开他的身体,即死亡,否则这一困在身体中的灵魂无法直观存在,同样也无法直接把握这样一种作为证明的原理的道理。这样一来,哲学的证明就成了一种试图通过不可见者来显示不可见者的努力。正因如此,它的有效性就成了问题:这一问题不在于证明在逻辑上是否成立,而在于证明终归是给活着的人的证明,它需要从"对于我们而言可知"(对我们可见)的东西出发,否则这一证明对我们而言就是不充分的。

正是由于这一困难,苏格拉底引入了他自己的哲学方法——假设方法:首先设立一个在我们看来最强的道理,然后把所有与这一假设一致的道理都当作真的;接着,我们就能够去考察这些从假设中"跃出"的道理彼此之间是否一致,从而显示出最初的假设是否充分。而如果我们希望从更高处说明最初的假设,我们也并不是从一个直接把握到的更高的原理出发,而是像之前的步骤一样,从一个更高的假设出发来说明。显然,这一更高假设同样也需要经受类似的检验,以及向再高一层的假设迈进。② 显然,苏格拉底的假设方法同样是用存在的像——道理——来理解存在,但作为证明的原理的那个道理,不再是直接把握到的存在的真理,而仅仅是一种假设,一种"对我们而言为真"的道理。只有这样,才能向我们显示出不可见的真实存在。同时,这一道理又是可检验的:作为真实存在的像,它对真实存在的显示注定是不充分的。我们需要通过对道理的检验,向更高的、更充分显示真实存在的道理上升,直到达到充分的证明。

不过,苏格拉底的假设方法同样面临着困难。究竟怎样的证明才算一个"充分"的证明?只有当作为这个证明的原理的道理被我们认为是充分的时候,这个证明才算是充分。于是我们再次遭遇了那个困难的问题:什么道理才算是充分的? 一个道理,作为存在的像是存在不充分的显现,但却是我们认为最强的道理。也许它无法经受所有可能的检验,但如果它经受了我所知的任何检验,那么我们还有什么理由去探索一个更高的道理? 谁能保证我们不会在不该停下来的地方停下? 就像西米阿斯

---

① 《后分析篇》72b17 – 25,100b5 – 17;《尼各马可伦理学》1140b31 – 1141a8。

② 《斐多》100a ff.。

(Simmias)说的，人生就像在大海上航行，而道理则是稳靠的舟楫，借以对抗航行中的大风大浪。① 有什么能保证我们不会将一个残破的木筏当作最稳靠的，不再去寻找一个真正稳靠的道理？这还并不是最糟糕的。苏格拉底在讲述他的假设方法之前就警告我们，最糟糕的情况是，在我们对道理的检验中，看到每一个道理似乎都不够充分，最后厌倦了所有道理，断定根本没有稳靠的道理，成了一个幻灭的、"厌倦道理的人"（μισόλογος），在人生的大海上随波逐流。② 这样的幻灭，说到底是因为轻信，是因为没有充分把握就相信一些道理，以至于在这些道理遭遇到某种困难的时候，就迁怒于道理本身，认为是道理害了他，欺骗了他。苏格拉底说，真正应该责怪的，不是道理，而是我们自己。③ 我们之所以轻信一个尚不够充分的证明或道理，恰恰是因为我们自己还不够健全；我们"必须勇敢，必须渴望变得健全"（90e3）。只有我们自己变得更加健全，才能更充分地理解、检验我们所依赖的道理，才能找到一个更高的道理来完成更充分的证明。因此，不仅我们作为自然存在者依赖于道理接近真实存在，而且道理对真实存在的显示，也依赖于我们作为有缺陷的存在者渴望变得健全的勇敢。④

　　以上的对《斐多》的解读也许能够帮助我们看到《斐德若》所说的那种回忆正义、审慎等等存在的根本困难。我们借助真实的正义、审慎等存在的"像"，也就是关于正义、审慎的道理，⑤来接近它们的真实存在。但道理的辩证永远无法避免的危险，就是轻信和幻灭。我们总是可能认为，这个道理足够了，它就是真实存在的充分显现。就像我们在阅读《理想国》的时候，当我们读到第四卷，是否相信"正义就是灵魂的各个部分做自己的事"这个关于正义的道理就足够充分和健全了？这个道理是否不再需要进一步的检验和更高的道理的说明？更不用说，大部分人甚至没能达到第四卷的道理，就停止在了色拉叙马霍斯，甚至玻勒马霍斯和克法洛斯的道理那里。我们谁也没有见过正义本身，却紧紧抓住某种关于正义的意见，就像在大海的风浪中紧紧抓住一只木筏，以为自己已经踏上了真理的坚实土地，甚至以为自己不用再面对海上风浪的考验。而一旦遇上真正的风浪，无法守住道理的人又

---

① 《斐多》85d。

② 《斐多》89d ff.。

③ 《斐多》90d－e。

④ 以上对《斐多》的讨论，得益于李猛的解读，见《苏格拉底在〈斐多〉中证明了什么》（未刊稿）。

⑤ 250b3－4 提到我们是"通过晦暗的工具"（δι' ἀμυδρῶν ὀργάνων）走近存在的"像"。哈克福斯跟随古代注家赫耳迈亚指出，这里所谓"晦暗的工具"，当指推理的能力（Hackforth 1952，94）。又，格里斯沃德认为，250b4 的τὰς εἰκόνας指言辞，见 Griswold 1986，114.

将抱怨道理欺骗了他:"根本没有什么正义"、"正义只是一些人欺骗另一些人的把戏"——这些难道不是我们常常听见的一种抱怨吗?而且发出这种抱怨的,恰恰是曾经服膺道理,尤其是钻研过各种各样的道理的一群人。正是这样的一些危险,构成了通过道理这种存在的像来接近存在本身的重重困难。

《斐德若》进一步暗示,不仅我们在此世的生命中,需要通过不断渴望完善自身的勇气来推动对道理的检验,从而接近存在,而且在我们的灵魂进入人类身体之前,能够直观真实存在的时刻,自我完善的渴望和勇气也是必需的:我们的灵魂不是完美的;它不能像诸神一样端坐在宇宙之外,静静注视存在(247b-e),而必须费力地扇动翅膀,上下浮沉,让自己尽可能地跟上诸神(248a)。因此,诸神没有爱欲(真实存在已经尽收眼底),也不需要勇气:构成诸神之神性的真实存在中,包含了希腊四主德的三个——智慧、正义、审慎,唯独没有包含勇敢;①但我们需要爱欲和由之而来的追寻心爱的东西的勇气,无论在天上,还是在人世的生命中,不是因为爱欲和勇气能够让我们登上真理的坚实土地,而恰恰是因为爱欲和勇气能够推动我们去对抗人生的大海上注定无法找到坚实土地的命运。

当然,此世的人生为灵魂设置了更多的阻碍。我们不仅由于身体的羁绊,而相信那些身体上巨大的快乐和痛苦告诉我们的"真实",而且当我们试图超出感官,通过道理来接近真理的时候,必然面对道理带来的轻信和幻灭的威胁。苏格拉底暗示,人性从根本上就沉沦于意见当中:我们对道理的轻信,不仅仅是由于漫不经心,而且由于人性中根深蒂固的意气。我们在对人类灵魂起源的分析中看到,意气是人类灵魂的基础、一种肯定自我的激情。因此,人性中的这一力量促使我们尽可能地紧紧抓住自己信靠的道理,不容许他人的质疑。在这样的处境下,向更高的道理进发,注定更加困难。能够帮助我们克服上述困难的是美。首先,通过视觉这一"最清晰的感官"所获得关于美的直接经验,让我们无法否认存在真实的美,而不是像"厌倦道理的人"那样,由于只能借助"晦暗的工具"而在道理的森林中迷途,最后对存在真实的正义、真实的审慎和真实的知识感到绝望。其次,以正确的方式同美遭遇所唤起的超越性经验,能够让灵魂摆脱自我肯定的意气。最后,对真实的美的回忆,并不是获得一个对美本身的直接洞见,而是回忆起一位神,或者说一个体现了美的神圣的形象,吸引灵魂去模仿或效仿这一形象所包含的"习性和生活方式",按照这一模板改造自身,直到"尽一个凡人所能分

---

① 参 Benardete 1991,141。

有神"(253a)。用《斐多》的话说,我们将被回忆中的神圣形象所吸引,想方设法使自己"变得更加健全"。只有这样一个经过改造的、更加健全的自我,才能担负起更加健全的道理和更加充分的证明,从而更加接近真实存在。①

　　如果我们换一个角度看,这样一个神圣的、焕发着光彩的形象,不正是柏拉图对话中的苏格拉底所扮演的角色吗? 对苏格拉底身边能够识别出他的美的人来说,苏格拉底几乎就是一位带有神性的人或偶像先知:阿尔喀比亚德将苏格拉底比作内里藏有黄金神像的西勒诺斯;②阿波罗多洛斯对苏格拉底的狂热崇拜;③格贝要求苏格拉底向他念咒,以驱除灵魂中孩子气的恐惧;④凡此种种,不一而足。柏拉图对话不仅描写了苏格拉底同别人的论辩,还将一个"变得又年轻又美"的苏格拉底形象留给我们(《书简二》314c)。实际上,正是苏格拉底这个形象比他的证明更加有力地显示了我们同真实存在的亲近。

---

　　①　海兰德认为,美能够提供某种直接的洞见(insight),不需要以言辞或道理为中介,这使它不同于正义、审慎和智慧等其他真实存在,见 Hyland 2008,82。我们不能同意这一看法。美引起的回忆的确不涉及言辞和道理,更不提供某种推论性的知识,但苏格拉底也没有在任何地方暗示这种回忆能提供一种非推论性的、直观的知识或洞见。美引发的回忆和爱欲,同道理的论辩并不能相互替代,而是构成了哲学生活的两个不同侧面(以一种不甚精确的方式,可以称之为理论与实践,但二者的关系需要更深入的讨论)。格里斯沃德的看法比较接近我们在这里的解读(Griswold 1986,114):他注意到了苏格拉底的论述既强调了回忆的"理论(沉思)性"(theoretical),又强调了回忆的"生存性"(existential),也就是我们指出的,回忆的内容是一个完满的神圣形象,我们借以完善自我。但格里斯沃德对这两个方面关系的看法,同我们的理解相反。在他看来,是对真实存在的沉思,帮助我们赢得了自我的完满。我们认为《斐德若》关于回忆的论述并不支持他的理解。

　　②　《会饮》215a－b。

　　③　《会饮》173d－e,参《斐多》59a。

　　④　《斐多》77e－78a。

第四章　人性与神性

在柏拉图众多对话中，《斐德若》是一篇独特的对话。这篇对话的独特之处在于，苏格拉底在其中的主张同他在其他对话中的主张显得不一致。在其他对话中，柏拉图笔下的苏格拉底大体上主张理性高于欲望，前者应当统治后者。但是在《斐德若》当中，他反过来主张爱欲这一所有欲望中最强烈的欲望对于人生有着不可替代的至高价值。诚然，《会饮》同样是对爱欲的赞美，然而在那篇对话中，爱欲并没有体现在人与人之间的关系上，而且，苏格拉底并没有在赞美爱欲的同时贬低理性。在《会饮》中，爱欲是人性追求幸福的普遍欲望（204d－205a），这种欲望体现在身体的生育和灵魂的生育之中（206b－207a），后者包含了人类生活中的一切理性成就（209a－e）。爱欲的最高形式则是哲学，体现在理智对美本身的静观之中（210e－212a）。可以说，《会饮》中的爱欲是同理性一体的。然而在探讨爱欲的孪生对话《斐德若》中，苏格拉底没有把爱欲理解为人性的普遍欲望。爱欲产生在人与人之间，同情欲有着千丝万缕的联系（251a－d）。更重要的是，爱欲不再被视为同理性相一致。苏格拉底至少在表面上更加接近通常的看法，即，爱欲与理性是对立的。只不过，苏格拉底在《斐德若》里颠倒了通常的秩序：不是理性高于爱欲，而是爱欲高于理性。在这一章中，我们将尝试理解这一不同寻常的主张。

1. 神圣的疯狂

审慎（σωφροσύνη）是希腊道德中的重要美德，同时也是柏拉图伦理学中的四主德之一。具有审慎的美德意味着理性在灵魂中起到主导作用。而疯狂则是审慎的对立面，由过度的欲望引起。《斐德若》的前两篇演说词同上述通常的看法保持一致，赞扬审慎而贬抑其对立面。但在第三篇演说词中，苏格拉底却反其道而行之，要为疯狂翻案，收回他在前一篇演说词中的主张。第三篇演说词以这样一句话开头："那个说法不是真的"（244a3）。这篇演说词被称为"翻案诗"（palinode）。翻案诗所要推翻的那个"不是真的"的说法，当然是指苏格拉底的第一篇演说词，同时也是吕西阿斯演说词当中的说法——在有爱欲的追求者和没有爱欲的追求者之间，一个人应当选择后者。之所以要这么做，前两篇演说词解释说，是因为有爱欲的人行事缺乏理智，没有爱欲的人才能审慎行事。前者要么因为自私而损害被爱者（苏格拉底的第一篇演说词），要么因为不能持续、稳定地给予被爱者好处，最终使双方都受到损害（吕西阿斯演说词）。[①] 换句话说，爱欲让人疯狂，而疯狂是审慎的反面；审慎是一种美德（ἀρετή），而它的反面则是一种恶（κακία），会带来一系列恶果。因此，苏格拉底现在要反对的那个说法背后隐藏了这样一个推理：

大前提：不审慎带来恶果

小前提：爱欲者不审慎

结论：爱欲者带来恶果

苏格拉底现在要否定这个结论，可以有两种做法。他要么可以否定大前提，也就是说，否定不审慎，也就是疯狂会带来恶果——他在这篇演说词里就是这么做的；要么可以否定小前提，也就是说，否定爱欲不审慎，否定爱欲一定是一种疯狂。后一种做法同样可以达到为爱欲"翻案"的目的。这绝不是因为柏拉图没有想到这种思路。实际上，柏拉图笔下的另一个人物就是这么做的。在《会饮》里第二个发言的包萨尼亚（Pausanias）说，爱有两种，一种是属天的（οὐράνιος），一种是属民的（πάνδημος）。民众的爱不审慎，所以不好；属天的爱相反，是审慎的爱，因而是好的（180c - 185c）。但苏格拉底在《斐德若》里没有采取这样一种辩护的策略。显然，苏格拉底并不希望通过证明爱欲可以是审慎而非疯狂的来为爱欲辩护。

苏格拉底承认爱是一种疯狂，一种不审慎，但是不承认凡是不审慎的就是坏。不但如此，苏格拉底走得更远；他声称不审慎在一些情况下可能比审慎更好，因为所有好事情中最大的好事（τὰ μέγιστα τῶν ἀγαθῶν），是疯狂带来的（244a6 - 6）。这就意味着，有些情形下，审慎这种被传统认可的美德反而不如它的反面疯狂。这一主张无疑会让熟悉柏拉图其他作品的读者感到惊讶。一种解释认为，柏拉图在《斐德若》中改变了他的立场。按照这一解释路向，在《斐德若》之前的对话里，柏拉图是一个伦理学的理性主义者，

---

① 对前两篇演说词的分析，见本书第一章。另参樊黎，2021。质言之，尽管二者都推崇审慎，但并非柏拉图其他对话（例如《理想国》）中所谓的审慎。

认为人类生活中的非理性因素,例如情感和欲望,是美好生活的阻碍;而《斐德若》则表明,柏拉图开始意识到了这些非理性因素的价值。对人类生活而言,非理性因素有着理性无法替代的意义。正因如此,《斐德若》才将疯狂置于审慎之上予以赞美。① 这是否是柏拉图的意思呢?

在《斐德若》中,柏拉图让笔下苏格拉底赞美爱欲,理由是爱欲是一种“神圣的疯狂”(θεία μανία)。疯狂是一种非理性的灵魂状态,正因如此,上述解释才会将《斐德若》的主张解释为柏拉图对非理性和理性的重新估价。然而,我们需要注意的是,苏格拉底在这里对他所谈论的疯狂做了一个明确的限定:这种疯狂是神赠予的礼物(θεία μέντοι δόσει διδομένης, 244a7－8)。也就是说,不是所有的疯狂都能够带来好处;只有神圣的疯狂才能够带来好处,并且是最大的好处。我们认为,苏格拉底的意思是,爱欲之所以值得赞美,不是因为它是(或引起)一种疯狂,而是因为爱欲所引起的这种疯狂是“神圣的”。这并不是一个修辞性的说法。我们很快会看到,他列举的神圣疯狂的例子里面,都是跟神、跟某种超出人类的东西有实质性的关系,都包含了神圣的和人世的之间的对比。同样的,苏格拉底对“翻案诗”的主题,关于第四种神圣疯狂,即爱欲的疯狂的论述,最后也建立了这样一种对比:与神圣的疯狂相对的,是终有一死者的审慎(σωφροσύνη θνητῇ, 256e5)。仅仅把疯狂和节制的对立理解为非理性和理性的对立,没有充分把握住苏格拉底赋予这个对立的规定。疯狂和节制不单纯是两种对立的灵魂品质或理性状态,而且包含了两个迥然不同的世界之间的对立:一个是属人的、我们向来生活在其中的世界;另一个是神的世界,这个世界对我们而言一般是可望而不可即的。只有在一些特殊的情形下(例如通过疯狂),我们才能和那个彼岸世界发生关系。

苏格拉底列举了三种神圣的疯狂(244a－245a),包括预言的疯狂(244a－d),秘仪的疯狂(244d－245a),以及诗人的疯狂(245a)。这是因为,这三种疯狂是希腊人所熟悉的;希腊人也公认,这三种疯狂比各自对应的审慎的技艺更有成就(πολλὰ δὴ καὶ καλὰ... ἠργάσαντο)。预言的疯狂的例子是德尔菲(Delphi)、多多那(Dodona)的女祭司,以及其他能够在疯狂的时候做出预言的预言者。这些预言者在做出预言的时候处在一种神志不清的状态当中,说出来的神谕也是难以索解的。苏格拉底说,这样一种“预言术”(μαντική)古时候的名字是“疯狂术”(μανική),其力量来自疯狂(μανία)。②

---

① 这一解释路向的代表,见 Nussbaum 2001,202—206。
② 词源学上的关系可能确实存在。柏拉图并不是第一个把μαντική同μανία联系起来的作者。见 Rowe 1986,170,Dodds 1953,70。

"之所以取这样一个名称,就因为他们(指古人)认为,疯狂是美好的,当它出于神的命定。"(244c2 - 4)而"现代人"却不能理解这一点,于是把疯狂术(μανική)改成了预言术(μαντική)。预言的疯狂当然是读者最容易想到的一种神圣的疯狂。单独这个例子能够说明疯狂可以是很有益的东西;但是它并不能说明疯狂比清醒或者审慎更好。祭司清醒的时候一事无成,因为她们并没有学过在清醒的时候如何运用人的理智去进行预言。苏格拉底需要的不是拿疯狂和一张白纸作比较,而是拿疯狂和人在清醒时的理智作比较,或者说,拿疯狂和人的技艺做比较。于是苏格拉底拿两类预知吉凶的技艺作比较,一类是刚才提到的预言术,一类是观察鸟飞的方向判断吉凶的鸟占术(οἰωνιστικὴν)。后者是单纯凭借人的理智的技艺(苏格拉底将鸟占术这一名称追溯为οἰονοϊστικὴν,"思想-心智-探究术",即οἴησις、νοῦς,以及ἱστορία的结合),而前者是借助神圣疯狂的技艺。前者要比后者优越,正如神圣疯狂比人类理智优越。因此,技艺若要完善,就不能仅仅依赖于人类理智。

　　第二种神圣的疯狂是秘仪的疯狂。苏格拉底说,一些家族由于神的愤怒而遭受惩罚,历经磨难,此时疯狂会降临在家族的某些成员身上,告诉他们如何通过净化仪式消灾免祸。有论者指出,这一观念虽然十分流行,但苏格拉底却没有为之举出任何例证。[①] 说起预言的疯狂,人们立刻会想到德尔菲和多多那的祭司;说起第三种神圣的疯狂,即诗人的疯狂,人们也立刻会想到荷马和赫西俄德(或柏拉图笔下的游吟诗人)——这两位诗人都自认为是缪斯女神的喉舌。但说起秘仪的疯狂,却没有一个容易想到的例子。尽管如此,读者立刻能够想到一个著名的反例:单纯依赖人类理智试图避免神降下的灾祸,而不肯听从神的启示,最终彻底失败的俄狄浦斯。俄狄浦斯试图避免预言中的弑父娶母的悲剧,同时解除城邦的瘟疫;但他的一切努力只是更快地将自己引向了这些灾难。他最终弄瞎了自己。如果视力隐喻人类的理智能力,那么他最终的结局是合理的:不接受神的启示,人类理智只会引人走向毁灭。人的向导不是自己的理智,而是盲先知特瑞西阿斯(Tiresias)代表的神圣启示。

　　如果苏格拉底在谈论秘仪的疯狂时,想到的的确是俄狄浦斯的故事的话,故事中俄狄浦斯最终失明呼应了苏格拉底第二篇演说词一开始关于诗

---

　　① Yunis 2011,133.罗威认为,秘仪的疯狂并非希腊文化中一种众所周知的类型,尽管埃斯库罗斯的《奥瑞斯忒亚》包含了某种类似的东西(罗威认同哈克福斯的看法,柏拉图在写作时想到的可能就是这一故事的某个变体),见 Rowe 1986,168。

人失明-复明的传说（243a2－b7）。苏格拉底在这篇演说词开头提到，荷马和斯忒西科洛（Stesichorus）两位诗人都因为讲述了虚假版本的海伦故事而遭受神罚，失去视力。后者通过写下"翻案诗"完成了净化，视力失而复得。而前者就没有这么幸运了，他不知道净化的办法，从而永久地成为了一位盲人。苏格拉底要效仿斯忒西科洛而非荷马；苏格拉底甚至要做得更好：因为他在神惩罚他失明之前就通过他的"翻案诗"净化了罪恶，解救了自己。

　　斯忒西科洛和荷马所犯的错误，在于声称海伦背叛丈夫，随帕里斯去了特洛伊；但真相是，海伦实际上去了埃及，去特洛伊的只是海伦的幻影。[1] 诗人失明，因为他看不见真相。而他看不见真相又是为什么呢？苏格拉底暗示，诗人的错误在于他们将幻影当作了真实。而肉眼凡胎总是会被幻影迷惑。诗人看不见真相，因为他们依赖凡人的眼睛，或者说凡人的智慧。[2] 进一步说，凡人智慧的错误，并不在于其"视力"不够敏锐。因为这一错误不单纯是一个认识过程中发生的误判，而且包含了一个本体论上的错乱：错误在于混淆了幻影和本体，混淆了两个不同存在性质的存在者。要纠正这种错误，不是通过把原先的眼光再锻炼得锐利一些：海伦的幻影并非看起来不像海伦；幻影恰恰"看起来像"本体，但并不"真的是"本体。斯忒西科洛和荷马的错误，是柏拉图在《理想国》中提到的那种精于分辨洞穴影像的"小灵魂"（τὸ ψυχάριον）所犯的错误：当灵魂去看存在的阴影时，它的眼光越锐利，作为越恶劣。纠正这种错误需要的是整个地换一种眼光，改变原来的视野，不是去看幻影，而是去看幻影的本体，去看真实存在的东西，去经历一种"灵魂的转向"。[3] 在《斐德若》中，美能够刺激灵魂产生这样一种转向，从这儿的美转向真实的美。[4]

　　神圣的疯狂同凡人的理智之间的对比，在苏格拉底的第三个例子中更加尖锐了。苏格拉底的第三个例子是诗人的或缪斯的疯狂。在这里，苏格拉底进一步将疯狂与技艺进行了对比（245a5－8）：

　　　　若没有这种缪斯们的疯狂，无论谁去敲诗歌的大门，听信仅凭技艺（ἐκ τέχνης）就足以成为有能耐的诗人的说法，那么他不会达到目的——疯狂之人的诗作会使审慎者（τοῦ σωφρονοῦντος）的诗作黯然

_____

① 　这个版本也出现在希罗多德笔下，见《历史》II. 113。
② 　参 Burger 1980,47。伯格（R. Burger）没有将失明当作失去真相的惩罚，而是当作失去真相的隐喻；同样地，复明则是重新获得真相的隐喻。
③ 　《理想国》518b－519b。
④ 　见本书第三章第 4 节。

失色。

　　显然，苏格拉底在这里采用的技艺（τέχνη）观念，与他在第一个例子（即预言的疯狂）那里采用的技艺观念不同。在预言的例子中，疯狂并不是同技艺本身相对照，而是同一种特定的技艺相对照：完全依赖凡人的审慎和智慧，没有神圣事物的帮助的那种技艺。而在这里，苏格拉底使用"技艺"一词，仅仅指称那种完全依赖凡人的技艺。技艺不再是有待于疯狂的帮助，而直接被当作了疯狂的对立面。技艺本身就代表了凡人的审慎；而疯狂则是神的馈赠。有研究者指出，在早期希腊诗歌传统里面，并没有把疯狂或者说缪斯赋予的灵感和诗人的技艺对立起来。这种对立是晚近才出现的。①

　　那么，那种相信"仅凭自己的手艺"就可以成为真正的诗人的人，这些"现代诗人"，有哪些例子呢？我相信，苏格拉底在这里暗示我们，这样的诗人不是别人，就是创作第一篇演说词的吕西阿斯；这种诗的代表就是吕西阿斯的演说词。这篇演说词无论从形式上还是内容上都是"审慎者"的诗的代表。如果我们回忆一下这篇演说词，它的主旨是没有爱欲的人比有爱欲的人更好，而它的理由一言以蔽之，就是爱欲让人神志不清，而没有爱欲的人是审慎的，因而是可信赖的。也就是说，它实际上是赞美没有爱欲的人的审慎、谴责爱欲的疯狂——这是从它的内容上说。从形式上说，这篇演说词没有华美的语言，也没有炫耀修辞；像有些研究者说的，非常平淡、乏味。在某种意义上，这是一篇反修辞的演说；而在另外的意义上，反修辞其实就是它的修辞。② 这篇演说词就是要杜绝一切让人灵魂摇荡、让人产生酒神信徒般的疯狂的形式特征。作者追求的就是极度的节制，带来的风格就是彻底的平淡。③ 这种形式特征符合它的内容。从这个意义上说，这是一篇彻头彻尾的"审慎者"的诗。

　　《斐德若》前两篇演说词当中的非爱者这一形象，展现了技艺专家行动的一般特质，因为非爱者的冷静克制同专家施展技艺的方式一致。技艺专家吕西阿斯的冷静受到了业余爱好者（非专家）斐德若热情洋溢的推崇。这种充满张力的戏剧情节就出现在《斐德若》的开头。斐德若认为，吕西阿斯式的技艺是唯一能够取得真正成就的方法。按照这位文学爱好者的想法，吕西阿斯能够写作最好的演说词，因为他拥有技艺，而且是个中翘楚

---

①　Morgan 2010，49.

②　Rosen 1969，432. 比较苏格拉底第一篇演说词的结尾：苏格拉底承认，他已经被神灵占据，无法控制自己（241e）。

③　吕西阿斯演说词的风格特征，见 Yunis 2011，135—136。

(δεινότατος，228a1)；而我斐德若则是技艺的门外汉(ἰδιώτην)，因而绝不可能超过技艺专家(228a2)。斐德若想要成为吕西阿斯那样的技艺专家(比想要占有一大堆金子还要强烈)，因而他模仿吕西阿斯的冷静克制。但这一切都没能逃过苏格拉底的眼睛(228a6 - c3)：

> 我当然知道，那个听吕西阿斯演说词的人不会只听一遍，而是常常吩咐不断再念，吕西阿斯则是热心服从。……我相信，他对那篇演说词已烂熟于心啦，除非它实在有点儿太长。他正要去城墙外练练那篇演说词呢。可他遇见了这个害了(迷恋)聆听言辞的病(τῷ νοσοῦντι)的人，一瞧见这人，没错，一瞧见，他就欣喜起来，因为他有了分享沉醉的伴儿(συγκορυβαντιῶντα)了嘛，于是吩咐这人领路。可这位言辞的爱人(τοῦ τῶν λόγων ἐραστοῦ)要求他讲的时候，他又卖起关子来了，装作没欲望要讲。可他终归要讲的，如果没谁愿听，他甚至会强迫人听。

在这里，爱欲像在吕西阿斯演说词当中那样，被称作一种疾病(νόσος，228b6；参 231d2)。斐德若同苏格拉底一样，对言辞有着酒神伴侣般的疯狂，但与苏格拉底不同，他试图掩盖他对言辞的欲望(ἐπιθυμία，228c2)。斐德若在这段开场的情节中，扮演了一个隐藏自身的爱者的角色：虽然对言辞十分迷恋，但他表现得像吕西阿斯式的非爱者——为了模仿专家。通过柏拉图的巧妙叙述，非爱者同技艺专家的形象重合了。这样一来，非爱者的审慎获得了类似于技艺的有效性和精确性；同时，技艺则完全排除了爱的激情。一边是技艺与审慎，另一边是疯狂与爱欲，吕西阿斯和斐德若在中间划下了一条界限：要拥有理性，就必须拒绝灵魂的激情。如果是这样，理性的技艺似乎必然产生没有灵魂的专家。

因此，对爱欲这种神圣疯狂的赞美本身就是对斐德若推崇的那种吕西阿斯式技术主义的疗救。但苏格拉底不是要站在界限的另外一边，拒斥审慎和技艺，而是要恢复古代人对技艺的理解：我们必须将疯狂还给理性。同预言术类似，古人是对的；今人错了。诗人不能仅仅凭借凡人的技艺创作出超凡的作品；他们需要缪斯送来的神圣疯狂。

一门完善的技艺依赖神圣疯狂的赠予。苏格拉底恰好是以其"爱欲技艺"(τέχνη ἐρωτική)闻名于世。有学者指出，苏格拉底在《斐德若》的情节当中演绎了传统的三种神圣疯狂。[1] 但苏格拉底的讲述尤其体现第四种神圣

---

[1]　Burnyeat 2012，242—243.

的疯狂,即爱欲的疯狂。那么,苏格拉底的爱欲技艺是否也依赖于爱欲的疯狂呢? 在苏格拉底对爱欲的赞美中,直到最后才提到他的爱欲技艺:他向爱神祈祷,祈求这位神不要因为愤怒而剥夺他的爱欲技艺(257a7 - 8)。在苏格拉底的祈祷中,我们听到了技艺对神圣力量的根本依赖。按照希腊文化的传统,技艺被认为是诸神赠送给人类的礼物。这一传统可以追溯到赫西俄德的普罗米修斯神话:这位好心的神为人类偷来了火种——火正是人类技艺的象征(《神谱》562—570;《劳作与时日》47—58);直到柏拉图笔下的普罗塔戈拉那里,我们仍能够听到这一传统的回响:由于人缺乏自然的禀赋,普罗米修斯将火种和技艺带给人类作为补偿(《普罗塔戈拉》321c - 322a)。在这个故事中,尽管宙斯对火种被偷走感到愤怒,他却并没有剥夺人类获得的火种。这是为什么呢? 这大概是因为,一旦人类掌握了如何使用火或者一门技艺,并且这门技艺是自主的话,即便是诸神也无法剥夺它。反过来,如果技艺仍然需要神圣的疯狂来完善自身,那么它就不再是自主的。诸神只要不再赠予神圣的疯狂,也就剥夺了这门技艺。从苏格拉底的祈祷,我们能够推测,他的爱欲技艺必定属于这样一门技艺。

2. 爱的疯狂

　　爱的疯狂或爱欲的疯狂是第四种神圣的疯狂。神圣的疯狂与普通的疯狂不同;神圣的疯狂是神送来的礼物。在希腊人公认的三种神圣疯狂中,神的赠予体现在接受赠予者进入神灵附体的状态中(ἐνθουσιάζειν)。凭借这种神灵附体,凡人同超越的神性世界建立了联系。同样地,在第四种神圣疯狂,即爱欲的疯狂中,人类灵魂也需要同超越性的神圣存在建立联系。建立这种联系依靠的是“回忆”(ἀνάμνησις)。按照苏格拉底的论述,灵魂一旦回忆起真实存在,随之而来的并不是伴随着自主性的冷静克制,而是神灵附体的状态(249c6 - d3):

　　　　因此,一个人唯有正确地运用这样一些回忆,逐渐被接引进完满的秘仪,才会真正变得完满。不过,由于他置身于人事之外,而接近神圣事物,众人会指责他精神失常(παρακινῶν),其实,众人没留意到他已经神灵附体(ἐνθουσιάζων)。

接下来的段落,同样强调回忆真实存在带来神灵附体(249d5 - e2):

　　当一个人看见这里的美,回忆起真实的美,它开始长出羽翼,热切地想要振翅而上,却无能为力,像鸟儿一样仰望着,毫不在意底下的事情。为此人们指责他疯了(ὡς μανικῶς);其实,对于具有它或分享它的人来说,这是所有神灵附体中(πασῶν τῶν ἐνθουσιάσεων)最好的、出自最好的源头。

　　这种"最好的"神灵附体能够带来"最大的好处"(τὰ μέγιστα τῶν ἀγαθῶν,244a6),那就是哲学生活的报偿(256a - b)。

　　伯尼耶特主张,在这里,哲学经验中的神灵附体,同前三种疯狂当中的神灵附体不同。在前三种疯狂当中,被神灵附体是被一个外在的神灵控制了灵魂,预言家、先知和诗人只不过充当了神灵的喉舌;而在哲学家这里,控制、占据他的神灵不是别的,就是哲学家自己的理性。① 按照伯尼耶特的看法,一个人自身的理性就是这个人内在的神灵。这不是一个比喻性的说法,因为按照苏格拉底的说法,神的神性来自它同真实存在的接触(249c6)。因此,神性就是同真实存在接触的状态。而人的灵魂还在天上的时候,同神的灵魂一样能够接触真实存在(虽然在范围和程度上都有所欠缺),而当它作为人的灵魂生活在这个世界的时候,(对部分灵魂而言)也能够通过回忆从自身之中恢复同真实存在接触的记忆。按照伯尼耶特的表述,由于"从自身中恢复的是使人具有神性的知识",因此回忆的灵魂,或者确切地说,这一灵魂中看见并回忆起真实存在的部分就是"内在的神灵"。

　　但伯尼耶特的解读留下了一个疑难。简单说,对美的回忆同其他三种神圣的疯狂的核心都是一种神灵附体的状态,这是它们都能够被恰切地称为"疯狂"的原因;而第四种疯狂同前三种的不同之处,在于这种疯狂中占据灵魂的神灵不是某个外在的神灵,而是自身的理性。然而,一种被神灵附体的状态之所以被认为是疯狂,恰恰是因为在这种状态中,灵魂不再能够控制自身,而是被异于自身的力量所控制:在神灵附体的状态中是被作为他者的神所控制;在通常意义的疯狂中,灵魂则是被其中过度的欲望控制。在后面这种情况下,虽然欲望是灵魂内部的力量,但当它控制着灵魂的时候,我们会认为灵魂是不由自主的、被迫的,无法控制自己。因此,只有灵魂中的理性才是真正的自我,而欲望等激情只是自身中的他者。因而在柏拉图哲学的灵魂图示中,这些成分总是被比

---

① Burnyeat 2012,242—245. Morgen 2010 也持类似的看法。

喻为某种非人的野兽:在《理想国》中是狮子和百头怪,在《斐德若》这里则是马。① 如果按照伯尼耶特的说法,美引起的回忆使得灵魂被自身的理性所占据和控制,那么这种状态在什么意义上可以被称为"疯狂"呢? 毕竟按照通常的理解,灵魂被理性所控制的状态恰恰是疯狂的反面。伯尼耶特并未提出这一问题,遑论回答。

让我们回到文本。在上面引述的文段中,"疯狂"首先是对真实之美的回忆而激动不已的灵魂所承受的指控($αἰτία$)。这一指控的根据,是为真实之美而激动的灵魂"不关心下界的事"($τῶν κάτω δὲ ἀμελῶν$)。换句话说,美引起的回忆让人类灵魂忽视这个世界的事务或属人的事务;这让它被认为是一种疯狂。

对人间事务的漠视,被认为是哲学家的一大特征。反映这一看法最著名的文本是《泰阿泰德》中心位置的一段"离题话"(172c – 177b)。在这段话中,苏格拉底描述了一个特立独行的哲学家形象,他从不知道去市场、法院和其他公共集会场所的道路,也不知道关于城邦生活的知识,更不要说能知晓如何获得常人看来的幸福生活。苏格拉底说,这是因为尽管他的身体生活在城邦中,他的心思($διάνοια$)却不在城邦中,而是去探究存在者的真理(173e3 – 174a2):

> 而他的心思把所有这些东西看作微不足道的东西,藐视它们;它在四面八方翱翔,就像品达说的,"下至大地,上达天穹",俯测地理,仰观天文,探究每个存在的东西整体的全面本性($πᾶσαν πάντη φύσιν ἐρευνωμένη τῶν ὄντων ἑκάστου ὅλου$),而从不屈尊关注近处的事物。

苏格拉底把米利都的泰勒斯(Thales of Miletus)当作这种哲学家的典型形象。这位最早的哲学家研究天上的事情,却对眼前的东西视而不见。他因此掉进了一口井,受到了色雷斯女仆的嘲笑(174a – b)。显然,《泰阿泰德》中的哲学家形象,同《斐德若》所描绘的那种陷入爱欲的疯狂的哲学家形象是一致的:不关心眼前的、属人的事情,而去关心渺远的、"天上"的事情。

这是否就是《斐德若》所谓神圣的疯狂的全部意涵呢? 值得注意的是,《斐德若》两次谈到爱欲的疯狂时,都强调了这样一个人是被众人($οἱ πολλοί$)当作疯狂的或精神失常的人(249d2, d8);同时,苏格拉底在这两处都强调,陷入爱欲的疯狂的人其实是神灵附体。这意味着,我们不能对"众人"的说法照

---

① 参 Annas 1999,117—136。

单全收。众人认为这样的人陷入了疯狂,也许是对的,但众人并不知道他在什么意义上陷入了疯狂。在众人看来,这个人陷入了疯狂,仅仅是因为这个人越出了常轨,与周遭格格不入,忽视众人所关心的事情。用柏拉图对话中对苏格拉底的一种常见评价来说,这样一个人总是显得十分怪异(ἄτοπος/ ἀτοπώτατος)。但这不足以涵括神圣的疯狂之为疯狂的意涵。

一个人是否处在疯狂的状态,不能只看他的形容举止,而要深入他的灵魂中去。在《斐德若》中,苏格拉底花费了大量笔墨揭示回忆时刻的灵魂内部状态。苏格拉底的描述突出了回忆给灵魂带来的震撼。在这样一种震撼中,灵魂表现出来的状态完全不同于通常所谓的理性的状态,即自我主宰或清醒的自我意识的状态。按照苏格拉底的论述,回忆带来的灵魂状态具有两个重要特征。这两种特征分别从不同的方面展现出"疯狂"的性质。

首先,美的刺激引起灵魂的剧烈运动。苏格拉底使用ὁ κεκινημένος[受到刺激的人]指代陷入爱欲的人(245b4);他对陷入爱欲的灵魂的描述也符合这一分词的字面含义:被推动的。就灵魂的运动状态而言,通常所谓的审慎和理性是一种冷静或平静的状态,而疯狂则是灵魂剧烈运动的状态。[①]在苏格拉底的描述中,灵魂"感到烦扰和瘙痒"(ἀγανακτεῖ καὶ γαργαλίζεται,251c5)。在美的刺激下,苏格拉底说,灵魂"长出羽翼,兴奋得想要展翅高飞"(πτερῶταί τε καὶ ἀναπτερούμενος προθυμούμενος ἀναπτέσθαι, 249d6 - 7)。这里出现了关于ἀναπτερόω的双关语(同时与πτερόω相关):这个词既指感到兴奋,也指展翅高飞。[②] 在251b - d,苏格拉底生动地描述了通过回忆陷入爱恋中的灵魂如何开始长出羽翼。由于使用了"长出羽翼"这种明显的身体性隐喻,灵魂被描述成一个身体。[③] 这一灵魂的生理学特别地突出了热和湿:灵魂"发热/发烧"(θερμότης ἀήθης, 251b1, θερμανθέντος, 251b3, θερμαίνηται,251c8)、"流汗"或(美的)"流溢"(ἱδρώς, 251b1, ἐπιρρυείσης,251b5, ῥέοντα,251c7)。苏格拉底由此暗示,美的刺激导致了灵魂的剧烈运动,同审慎者的平静形成鲜明的对比。

其次,神圣爱欲引起的灵魂状态以一种不由自主的体验为核心。回忆起

---

① 参《卡尔米德》159b,审慎被试探性地定义为一种平静(ἡσυχιότης)。尽管这一定义很快被证明是不充分的,但它揭示了审慎同平静、疯狂同运动的关系。另,按照希波克拉底的《论神圣疾病》(On Sacred Desease)与《论养生》(On Regimen),疯狂令灵魂的运动过于迅速。相应地,热与湿被认为是疯狂的原因。见 Ahonen 2014,14。

② 伯纳德特指出了这样的双关语(Benardete 1991,145)。罗威将上述语句翻译为"(the soul) becomes winged (πτερῶταί),fluttering (ἀναπτερούμενος) with eagerness to fly upward (ἀναπτέσθαι)",表明了 pteroō 同 anapteroō 之间的关系。

③ 参 Ferrari 1987,154。

真实之美的灵魂,并不知道自己正在经历的这种回忆是怎么回事(250a6 - b1):

> 这些灵魂一旦见到那边的东西的某个相似物,就惊愕得不能自己(ἐκπλήττονται καὶ οὐκέθ' αὑτῶν γίγνονται),由于缺乏充分的感知,他们又不明白自己的这种感受(πάθος ἀγνοοῦσι)。

正在经历的感受让感受者感到困惑。这表明上述灵魂状态不同于通常所谓的理性状态。既然灵魂不能理解自己的感受,也就更不用说通过深思熟虑去控制自己的行动。这一点尤其体现在苏格拉底对于灵魂内部冲突的描述中。正如我们在上一章指出的,苏格拉底描述了两个不同的内在冲突的情形,即253e - 254b以及254b - e;二者以美引起的回忆为分界。两种情景的对比凸显了回忆所带来的"疯狂"和"神灵附体"。在美引起爱者的回忆之前,爱者灵魂中也存在冲突(253e5 - 254b3):

> 当驾车人一看到那双激发爱欲的目光,整个灵魂就会因这感觉而发热,渐渐爬满渴求的痒痒和刺戳。两匹马中顺从驾车人的那匹这时像往常一样受到羞耻强制,克制自己不扑向被爱者。另外那匹却不顾驾车人的马刺和鞭子,跳跃着强力往前拽——这就给同轭的伙伴和驾车人带来种种麻烦,强迫他们靠近那男孩,还提醒他们性的快乐。同轭的伙伴和驾车人起初气恼地抗拒,因为,这是在被强迫去做可怕的和有违礼法的事。可是,如果这种坏事没有止境,他们就会做出让步,最终被引领前往,同意去做黑马要求的事。

按照上一章的解读,这一段文本所表现的内在冲突,是意气的分裂和冲突。具体而言,是未被败坏的意气(由白马和尚未回忆起真实存在的驾车人代表)与被败坏的意气(由黑马代表)之间的冲突。[①] 这体现在,用以克制欲望或败坏的意气的是羞耻感和道德义愤。在这一情景中,驾车人虽然也感受到了美的刺激(驾车人看见激发爱欲的目光,整个灵魂发热),但它和白马的羞耻心(αἰδώς)迅速压抑了这一感受。在同黑马的对抗中,二者清楚地展现了自主的控制力。即使向黑马让步,也并没有丧失这种自主性。可以说,此时驾车人仍然是头脑清醒的。

而一旦美的刺激让灵魂开始了回忆,情景就大不相同了(254b3 - 255a1):

---

① 见本书第三章第2节。参樊黎,2019。

他们［指爱者灵魂中的驾车人和两匹马］接近了他［被爱者］，少年的容颜像闪电一样震慑了他们。驾车人看到这些，回忆起了美的本性，再次看见它端坐在神圣的基座上，与节制为邻。看到这些，他感到敬与畏，于是向后倒下（ἀνέπεσεν ὑπτία），与此同时不得不（ἠναγκάσθη）勒紧缰绳，以至于两匹马都跪倒在地；其中一匹马自愿顺从，但另一匹狂妄的马却并不情愿。两匹马后退时，那匹白马由于羞耻和震惊，令整个灵魂大汗淋漓，另一匹黑马则不顾辔头和跌倒引起的疼痛，不等喘过气来就带着怒气咒骂，喋喋不休责骂御车者和同伴，说他们因怯懦、缺乏男子气而临阵脱逃，说好了的又不算数。它再次强迫驾车人和同伴往前冲，由于他们不愿意，它勉强同意它们的请求，下次再说。约好的下次到了，驾车人和同伴装作想不起来，那匹黑马就提醒它们——逼迫它们，嘶鸣着拽它们，用同样的言辞强迫它们再次冲向那些男孩们。当它们靠近时，那黑马俯下身子，翘起尾巴，咬紧辔头，厚颜无耻地往前拽。驾车人更强烈地经受到相同的感受（ταὐτὸν πάθος παθών），仿佛在跑道拐点似的向后倒，更用力往后拉紧那匹狂妄的马咬住的辔头，搞得它那胡言乱语的舌头和下颚鲜血淋漓，而且把它的大腿和屁股往地上摁，让它疼得不行。多次同样的经历后，那匹劣马的狂妄才止住，变得俯首帖耳，跟从驾车者的意图；当它再看见那位美人时，几乎要被恐惧摧毁。所以，最后的结果是，这个爱者的灵魂怀着羞耻和敬畏跟从那些男孩。

这是一系列复杂的反应。首先，驾车人被"美的本性"，即真正的美本身所震慑。敬畏是回忆起美本身及其他真实存在的反应（251a）。如前所述，这种反应是不由自主的。因此，这一情景中驾车人同两匹马的互动，迥然不同于上一情境中的互动。在这里，驾车人不再能主动地控制自己的行动，而是一再被自己的感受（πάθος）牵着走：它由于敬畏而"向后倒下"；它拉住缰绳不是出于理性的考虑，而是由于它的感受迫使它如此（注意ἠναγκάσθη［不得不/被迫］一词），这就使得它同样暴力地对待白马和黑马。假如驾车人知道自己在做什么的话，它就会仅仅对黑马使用暴力，因为白马一直都是驯顺的；它会像在上一个情景中那样，同白马结成联盟，一同反对黑马的主张。一言以蔽之，驾车人的行动完全出于不由自主的反应，而非深思熟虑。

如果说回忆发生之前灵魂的内在冲突，就是《理想国》第四卷的道德心理学的另一版本，那么由回忆引发的这一灵魂内在冲突，则是《理想国》没有刻画过的。这一差异影响到理智同灵魂其余两部分之间的互动，从而区分了两种灵魂内部冲突的模式。在《理想国》和《斐德若》253e - 254b 的论述中,灵魂的理性部分说服意气部分,二者结成同盟,对抗不服从的欲望部分。① 如果欲望通过这种方式被驯服,它会相信理性部分应当统治自己。② 这样,灵魂的三种成分之间不单尊卑有序(κοσμήσαντα),而且和谐一致(συναρμόσαντα τρία ὄντα),使灵魂与自身为友(φίλον γενόμενον ἑαυτῷ)。③ 另一方面,在《斐德罗》254b - e,即回忆引起的内在冲突中,苏格拉底对灵魂内部的描述则充满了强迫甚至暴力,与《理想国》的论述适成对照。黑马最终被驯服了。但这并不是因为驾车人说服了黑马,使它承认他应该统治,而是因为黑马为恐惧所摧毁(φόβῳ διόλλυται,254e8)。驾车人最终主导了灵魂,但不是通过劝说,而是通过暴力与强迫。驾车人自始至终都没有说过话;这就造成了一种惊人的对比:恰恰是黑马试图劝说,伸张"正义":它指责驾车人和白马懦弱、缺乏男子气概(254c7 - d1)。④ 换句话说,在《斐德罗》的叙述中,灵魂的理性成分并非用通常被认为是"理性"的方式,比如说服,来主导灵魂的,而是依赖于某种意义上"非理性"的方式,即,使用强力使较低的成分屈服。

柏拉图如此描述的用意是什么呢? 我们认为,上述两种灵魂冲突的模式,分别对应了意气的逻辑主宰下的灵魂冲突,和欲望的逻辑主宰下的灵魂冲突。前一种模式的要义,是作为人类灵魂基础的意气,接受不同的意见,从而使人类生活的"竞赛"围绕不同的目标展开。黑马对灵魂的"提醒"(μνείαν ποιεῖσθαι)是身体提供的意见,如果这一意见被采纳,人生的竞赛就将指向对肉身欲望的无尽追逐;而要对抗身体的意见,使意气主导的竞争指向高贵的行动,就需要通过教育在灵魂中建立起正确的信念,因而必然要依赖说服。而在后一种模式中就不同了。由于"回忆"的发生,灵魂从意气的逻辑转变为爱欲的逻辑:灵魂并非要在任何一种竞赛中获胜,而是寻求最大最真实的满足。在这一模式中,驾车人是沉默的,因为他沉浸在回忆带来的神秘经验之中,全然不理会黑马的聒噪;而黑马的"道德义愤",正是败坏的意气孤注一掷的反抗。它还在试图说服灵魂,但驾车人主导下的灵魂已经彻底抛开了意气的竞争性的视野,专注于自身的内在体验。这时,我们甚至不能说驾车人"统治"或"主宰"了黑马,因为驾车人根本就没有在进行思考,遑论通过思考来安排灵魂的秩序、警惕和反抗黑马的主张。换句话说,回忆时刻的灵魂冲突并未反映出一种灵魂的"政体"秩序,而是反映出来自灵魂

① 《理想国》440a - b。

② 《理想国》442c - d,参 432a。

③ 《理想国》443d4 - 5。

④ 参 Ferrari 1987,186。

本性的自然力量的苏醒与释放在灵魂中造成的剧烈动荡。①

3. 哲学作为一种人类生活

在《斐德若》的论述中,哲学是同爱欲的疯狂紧密联系在一起的。如果柏拉图在这篇对话中认为神圣的疯狂与属人的审慎对立,这是否意味着这篇对话中的哲学,也不再是一种以理性为特征的生活方式? 换句话说,哲学与爱欲和疯狂的这一联系有可能挑战了柏拉图作为伦理学的理性主义者这一哲学史的既定形象。纳斯鲍姆在她的《善的脆弱性》一书中就主张,柏拉图的理性主义者形象需要接受关键性的修正。按照她对柏拉图作品的解读,《理想国》等对话的确传达了柏拉图的理性主义主张,但《斐德若》则表达了柏拉图对《理想国》等对话所蕴含的主张的反思。② 在这篇对话中,柏拉图不再独尊理性,而是赋予非理性因素——在这里是个体的爱和激情——以内在的价值。这一立场的改变最显著地体现在《斐德若》将哲学理解为一种神圣的疯狂。③

如果纳斯鲍姆的解读是正确的,那么的确如罗威(C. J. Rowe)所言,不仅将更新我们对《斐德若》的理解,而且将彻底改变我们对柏拉图的整体理解。④ 不仅如此,纳斯鲍姆对柏拉图对话的解读是她对古希腊伦理思

---

① 《斐德若》对回忆时刻灵魂内在冲突的刻画同苏格拉底之前对爱欲经验的描述相互呼应。尽管驾车人的行动主宰了灵魂,使灵魂放弃追求性的快感,但这样一个灵魂仍然屈从于某种快乐与痛苦的复杂情感(251a—252a)。哈克福斯敏锐地观察到,灵魂的这样一种状态,与其说是自我克制,不如说是自我放纵,是对自我最深刻的满足,见 Hackforth 1952,98;107。哈克福斯的观察实际上重复了尼采的洞见。尼采认为,哲学家的禁欲主义(Asketismus)来自哲学家在精神中创造、孕育的本能:

[哲学家这样做]不是出于美德,出于一个可嘉的要求俭约和质朴的意志,而是因为他们至高的主人这样要求他们,要求得聪明且不留情面:主人的感受只专注于一点,只是为了它而集中一切,把时间、力量、爱、兴趣都腾出来给它。……这里无关乎出于禁欲主义的顾虑与对感官的憎恨的那种贞洁,就跟一个运动员或赛马师避开妇人时一样:有此意愿的,毋宁是他们的主导本能,至少是为了那个伟大的孕育期。……为了有利于生成中的作品,力量、生命的活力的一切储备和补充不顾一切地动用起来:较大的力量于是耗用了较小的力量。(《论道德的谱系》,"苦修理想意味着什么"第8节,赵千帆译文)

② 《会饮》同样赞美了哲学爱欲,但按照纳斯鲍姆的解读,《会饮》中苏格拉底转述第俄提玛的爱欲论,同《理想国》一样,都表达了中期柏拉图的理性主义伦理学:尽管"爱的阶梯"开始于对个别身体的欲望,但在哲学上升的最高阶段,灵魂将达到一种对美本身的静观。这暗示了哲学生活的核心在于冷静的沉思,而非某种激情主宰的疯狂。我们并不完全认同纳斯鲍姆对《会饮》的解读。但在上述意义上,我们承认《会饮》并没有像《斐德若》那样,构成了对《理想国》论述的挑战。

③ Nussbaum,1986,200—202.

④ Rowe 1990,230.

想的整体解读的重要组成部分,而她对古希腊伦理思想的整体解读受到尼采-威廉斯(B. A. O. Williams)一脉思想的启发,旨在反思当代占主导地位的康德式道德哲学。① 因此,她对《斐德若》的解读可谓牵一发而动全身。在本节中,我们将围绕哲学是否是一种神圣的疯狂这一问题,检验纳斯鲍姆的经典解读。

纳斯鲍姆认为,《理想国》建立了这样一种观点:灵魂中理性对于非理性因素的统治,是通往美好生活(她称之为“属人的善”)的必由之路;而包括欲望、情绪在内的非理性因素,则是一种障碍。她还将这一观点归于《斐德若》的前两篇演说词,从而得出以下结论:《斐德若》第三篇演说词对前两篇演说词观点的修正,正是柏拉图对《理想国》等对话所表达的观点的修正。② 纳斯鲍姆从三个方面阐述了《斐德若》对《理想国》观点的修正:(1)非理智因素(the non-intellectual elements)是灵魂动力(motivational energy)的必需来源;(2)非理智因素在我们渴望理解(真理)时扮演了重要的向导角色;(3)激情(passion)及由激情所鼓舞的行动是人类生活中具有内在价值的最好的部分。③

罗威已经令人信服地表明,《斐德若》的相关文本并不能完全支持纳斯鲍姆围绕上述三个方面的阐述。④ 我们不再重复这一工作。正如罗威指出,纳斯鲍姆的阐释的一个主要问题,是夸大了灵魂马车中的马在论述中的价值,而没有充分重视以下事实:在苏格拉底的论述中,最好的人类生活得以建立的前提,恰恰是灵魂马车的驾车人战胜并驯服了两匹马,尤其是黑马所代表的那种激情。⑤ 然而,正如罗威自己意识到的,灵魂的激情等非理智

---

① 纳斯鲍姆的看法并不同于尼采-威廉斯的看法。后者认为希腊哲学伦理学是过分乐观的理性主义,相信理性能够降伏人类经验中的不确定性,而纳斯鲍姆则认为(就她在《善的脆弱性》一书的观点而言),希腊哲学伦理学,尤其是亚里士多德所采取的形态,能够充分重视和理解人类生活固有的不确定性和“脆弱性”。见 Nussbaum 1986,17。尽管如此,纳斯鲍姆承认并且自觉继承了威廉斯的洞察。纳斯鲍姆对威廉斯思想的讨论,见 Nussbaum,1995。

② Nussbaum 1986,201—203.

③ Nussbaum 1986,214—221.

④ Rowe 1990,230—241.

⑤ 按照《理想国》第十卷的说法,灵魂中的非理性部分并非灵魂的本质成分(611a - 612a);而按照《斐德若》的说法,即使是诸神的灵魂,也不仅包含驾车人,还包含两匹马;人类灵魂还在天上的时候亦然(246a - b)。纳斯鲍姆认为这一差别体现了《斐德若》对灵魂中非理性成分的重新估价:它们所代表的激情不再为最好的灵魂所排斥。见 Nussbaum 1986,222—223。罗威反对纳斯鲍姆的解读,认为两匹马与驾车人不可分割,仅仅意味着非理性成分必然伴随人类灵魂,而不意味着最完满的人性需要非理性成分。我们认为,罗威的解释对人类灵魂来说是成立的,但的确难以解释神灵魂中的马。不过,这并不意味着纳斯鲍姆的解释才是对的。实际上,两匹马在首要的意义上并非内在冲突中的非理性成分,而是用来解释《斐德若》宇宙论视野下灵魂对身体的推动,见樊黎,2019a。

因素,并不局限在灵魂马车的两匹马身上;《斐德若》恰恰表明,灵魂马车的驾车人,也就是灵魂中的理智,同样分享了欲望和感受等激情:当灵魂尚在天界时,驾车人欲求观瞻真理(248b5－c1);不仅如此,当灵魂落入尘世之后,驾车人会被身体的美所吸引,或者按照苏格拉底的说法,"被渴望所刺激"(253e6－254a1)。而当驾车人通过身体之美回忆起真实的美,它会感到敬与畏(254b7－8)。

　　不过,灵魂的理性部分具有属于这一部分的欲望和激情,这并非《斐德若》的独创。我们在《理想国》中已经看到,灵魂的三种成分是三种不同欲望的主体,因而这三个部分都有一个带有前缀φιλο-的名称:嗜欲部分具有对物质利益的欲望,因而被称为"爱利"(φιλοκερδές)的部分;意气部分具有对荣誉和胜利的欲望,因而被称为"爱荣誉"(φιλότιμον)或"爱胜利"(φιλόνικον)的部分;理性部分具有对真理或智慧的欲望,因而被称为"爱智慧"(φιλόσοφον)的部分,即哲学部分(580d－581c)。《斐德若》的独特之处在于,将理性的爱欲同疯狂联系起来。纳斯鲍姆认为,在《斐德若》之前的对话中,疯狂完全是负面的。疯狂的人被描述为这样一种人:

　　　　疯狂的人被这样一些内在力量所支配,这些力量至少在某些时刻遮挡或改变了纯粹理智的计算和评价。疯狂带来的洞察,不是通过谋虑部分(the *logistikon*)的度量、计算和估计,而是通过一些非推论性的(non-discursive)过程来达到的。行为者的意识不能完全把握(less perfectly transparent to the awareness of the agent),可能也难以控制(more difficult to control)这些过程。①

　　通过上一节的分析我们发现,《斐德若》对灵魂的哲学爱欲的描述同样具备上述特征。就连罗威也不得不承认,即便纳斯鲍姆的解读错误地夸大了灵魂中非理性成分的价值,但哲学家的灵魂在某种意义上仍然是疯狂的。《理想国》的灵魂论述中则似乎找不到这种痕迹:灵魂的三种成分各司其职;理性部分的职责在于通过审慎的考虑来领导灵魂(439d);而《斐德若》当中灵魂马车的驾车人并不是通过深思熟虑来领导灵魂的。驾车人对整个灵魂的主导并非主动地谋划,而是被动地、不由自主地反应,并且伴随着灵魂的剧烈动荡。纳斯鲍姆的解读尽管存在细节上的瑕疵,但却敏锐地抓住了《斐德若》灵魂论述的这一特征。

---

① 　Nussbaum 1986,204.

　　如果《理想国》和《斐德若》在谈论灵魂内部各成分之间的关系时差异如此之大，那么这是否意味着这两篇对话对最好的人类灵魂是什么样的有不同的看法？换言之，《斐德若》是否主张哲学是一种神圣的疯狂？从而提出了一种与《理想国》所论述的哲学生活——建立在以理性统治为特征的灵魂"政体"（πολιτεία，591e）之上的生活方式——不同的对哲学的理解？要回答上述问题，我们必须首先理解，《理想国》论述的灵魂内部的理性秩序，或灵魂的"政体"，其实质意涵是什么。

　　在《理想国》中，灵魂"政体"的建立被比作城邦政体的建立。要建立最好的城邦政体，需要哲学家放弃自由探索真理的私人的生活，回到城邦去承担统治的重任（519c‐d）。哲学家‐王并不把统治城邦当作一件美好的事（καλόν τι），而只是不得已（ἀναγκαῖον）而为之（540b3）。这是因为，哲学家‐王的统治是为了一个外在的政治目的——城邦的善或优良治理——而产生的一种必需，而非源于内在的动力和天性：他的天性是让它倾向于哲学生活的（517c‐d）。因此，要促成他去统治需要某种强迫：在谈到哲学家去统治的时候，苏格拉底反复强调，接受了完整哲学教育的哲学家将不情愿"回到洞穴"去统治城邦。为此，"我们"作为建城者必须强迫这些哲学家去统治（519b‐d，参见499b5，c7）。① 这就是说，哲学家的天性与美好城邦的政治统治之间，存在着根深蒂固的冲突。

　　那么，这对《理想国》的灵魂论述有何意义呢？首先，我们必须意识到，尽管苏格拉底用"回到洞穴"来比喻哲学家接受统治城邦的职责（519d），但

---

　　① 哲学家所遭受的"强迫"是什么性质的，在多大程度上表明哲学家去统治城邦牺牲了个人的幸福（这也是格劳孔的担忧，见519d），在学界引起了广泛的争论。诚然，哲学家受到的这种强迫，并非暴力强迫，而是一种说服性质的强迫（Burnyeat 1985，比较 Strauss 1964，124），但劝说这一形式是否改变了强迫的本质，也就是说，是否改变了下面这一情况：哲学家去过哲学生活，而不是去统治城邦，才是对他自己而言更好的、更幸福的选择？对这一问题的回答众说纷纭。一派学者认为，哲学家被说服去统治，就意味着统治的生活以某种方式是最好的选择（Demos 1964，395—398，Kraut 1973，339—341，Andrew 1983，510—535，Irwin 1995，298—317，Kraut 1999，242—249 等），而另一派学者则主张，哲学家去统治城邦对城邦是最好的，但对哲学家自己则不然（Foster 1936，301—308，Adkins 1960，290—292，Aronson 1972，393—396 等）。显然后者更加符合文本。实际上，这是对相关文本的自然解读，而第一种观点则需要更加迂曲的阐释。之所以要用一个迂曲的阐释来代替自然的解读，也并不是没有原因的。因为自然的解读意味着城邦的利益和哲学家的利益之间的冲突，或者说正义同幸福之间的冲突，这种色拉叙马霍斯式的观点同《理想国》的核心论证不一致。相关的还有一种更加迂曲的解读，在城邦的利益和哲学家个人的幸福之外引入第三种动机，这种动机或者被称为"扩大的利益"（extended interest）（Kraut 1973），或者被称为"无限制的善"（the good *simpliciter*）（Annas 1981，White 1986），或者被称为"实践必然性"（practical necessity）（Caluori 2011）。这无非是把正义与幸福的冲突换了一个说法，变成了一种超出个人视角的善与个人视角下的善之间的冲突（Brown 2000，2）。关于相关的讨论梳理，参李猛，2015，樊黎，2019b。

洞穴比喻的主旨是解释我们的天性"受到教育"（παιδεία）和"未受教育"（ἀπαιδευσία）的情形（514a1‑2）。联系苏格拉底在517b的解释——洞穴内外同太阳比喻和线段比喻的对应——上文所谓的"教育"意味着灵魂从存在的阴影，即可见的世界（τόπος ὁρατός），上升到真实存在，即可理解的世界（τόπος νοητός）。而教育的主体，那个被解放，并逐渐向上攀登，最终出离洞穴的自由囚徒，正是灵魂（517b5）。在存在的意义上，上述教育是唯一真正的教育，因为这种教育是把灵魂自身一直秉有的理智，从无用变为有用，从而使灵魂真正进入到它所归属的存在秩序中去；[①]而第二卷到第三卷的护卫者教育，现在看来不过是通过习惯和训练，把原先不存在于灵魂里的美德灌注到灵魂里去，而被灌注进灵魂的美德从根本上说是同身体相近的，不是灵魂本性中的东西（518d‑519a）。因此，从存在的意义上讲，哲学家的天性同"洞穴"之中的政治统治之间的冲突，是灵魂的存在性质同身体所在的这个可见世界的存在性质之间的冲突。这一冲突意味着，作为《理想国》的灵魂分析之基础的灵魂‑城邦类比（368b‑369d）面临根本性的困难：灵魂和城邦在存在等级上是不同的。与城邦相比，灵魂的存在等级更高；它按照天性属于洞穴之外的天地（这也就是哲学家"不情愿"去统治的形而上学意涵），而城邦的世界则是洞穴之内的阴影。[②] 正因如此，苏格拉底才会在第四卷的灵魂分析之前告诫他的对话者，目前的分析方法（即灵魂同城邦的类比）难以准确地把握它要分析的对象；准确地把握灵魂的性质需要踏上一条"更漫长的道路"（435d）。而苏格拉底在504b开始踏上的这条"更漫长的道路"，正是以"善的样式"（ἡ τοῦ ἀγαθοῦ ἰδέα）为顶点的关于存在秩序的三个"比喻"。只有通过对真实存在和超越真实存在的"善"的考察，才能揭示灵魂的本性。

　　然而，对灵魂本性的揭示带来了这样的困难：如果灵魂依其本性归属于理智世界，但在活着的人身上又必定生活在可见的世界，那么一种符合灵魂

---

　　①　在《理想国》第七卷，这一灵魂向着存在的上升是经由一系列抽象学科对理智的训练达到的（522e‑534e）。与之相对照，《会饮》呈现了一种经由周围世界的具体事物，通过爱欲的净化逐渐上升把握存在的路径。这一差别尽管十分值得探讨，但并非我们此刻关心的。因为我们关心的问题，并非在柏拉图看来是否存在两种不同的把握真实存在的路径，而是在他看来那些把握了真实存在（或致力于把握真实存在）的灵魂将把人生安排成什么样子。换句话说，我们关心的不是一个认识论问题，而是伦理学问题。就后者而言，尽管从算数到辩证法的训练是对人类理性能力的真正解放，但哲学家的生活秩序却并非由这一把握最高存在的努力建构起来。哲学家的生活秩序，是把握最高存在的灵魂反过来"统治"身体的可见世界的结果（参520c‑d）。

　　②　参李猛2015，页175，页174注4。李猛尤其指出，这一困难的性质不像伯尼耶特理解的那样，是经验‑历史层面的（Burnyeat 1992, 297），而是形而上学层面的。

本性的人的生活是如何可能的？这一形而上学层面的问题在政治层面就对应着《理想国》文本关注的下述问题：天性更适合优游于洞穴之外的哲学家回到洞穴去统治城邦是如何可能的？或者反过来说，所谓的哲学家回返洞穴的问题，其实质是灵魂在身体和可见世界中的生活问题。只有这样，我们才能理解苏格拉底对格劳孔的回答（519d ff.）。格劳孔问苏格拉底，强迫哲学家去统治城邦，是否是迫使他们过一种较低的生活（519d8－9）？苏格拉底的回答耐人寻味。苏格拉底并没有否认哲学家去统治城邦是一种相对于哲学的生活而言较低的生活，而是诉诸美好城邦立法的本意：立法旨在促进城邦整体的善，而非其中某一部分的善（519e－520a）。实际上，通过之前的分析我们可以看到，苏格拉底在最终的答复中从未论证过统治城邦比不去统治对哲学家更好。如果照格劳孔的问题衡量，苏格拉底的回答可谓顾左右而言他。然而，苏格拉底的回答隐含了格劳孔在此刻遗忘的重要前提：城邦是个人灵魂的隐喻。只要一个灵魂还是人的灵魂，其中的理智就不可能脱离较低的、陷入身体与可见世界的成分独自呈现出灵魂的存在本性（参611b－612a）。因此，放在城邦-灵魂的视野下，格劳孔的问题是无意义的。他相当于在问：为什么不让理智单独追求符合其本性的善？答案是根本没有这样一种人生选择。《理想国》所探讨的一切，都围绕着人——一个兼有灵魂与身体、活在自然的可见世界的存在者——的生活、关注的是人或人类灵魂的选择，而不是灵魂本身，或在其本性中的灵魂的选择。因此，苏格拉底提醒格劳孔，他们立法的本意在于城邦整体的善，实际上是在指出，我们在此讨论的并不是灵魂的本性和灵魂依其本性的善，而是人类灵魂和对人而言的善。苏格拉底和我们所关心的，不是福人岛上的彼岸幸福，而是人生在世的选择。

　　因此，哲学家返回洞穴所接受的那种强迫，是人类灵魂的必然处境——本性归属于理智世界但陷于可见世界——所施加的强迫。①而灵魂中的"政体"，正是这种强迫的后果：灵魂带着理智世界的秩序进入可见世界，在其中建立起个人生活的内在秩序，在身体中尽可能地以符合灵魂自身本性的方式存在。这就意味着在存在等级上较高的理性需要与存在等级较低的部分共同存在，建构起一个稳定的内在秩序，使较低的部分不至于搅扰甚至颠覆较高的天性。正如美好城邦的政体需要哲学家从洞穴之外返回洞穴的阴影之中，美好灵魂的政体也需要理智从理智世界下降到可见世界，下降到人的生活当中。

---

　　① 李猛2015，180—181。

　　由此可见,灵魂的"政体"的建立意味着灵魂在存在意义上的下降。但灵魂的下降换来的是人类生活在存在意义上的提升。哲学家灵魂中的这个"政体",让人类生活同彼岸的真实存在建立了正面的联系。在这个意义上,哲学不仅意味着探索真理的认知活动,而且首先意味着一种本真的生存:由灵魂建立的整个生活秩序让灵魂保全了它的本性,从而接近真实存在。作为一种灵魂"政体"和生活方式的哲学是作为一种追求和把握真理的认知活动的哲学的前提,因为只有稳定的灵魂"政体"才能够让理智尽量摆脱它不得不寓于其中的可见世界的干扰,从而由后者那里"转过身来"(περιαγωγή),面对真实的存在。①

　　对比《斐德若》和《理想国》的灵魂论述,我们首先便能发现如下不同。《理想国》对灵魂之内理性-意气-欲望之间关系的论述是结构性的,关注的是三种成分之间持久、稳定的内在秩序,即灵魂内部的"政体";而《斐德若》对驾车人及两匹马之间的互动的描述,则是在时间中展开的叙述。二者不能直接加以比较,而是需要通过分析后者找到它同前者相对应的层次。驾车人同两匹马之间的互动,可以区分出前后相继的两个不同场景(253e-254b以及254b-e),二者以灵魂对真实之美的"回忆"时刻为分界(254b5-7),分别对应着爱者接近被爱者的不同程度:当爱者刚见到被爱者,被后者的美所吸引的时候,同他更加接近被爱者,后者的美引发他的回忆的时候,灵魂中的三种成分之间的互动是以不同方式进行的。在前一阶段中,驾车人和白马由于羞耻感和对违背礼法的道德义愤而抗拒黑马的怂恿(254a7-

---

　　① 晚近学者中,阿多(Pierre Hadot)对哲学不仅是一种思考方式和理论活动,而且是一种生活方式这一命题进行了有力的申说。在阿多看来,哲学作为一种生活方式的实质意涵在于,哲学生活的核心内容是对自身精神领域的持续操练,以达到精神的提升和主体的自我转化(Hadot 1987,Hadot 1995)。福柯(Michel Foucault)的晚期研究深受阿多的启发。在"主体解释学"(l'herméneutique de soi)讲座、《性经验史》(Histoire de la sexualité)第二、三卷等著作中,福柯使用"自我照料"(souci de soi)、"自我技术"(technologie de soi)等表达来称呼古代哲学的生活实践。借助阿多的研究,福柯认为古代哲学相对于现代哲学的特点是:(1)只有经过自我转化,主体才能够通达真理;(2)自我转化采取的两种形式是爱欲(ἔρως)和操练(ἄσκησις);(3)真理不仅是主体所把握的对象,而且是主体的生存状态。因而古代哲学关乎一种生活方式的整体改造,而不仅仅关乎认识活动。现代哲学将哲学窄化为认识活动,其源头在笛卡尔以"清楚明白"(l'évidence)作为通达真理的保证,不再需要主体的自我转化作为条件。通过福柯的研究,作为一种生活方式的古代哲学进入了英语学界的视野,既获得了一些学者的响应(如Nehamas 1999),也遭遇了一些批评,以Nussbaum 1994和Cooper 2013为代表。纳斯鲍姆认为,福柯没能重视哲学生活同其他类型的"自我技术"的关键区别:前者诉诸理性论证。库珀也主张,古代哲学的核心要素同样是论证与分析;哲学的生活方式以此区别于宗教的生活方式。在他看来阿多所谓的精神操练只不过是古代哲学在其最后阶段受到宗教"污染"的结果,并非古代哲学的普遍特征。按照库珀的观点,古代哲学作为一种生活方式的意涵,在于将理性作为生活的主导者,而非仅仅提供外在的指引。在我们看来,纳斯鲍姆和库珀对阿多-福柯一系的批评,没能看到哲学生活方式背后真正的形而上学问题。

b1)；而当它们不胜后者的滋扰，被迫同美少年更加接近，以至于美少年的美引发驾车人的回忆时，灵魂内部的互动才采取了我们在第一部分提到的那种被称为"神圣的疯狂"的形式：回忆引发了驾车人不由自主的反应，及其同黑马的暴力对抗。尽管这一阶段是《斐德若》所述爱欲经验的核心，但苏格拉底并没有声称，这一灵魂状态会一直持续下去。可以合理地推测，在黑马被驯化之后（254e8‐255a1），灵魂中三种成分的互动便不会再以上述方式进行了。在此之后，即使在同被爱者同寝时，爱者的黑马也是以更加温和的方式表达自己的诉求（255e‐256a）。实际上，以回忆为特征的爱欲经验的核心部分，仅仅是苏格拉底讲述中的一个环节。如果我们留意苏格拉底的叙述策略就会发现，对灵魂内部冲突的描述，是一种"倒叙"：这一描述从属于对美少年被爱者所"俘获"（ἁλίσκεται）的经历的描述（253c6），而之所以描述美少年被爱者"俘获"，是因为只有当爱者"俘获"美少年之后，这一对爱侣才能够进入苏格拉底在 252c‐253c 所描述的那种生活——爱者借助回忆尽可能地模仿他的灵魂曾追随的神，并引导被他"俘获"的美少年模仿他们的神。只有这样，苏格拉底说，这对爱侣才能够在爱欲关系中获得幸福。简而言之，苏格拉底首先展现了由回忆带来的爱欲生活的基本样式，然后才回头描述灵魂在回忆的时刻所经历的内部冲突及其解决。如果我们要在《斐德若》一系列论述中找到一个同《理想国》的灵魂"政体"相应的论述，那么这一论述的对象，应当是那个过着据说最幸福的那种爱欲生活的灵魂当中持久稳定的内在秩序，而不是在回忆时刻灵魂内部的剧烈动荡。

由此可见，尽管灵魂在回忆时刻的剧烈动荡是苏格拉底描述的神圣疯狂的核心，但却并不是《斐德若》故事的全部。神圣的疯狂固然让灵魂重新瞥见了真实存在，但爱者和被爱者并不是要将余生都投入到这种疯狂当中（256a7‐b7）：

> 如果他俩的心思中较好的东西获胜，引导他们走向合序的生活方式和哲学（τεταγμένην τε δίαιταν καὶ φιλοσοφίαν），那么他们在这世上就会过上幸福而又和谐的生活，主宰自己（ἐγκρατεῖς αὑτῶν），井然有序（κόσμιοι），让灵魂中滋生劣性的那部分为奴，给灵魂中滋生德性的那部分以自由。这样的话，当生命终了时，由于爱者和被爱者的灵魂已经长出羽翼，变得一身轻盈，他们已然赢得真正的奥林匹克竞赛中三场摔跤的一场。属人的审慎也好，神圣的疯狂也罢，能带给人的都比不上这善。

　　爱欲这第四种神圣的疯狂能够带来的最大的善，是通过过一种"合序的生活方式和哲学"使灵魂在此生的终点长出羽翼（比较 249a1－2 的表述"诚实无欺地过哲学生活，或将爱恋男孩同哲学结合在一起"）。"真正的奥林匹克竞赛"不是同别人的竞赛，而是自己同自己的较量；更确切地说，是灵魂中较高的部分同较低的部分之间的较量。苏格拉底生动地描述了，美引起的回忆让灵魂中较高的部分（驾车人）赢得了这场较量的第一回合（254b－e）。但单单一回合的胜利对哲学生活来说是不够的。按照苏格拉底的说法，灵魂在同美的遭遇中开始了羽翼的萌发（251b－c）；但是，此时萌发出的胚芽（βλάστη）并非真正的羽翼；萌发羽翼的通道可能干涸，胚芽可能被窒息（251d）。由于人类处境所施加的必然限制，回忆起真实的美的灵魂部分必须同较低的部分绑在一起，在这一生中不断接受后者带来的考验（255e－256a；256c）。因此，只有在这一生结束之后，如果灵魂中较高的部分能够将它在第一回合中的胜利转化为一种持久的秩序，令灵魂建立起一种"合序的生活方式"（τεταγμένην δίαιταν）也就是哲学的生活方式的时候，灵魂才能够真正长出羽翼。苏格拉底说，在哲学的生活方式中，爱者和被爱者解放了灵魂中产生美德的部分，奴役产生劣性的部分。这里的美德显然指的是真正意义上的美德，即灵魂紧靠真实存在所诞育出的那种美德，[①]而与之相对的劣性（κακία），则会使灵魂转向存在的阴影。换句话说，哲学生活成全了归属于真实存在的灵魂本性，让体现了这一本性的成分，即理智，统治了灵魂的其他部分。正是在这个意义上，灵魂"主宰自己"、"井然有序"。相反，如果灵魂不能把回忆时刻里理智的胜利转化为稳定的内在秩序，那么灵魂中本该被奴役的成分就会在没有防备的时候篡夺了灵魂的统治权（256c）。这样的灵魂，尽管同样有幸在回忆时刻瞥见了真实存在，[②]但却不能赢得神圣的疯狂所能带来的最大的善。

　　可以看到，《斐德若》同《理想国》一样，主张人所能过的最好的生活——哲学生活——取决于最好的灵魂秩序的建立和维持，而不仅仅取决于灵魂在回忆时刻同真实存在的接触，哪怕这种接触在灵魂中引发了被称为神圣疯狂的高峰体验。在这个层面上，《理想国》与《斐德若》并无冲突。那么，灵

---

　　①　参《会饮》212a5。

　　②　苏格拉底在描述这种次好的生活方式的时候，称以这种生活方式过完一生的灵魂没有长出羽翼，但却保留了长出羽翼的冲动（ὡρμηκότες δὲ πτεροῦσθαι，256d4）。这只能解释为，过这样一种生活方式的灵魂同样经历过美引起的回忆。Rowe 的注疏中正确地推测，这一长出羽翼的冲动必然是由于瞥见过更高的存在，但他并没有意识到回忆的高峰体验同一种稳定的生活方式之间的区别，因而把次好的生活方式理解为回忆间歇的偶尔放纵，见 Rowe 1986,190。

魂"政体"的建立和维持，同回忆时刻的灵魂动荡，二者构成什么样的关系呢？对照《理想国》的相关论述，对回答上述问题同样是有益的。我们已经看到，走出洞穴的哲学家要回到洞穴，必须接受一种强迫；而较少为人注意的是，这位曾经的囚徒向上攀登、走出洞穴的过程中，苏格拉底的描述同样强调了囚徒的不由自主：囚徒并不是自己有意识地挣脱锁链，而是由于某种机缘($φύσει … συμβαίνοι$)被解除捆绑($λυθείη$)、被强迫($ἀναγκάζοιτο$)站起来（515c5–6）；某个人逼迫($ἀναγκάζοι$)他回答眼前的东西是什么（515d5）、逼迫($ἀναγκάζοι$)他观看光亮（515e1）；强行拖着他($ἕλκοι τις αὐτὸν βίᾳ$)向上（515e6），拉扯他($ἐξελκύσειεν$)直到出离洞穴（515e8）。[①] 洞穴中的灵魂需要被强迫向着真实存在的上升，是因为它必须改变昏暗阴影下的生活所造成的习惯，学着适应光明（518a–b）。而《斐德若》中的驾车人从意见的世界进入回忆所展开的存在视野，也必定要经受这一视野的突然降临带来的震撼和逼迫。因此，在《斐德若》对回忆时刻的描述中，灵魂马车的驾车人同被迫转身的囚徒一样，处在不由自主的状态下。[②] 理智在回忆时刻的不由自主，和建立灵魂秩序时的"自我主宰"($ἐγκρατεῖς αὑτῶν$)，正是灵魂"上升"与"下降"时的写照。

　　如果上述解释能够成立的话，纳斯鲍姆对《斐德若》的解读就不能成立。《斐德若》并没有改变《理想国》的立场，而是在不同层面上补充了《理想国》的论述。二者论述的差别在于：《理想国》当中的理性主义，是灵魂下降至"洞穴"即自然世界后建立起的生活方式；而《斐德若》描述的回忆时刻的疯狂，则是灵魂上升接触真实存在的瞬间"出神"。然而，人作为自然秩序的一部分，从他的存在处境出发，必须将灵魂的出神转化为一种人世的生活方式，即哲学生活，对欲望进行严格而持续的节制。因此，《斐德若》对爱欲这一神圣疯狂的赞美并没有改变柏拉图的下述看法：哲学生活建基于一种由理性安排的稳定有序的内在秩序，表现为一种苦行的生活方式（在苦行[$ἄσκησις$]一词的希腊意涵上）。简而言之，在《斐德若》的论述中，哲学生活源于神圣疯狂，但并不等于神圣疯狂。

――――――――――――

　　① 苏格拉底其后论述的一系列哲学教育，呼应了自由囚徒所遭受的强迫：从最初的算数、几何，再到后来的天文、乐理，都是要逼迫灵魂从可见世界转向真实的存在（$ἀναγκάζει$，525d6，$ἀναγκάζον$，526b2，$ἀναγκάζει$，525e2，$ἀναγκάζει$，526e6，$ἀναγκάζει$，529a1）。参李猛 2015，页 178—180，Barney 2008，360—362。

　　② Barney 2008，368—371. Barney 认为自由囚徒被强迫向上的描述，可以有三种理解：哲学教育强迫灵魂转向理智对象，苏格拉底通过同对话者的辩驳强迫他们看到意见世界的虚妄、哲学爱欲对灵魂施加的强迫。

4. "变得像神"：哲学生活的神性维度

按照《斐德若》的说法，人类灵魂所能获得的最大的善，是在生命终了、离开身体的时候，长出羽翼；而这需要人类灵魂在这一生中过哲学生活（256a‑b）。爱欲这种神圣的疯狂之所以值得赞美，就在于它能帮助人过上哲学生活，从而使人类灵魂获得它所能获得的最大的善。苏格拉底的论述精确区分了灵魂在回忆时刻体验到的剧烈动荡，以及理智在内部冲突中获胜之后建立起的秩序。换句话说，苏格拉底区分了神圣的疯狂和哲学生活。前者是灵魂向上接触到真实存在的状态，后者则是灵魂下降进入可见世界所建立的属人的生活。在哲学生活中，灵魂不再以疯狂的面目出现，而是建立起理性的统治秩序。因此有学者主张，疯狂（哪怕是神圣的疯狂）只是哲学生活的前奏；哲学生活本身并不包含疯狂的因素在内。[1] 我们在本书最后一节的任务，就是试图理解柏拉图对哲学生活的看法，阐明其中的神性维度。

不过，由于《斐德若》的论述中神圣疯狂是明线，而哲学生活只是暗线，因此要把握这篇对话对后者的论述，并不容易。这种生活的样式，是由爱者的灵魂曾经跟随的神所决定的（252c3‑e1）：

> 若这被[爱欲]攫住的人从前是宙斯的随从之一，他就能够用以翅膀命名的东西驮起更重的负担；倘若他们曾是战神的随从，曾跟随战神在天上周行，一旦被爱欲俘虏，以为自己所爱的人对待自己不公正，便起了杀念，不惜献祭自己和所爱的人。就这样，曾经在神的歌队中的每个人，都按照各自的神的样子来生活，敬拜自己的那个神，尽自己所能模仿这神（μιμούμενος εἰς τὸ δυνατὸν）……他与自己所爱的人以及其他所有人也如此往来，如此对待他们。所以，每个人都按自己的性情从美人当中挑出自己的所爱，仿佛他就是自己的神，把它当作神像来塑造、打扮，用来尊敬和崇拜。

爱者不仅天性就具有他的灵魂曾追随的神的特征，而且还需要进一步借助回忆尽可能地模仿这位神，并引导被他"俘获"的美少年模仿他们的神

---

① 　Rowe 1990,238.

(253a2 - b7)：

　　　凭靠回忆拽住这神并被这神附体之后，他们从神那儿拿来他的习性和生活方式（τὰ ἔθη καὶ τὰ ἐπιτηδεύματα），尽一个凡人所能分有神（καθ᾽ ὅσον δυνατὸν θεοῦ ἀνθρώπῳ μετασχεῖν）。由于把这些事情都归因于自己所爱的人，他们爱他也就爱得更深了。如果他们从宙斯那里取一瓢水，有如那些个酒神信徒一样，他们把这水浇灌到所爱的人的灵魂中去，使他由此尽可能地像他们的神。再说那些跟随赫拉的人，他们要寻找的是帝王的秉性，要是找到了，就千方百计为他做同样的事。阿波罗以及其他神们的随从都跟着各自的神，按这个神的天性去追求自己所爱的少年。一旦得到这样一个少年，他们自己就摹仿神，尽自己所能说服、规训所爱的少年，引导他在生活方式和形象方面都与那神相似。

哲学的生活方式属于追随宙斯的灵魂（252e3）。同其他类型的生活方式一样，这一生活方式的基本形态是对神的模仿，目的是尽可能地变得像神。显然，《斐德若》所描述的哲学生活，就是古代柏拉图主义哲学传统中"变得像神"（ὁμοίωσις θεῷ）这一伦理观念的典型范例。在本节中，我们将借助对这一典型的柏拉图主义观念的考察澄清《斐德若》的论述。

　　"变得像神"这一观念在古代柏拉图传统中具有相当核心的地位。公元二世纪的中期柏拉图主义者阿尔吉努斯（Alcinous）著有《柏拉图学说指南》一书（以下称为《指南》）。作为柏拉图主义哲学的教学手册，这本书是我们了解柏拉图主义传统的重要文献。[①]　在这部著作的第二十八章，我们读到（181. 19—26）：

　　　他[指柏拉图]提出（人的）目的（τέλος）是"尽可能变得像神"（ὁμοίωσιν θεῷ κατὰ τὸ δυνατόν）。他用各种方式去描述它。他有时候说"变得像神"是做一个明智、正义和虔诚的人，正如在《泰阿泰德》（176a - b）所描述的："由于这个原因，人应该努力尽快从这个世界逃到那个世界。这逃离就是尽可能变得像神；变得像神就是带着明智成为正义和虔诚的人。"他有时候又说这仅仅在于成为一个正义的人，正如

---

　　① 《柏拉图学说指南》希腊文本采用 Whittaker 编订的 *Alcinoos：Enseignement des Doctrines de Platon* (Paris：Les Belles Lettres,1990)。

在《理想国》最后一卷（613a）描述的："这样的人是不会受到诸神漠视的，他乐意并渴望变得正义，并会经由美德的实践尽人类之可能去变得像神。"他在《斐多》（82a－b）中又说，变得像神等同于成为一个节制和正义的人，差不多是这样说的："难道最幸福、有福和前往最好地方的人，不就是那些实践了被称为审慎和正义的大众美德和城邦美德的人吗？"他有时候说人的目标是变得像神，但是有时候又说是追随神，比如当他说，"古人有云，那位神是始点和终点"（《法义》卷四，715e），等等；有时候又包含两者，比如当他说，"那追随神和使自己像神的灵魂"（《斐德若》248a），等等。①

同样地，普罗提诺在他讨论美德的论文中（《九章集》I. 2），也引用《泰阿泰德》的上述段落，将"变得像神"标举为人的伦理目的：

　　因为恶存在在这里，"必然盘桓在这个地方"，所以灵魂想要脱离恶，就必须逃离这里。那么，这逃离是什么呢？他［按：指柏拉图］主张那就是"变得像神"（θεῷ ὁμοιωθῆναι）。而假如我们"带着智慧变得正义和虔敬"，也就是说，一般而言具备美德，那件事就能发生。（I. 2. 1—5）②

上述《泰阿泰德》离题话和其中包含的"变得像神"的伦理观念在古代柏拉图传统中的显赫地位，同它们在现代柏拉图研究中的边缘位置形成了鲜明的对比。像塞德利生动地表达的那样，如果你问罗马帝国时期受过良好教育的公民，柏拉图哲学中人的目的是什么，那么他一定会回答你，是"尽可能变得像神"；相反，如果把同样的问题抛给现代柏拉图学者，则几乎没有人会这样回答。③ 同样观察到这一现象的安纳斯进一步指出，在古代伦理学的范围内，现代学者更加熟悉的是柏拉图主义的对手们——亚里士多德学派、廊下派与伊壁鸠鲁派——的观念："按照自然生活"意味着人的"目的"在于人的自然本性的成全。④

----

① 　何祥迪译文，参考梁中和的未刊译本。笔者有改动。

② 　《九章集》希腊文本采用 Thesaurus Linguae Graecae 的电子资源。中译文采石敏敏译本（中国社会科学出版社），有改动。

③ 　Sedley 1999,309. 之所以将时间确定在罗马帝国时期，而不是希腊化时期，是因为在柏拉图传统的早期阶段，即怀疑派的柏拉图主义那里，并未将"变得像神"树立为人的目的。只是在毕达哥拉斯主义的影响下，亚历山大里亚的柏拉图主义者（以欧多洛和斐洛为首）才采用了"变得像神"这一表述来表达柏拉图的伦理观念，并一直延续到其后的古代柏拉图传统。见 Dillon 1993,171—172。

④ 　Annas 1999,52—53.

人的目的究竟是人性的成全，还是离弃人性朝向神性，的确构成了某种伦理观念上的对抗。不过需要指出的是，这两种观念并非完全不兼容。"按照自然生活"同样可以被用来刻画柏拉图的伦理思想。实际上，古代流传的斯彪西波（Speusippus）对幸福的定义正是"事物按其自然的完满状态"；更不用说，柏拉图传统中像安条克（Antiochus of Ascalon）这样的人物认为柏拉图和亚里士多德具有根本上的一致性，主张人的目的在于"按照自然生活"，即按照人的自然本性生活。[1] 而人的目的在于人性的成全这一主张，也可以容纳"变得像神"的观念。亚里士多德的《尼各马可伦理学》即是一例。亚里士多德从对人之独特本性的把握推出属人的最高善或幸福的意涵，即合乎美德的活动（I. 7）；而在整个讨论的最后，他接续之前的思路，主张幸福是我们（人类）身上最好的部分的美德；这一最好的部分是我们身上神性的部分，因而幸福正是我们身上神性的部分的活动，换句话说，就是去过神性的生活（X. 7）。实际上，只要将人的本性中最好的部分理解为神性的，神性就能成为人性的一种可能；这种情况下，人性的成全不是别的，恰恰就是"变得像神"。[2]

那么，应当怎样理解这一人类生活的目的呢？无论是柏拉图对话，还是古代柏拉图主义的阐释，都明确地用美德的增进来解释"变得像神"。在《泰阿泰德》的上述段落里（176a5 - b2），"变得像神"被解释为"带着智慧变得正义和虔敬"；在《斐多》82a - b 处，"变得像神"则被解释为变得节制与正义；而在《理想国》第十卷 613a 处，"变得像神"径直被解释为变得正义（参上述《指南》引文）。在不同的文本中，多种美德名目被用来说明"变得像神"的观念。普罗提诺正确地看到：柏拉图的文本并未强调不同美德之间的差别，而是意在指明：变得像神就是变得有美德。

这看似是一种老生常谈，其实不然。在古代柏拉图主义传统中，通过增进美德而变得像神被理解为一种逃离（φυγή），即从善恶混杂的"这儿"逃到一个纯粹善的彼岸。上述《泰阿泰德》的"离题话"段落最能够体现这一"逃离"的观念，因而是柏拉图主义的阐释中最为倚重的文本。而这一观念的具体体现，就是"离题话"段落中的哲学家形象（173c9 - 174a2）：

> 这些人从小就不知道通往广场的道路，甚至不知道法院、议事会或者城邦的其他公共集会场地在哪里。至于说法律和政令，他们既没有

---

[1]   Dillon 1996, 72—73.

[2]   陈斯一 2019, 页 34—38。

听过这方面的言论也没有见过这方面的文字；朋党争相统治、社交、宴饮、找歌妓寻欢作乐，他们甚至在梦中也不会同这些行为沾边。在城邦里哪个人有好出身或者坏出身，哪个人从父系或者母系祖先那里继承了什么孽根，对于这些东西他们根本不去理会，就像常言说的，不管海里有多少升水。对于所有这些事情，他甚至不知道自己不知道，因为他不是为了赢得好名声而远离这些东西，实际上只有他的身体停留并且居住在城邦里，而他的思想把所有这些东西看作微不足道的东西，藐视它们；它在四面八方翱翔，就像品达说的，"下至大地，上达天穹"，俯测地理，仰观天文，探究每个存在的东西整体的全面本性，而从不屈尊关注近处的事物。①

在上述段落中可以辨别出一种相当强烈的思想倾向：哲学家毫不关心周围的世界，即城邦的、习俗的世界，而专注于某种遥远的、更高的事物，就像那个抬头看"天上的事物"却因此掉进坑里的泰勒斯一样（174a‐b）。这种"天上的事物"，被解释为（在真正意义上）存在的东西（τὰ ὄντα，174a1）。美德就是要从"这儿"逃离到真实存在那里，也就是从必然混杂着恶的"可朽者"的领域逃到一个纯粹善的"诸神的领域"。

这种美德观念显然不同寻常。按照通常的理解，美德是在同我们熟悉的周遭环境打交道这件事情上的优秀品质，比如公正地对待他人、祭祀诸神。换句话说，美德需要面对的正是"这儿"的善恶交织的环境；只有在这样一种善恶交织的环境当中，美德这个概念才是有意义的：正因为存在不好的欲望或者不正义的分配这些恶，才需要节制或者正义。如果变得有美德是变得像诸神一样的话，这种美德似乎很难在通常的意义上被理解。亚里士多德的看法很有代表性（《尼各马可伦理学》1178b10‐17）：

神被认为是最幸福的。但是，我们可以把哪种行动（πράξεις）归于他们呢？正义的行动？但是，说神也互相交易、还钱等等岂不荒唐？勇敢的——为高贵的缘故而经受恐惧与危险的行动？慷慨的行动？那么是对谁慷慨呢？而且，设想他们真的有货币等等东西就太可笑了。他们的节制的行动又是什么样呢？称赞神没有坏的欲望岂不是多此一举？②

---

① 詹文杰译文。有改动。
② 廖申白译文，有改动。参 Annas 1999,59—60。普罗提诺也有类似的说法，见《九章集》I. 2.1.10—21。

理解"逃离"世间的美德的一种常见方式，是将这种"逃离"理解为逃离行动（πρᾶξις[实践]），进入一种旁观的状态，即哲学沉思（θεωρία）当中去。按这样理解，"逃离"的美德就应被理解为沉思活动的美德。亚里士多德正是基于沉思[观看]和实践[行动]①的区分来理解神的美德的。在刚刚引用的那个著名段落中，亚里士多德得出的结论是："如果我们一条条地看，就可以看到一切有关行动的事情（πάντα… τὰ περὶ τὰς πράξεις）都显得渺小、配不上神。"（1178b16‑18）在亚里士多德看来，人类的幸福恰恰在于尽可能地去过一种神的生活，也就是哲学沉思，而不是去过一种人的生活，即实践的[行动的]生活（《尼各马可伦理学》X. 7）。相应地，亚里士多德区分了属于沉思者的分离的心智的美德（ἡ τοῦ νοῦ ἀρετή）和属于人的"混合本性"的实践美德（αἱ πρακτικαὶ ἀρεταί）——包括明智和伦理美德（X. 8）。当然，亚里士多德并没有直接引入"逃离"的观念，尽管他将人类幸福建立在沉思性的"神的生活"而非有关行动的"人的生活"之上的做法实际上蕴含了"逃离"的思想。我将这样一种理解逃离思想的模式称为"沉思-实践模式"。

这一模式不仅隐含在亚里士多德哲学中，而且构成了柏拉图主义传统（这一传统在很大程度上是柏拉图和亚里士多德的综合）当中理解"变得像神"观念的一种强有力的倾向。在阿尔吉努斯的《指南》第二章，作者区分了"沉思生活"（βίος θεωρητικός）和"实践生活"（βίος πρακτικός），主张"变得像神"在于过沉思生活。而在第二十八章，作者写道（182.3—8）：

> 我们能够变得像神，如果我们被赋予合适的天性（φύσει）；培育符合法律的习惯（ἔθεσι）、生活方式（ἀγωγῇ）和训练（ἀσκήσει）；最重要的是，通过道理和教导以及哲学传统（θεωρημάτων παραδόσει），远离绝大多数人的关切，并始终去跟可理解的东西保持紧密接触（εἶναι πρὸς τοῖς νοητοῖς）。

显然，这段话里同时出现了沉思的和实践的因素："符合法律的习惯、生活方式和训练"显然属于通常意义上的伦理行动；而"跟可理解的东西保持紧密接触"则体现为哲学沉思。但作者同时暗示，行动和沉思二者有明显的次第、高下。沉思高于行动。即使让人"变得像神"、逃离此岸（"疏远绝大多

---

① 在本节的讨论中，我们使用实践/行动（πρᾶξις, πράττειν）一词的日常含义，不去理会亚里士多德对这一概念的扩展。例如，亚里士多德在某些地方用"目的内在性"的标准重新定义了实践/行动，使得在日常语义中与行动对立的沉思/观看成为了在上述标准下最具实践性的活动，以至于哲学沉思成了真正的实践，而公民的伦理-政治行动反而算不上真正的实践。

数人的关切")的生活中包含着实践因素,沉思因素也占据更高的位置。换句话说,正是哲学沉思使人变得更加像神。①

"沉思-实践模式"在普罗提诺哲学中获得了清晰的表达。普罗提诺区分了两个层次的美德:政治美德与净化美德。"政治美德"(πολιτικαὶ ἀρεταί)一词取自柏拉图对话,但在意涵上有所区别。当普罗提诺称呼一种美德为"政治美德"的时候,他指的是为灵魂的欲望(ἐπιθυμία)和感情(πάθη)设定界限和尺度的一种美德。这种美德将样式(εἶδος)的理智秩序带到灵魂质料(ὕλη)中,在后者中创造某种秩序(I. 2. 2. 10‐18)。普罗提诺认为,政治美德与理智世界以及太一有一定程度的相似性,因为这种美德自身也是某种尺度;但这种美德又是有限的,因为它是在质料之中的尺度(I. 2. 2. 18‐20)。因此,政治美德能让灵魂在某种有限的程度上变得像神,也就是在无限定的质料分有样式的尺度和限制的意义上与后者相似(I. 2. 2. 20‐26;I. 2. 1. 21‐26)。神那里没有政治美德的尺度所限定的质料,即灵魂的感受性部分;这一部分是灵魂与身体结合带来的(IV. 8. 2. 42‐50)。因此,凭借政治美德无论如何也无法在真正意义上"变得像神";只有凭借作为净化(κάθαρσις)的美德才能达到这一目的(I. 2. 3)。普罗提诺根据《斐多》的说法(69c1,82a11),将净化理解为让灵魂从身体的牵绊中解脱出来。普罗提诺认为,这种意义上的美德便不再能够像政治美德那样,被理解为对感受(πάθη)进行规范,因为灵魂摆脱身体就意味着摆脱一切被动性(ἀπαθής,I. 2. 3. 19‐21)。这样一来诸种美德都需要被重新界定。

普罗提诺对净化美德的界定处处指向哲学沉思:摆脱了身体的灵魂就进入理智的纯粹活动当中,即观看(θεωρεῖν)理智对象。智慧就在于这种沉思(I. 2. 6. 12‐13),审慎、勇敢也就是转向自身内部的心智活动,甚至正义这种通常被认为存在于不同部分之间的美德,也被重新解释为上述心智活动,因为转向自身内部的沉思正是最高意义上的"关心自己的事"(I. 2. 6. 19‐27)。② 在普罗提诺看来,政治美德和净化美德分别关涉两种本质上不同的生活:政治美德要求的是过好人的生活,而净化美德则要求我们过神的生活

---

① 阿尔吉努斯那里"沉思的生活"和"行动的生活"各自的含义,尤其是"沉思的生活"的复杂含义,见 Sedley 2012 的详细分析。

② 有学者认为普罗提诺实际上提出了三种美德,"政治美德"、"净化美德"和"沉思美德",见 Cooper 2013,342—343。将沉思美德与净化美德分离,在普罗提诺论美德的论文(《九章集》I. 2)中并没有充分的文本证据。库珀诉诸普罗提诺提出的一个试探性的问题:(真正的)美德究竟是"净化"本身,还是净化后的结果(I. 2. 4. 1‐4)。但普罗提诺并未据此区分出两种不同的美德;明确区分净化美德和沉思美德这一倾向或许是受到波菲利的影响。无论这一区分是否成立,净化指向的都是沉思活动,是无可置疑的。

(I. 2. 7. 21 – 30)。

　　这样一来,普罗提诺把我们通常所理解的美德——做一个好人所需要的品质——限定为"政治美德",并将逃离这个世界的"净化美德"置于"政治美德"之上。更重要的是,普罗提诺将"净化美德"理解为一种在沉思中获得和增进的美德,相比之下,"政治美德"则是有关行动的美德。在某种意义上说,柏拉图那里已经出现了两种层次的美德,即哲学和理智造成的美德和风俗习惯造成的美德,①但普罗提诺将政治美德和净化美德分别解释为体现在行动中的美德和体现在沉思中的美德,这是在柏拉图那里找不到的。换句话说,普罗提诺实际上将"逃离"的观念——逃离人类生活而趋向神的生活——解释为遁入沉思。

　　普罗提诺的思路强有力地影响了当代对"变得像神"观念的解释。② 当代解释的一个基本倾向,就是将关切、安排周遭世界的美德理解为行动的美德,而将旨在逃离尘世、去往彼岸的美德理解为沉思的美德。③ 用沉思来解释"逃离"的倾向是如此强烈,以至于反对将"变得像神"解释为包含逃离思想的研究,也都是从"沉思-实践模式"来立论的,也就是说,通过否认"变得像神"等同于将沉思生活当作人的最高目的,来否认这一观念中的"逃离"思想。④

---

　　① 参 O'Meara 1993,101,Dillon 1996,331,Emilsson 2017,298。

　　② 对阿尔吉努斯《指南》和普罗提诺《九章集》的讨论远不是对古代柏拉图主义传统中"变得像神"这一观念或者"逃离"思想的历史考察;这一传统是如此庞大,以至于在有限的篇幅中进行全面的历史考察几乎是不可能的。以上的讨论远不能反映相关思想在柏拉图主义传统中的形态,而是旨在从这一庞大传统中辨identify出一种强有力的、对当代研究影响深远的解释倾向。感谢刘玮、葛天勤在"首届柏拉图主义哲学论坛"(2020 年 5 月 17 日)的讨论中补充说明了柏拉图主义传统中相关观念的复杂性。

　　③ Duerlinger 1985,312—331,Sedley 1999, esp. 322—323,Lännström 2011,111—130. 又,Annas 指出,中期柏拉图主义已经在争论"变得像神"作为人的目的究竟是沉思生活还是实践生活。《指南》第二章明确地将沉思生活置于实践生活之上,将前者等同于变得像神(2. 2);而阿尔比诺(Albinus)《柏拉图对话导论》(*Prologos* 6. 151. 2—4)和阿普列乌斯(Apuleius)《论柏拉图》(*De Platone* 2. 23. 253)则认为变得像神既包含沉思也包含实践,见 Annas 1999,59。但中期柏拉图主义关于沉思和实践的争论,不涉及是否"逃离"这个世界。可以说,中期柏拉图主义的这一争论仍然是在亚里士多德所开辟的论域中进行的。(安纳斯认为中期柏拉图主义的上述争论能够说明"变得像神"观念既包含逃离精神,也包含安顿的精神的这种含混性,这表明安纳斯本人仍然是用沉思-实践模式来理解逃离-安顿精神的。)

　　④ Rue 1993,71—100,Mahoney 2004,321—338,Armstrong 2004,171—183. 其中阿姆斯特朗的分析是该主张的某种变体:他不是询问"变得像神"观念中的美德究竟是实践性的还是沉思性的,而是询问该观念中的神究竟是实践的——即宇宙的动力因——还是沉思的智慧。《指南》实际上已经在这一方向上提出了类似的问题(181. 42—45)。鉴于柏拉图那里神和美德之间的密切关系,他的分析同上述着眼于美德的分析没有实质性的差异。就我们的讨论而言,关键在于,阿姆斯特朗的分析仍然是把逃离当作沉思,把安顿当作实践。

　　那么,"沉思-实践"模式是否符合柏拉图对话自身对"逃离"思想的阐述呢?让我们首先看一看"逃离"思想最经典的表达:《泰阿泰德》离题话段落中的哲学家。"逃离"世间的哲学家的生活,是否是纯粹沉思性的?并非如此。尽管对真理和存在的哲学沉思是哲学家生活的核心内容(173e-174a),是他区别于其他人的最大的特点(174a-b,175b-d),但哲学家生活中显然也包含了沉思之外的内容:他需要和同胞们交往,在法庭上陈词,谈论这个人或那个人(174b-175b)。正是在所有这些场合中,哲学家沦为了众人的笑柄。看起来,哲学家的生活同时包含了沉思和行动。当然,由此读者并不能推出,行动属于哲学生活的本质性的部分。换句话说,行动或许只是"尽可能变得像神"的生活中不得不保留的属于人的生活的那一部分。假如哲学家能够完全变得同神一样,那么或许他就能完全摆脱"一切有关行动的事情"了。

　　上述解释遭遇的最大挑战就是苏格拉底自己的形象。哪怕是柏拉图笔下的苏格拉底,同《泰阿泰德》"离题话"中描述的那位哲学家比起来,也更加熟悉公共集会、法庭辩论、社交宴饮,甚至坊间流言;他很少沉思,却十分热衷于与人交谈。总而言之,苏格拉底自己并不像他口中的哲学家,尤其不是沉思者的形象。他的哲学活动,恰恰是由那些非沉思性的活动构成的。苏格拉底本人,恰恰难以在"沉思-实践模式"中得到恰当的理解。①

　　在苏格拉底引入"逃离"思想的那个段落(176a5-b2),他列举了正义、虔敬和智慧作为美德的代表(176b1-2)。正义似乎是其中的核心,并且被当成是神的首要特征:"神那里没有任何不正义;他是最正义的,而最像他的是在人类本性的限度内最为正义的人"(176b8-9)。正义通常被认为是正确地对待他人的美德。如果变得像神首先就是变得正义,那么变得像神似乎就在于在行动中正确地对待他人,而非在于沉思。如果是这样的话,在什么意义上做正义的事也能被看作从世间"逃离"呢?②

　　《理想国》是对正义美德最充分也最复杂的探讨。同《泰阿泰德》一样,《理想国》当中"变得像神"也被解释为变得正义(613a),而在这篇对话的诸核心卷中,哲学家被证明是最正义的人。根据苏格拉底的说法,哲学家的正

---

　　①　苏格拉底与《泰阿泰德》哲学家形象之间的反差,见 Lännström 2011,112。但该文对此的解释并不充分。我们认为,柏拉图笔下的苏格拉底是柏拉图对他的老师的一种哲学阐释。但这种阐释并不能歪曲关于苏格拉底的基本事实。因此,尽管柏拉图将他的形而上学归于苏格拉底,但他不能将后者描述为一个沉思形而上学真理的哲学家,而是要根据他认定的形而上学基础,解释苏格拉底的实践性的哲学生活。

　　②　马奥尼认为,正义的要求和"逃离"思想之间的张力构成了"这一段落的关键问题"(Mahoney 2004,324);另参 Rue 1993,90,Lännström 2011,114。

义,在于他与爱财(φιλοχρήματος)、鄙俗(ἀνελεύθερος)、浮夸(ἀλαζὼν)、怯懦(δειλὸς)绝缘(486b6–8);而哲学家之所以不爱财,是因为他对钱财能够买到的东西——身体的享受——不感兴趣;他之所以不鄙俗和浮夸,是因为他关注的是事物的整体;他之所以不怯懦,是因为他关注永恒的存在,不把个人的生命当作什么重大的事情,因而不畏惧死亡(485d–486b)。也就是说,哲学家尽管不会不正义地对待其他人,但他这么做的缘由却是对周遭世界中他人关注的事物缺乏兴趣。相反,哲学家的正义恰恰是由于对彼岸存在的关切(500b–d):

> 一个人,如果他的心思真正朝向存在的东西,就无暇去俯视那些人类事务(κάτω βλέπειν εἰς ἀνθρώπων πραγματείας),无暇出于嫉妒和恶意陷自己于争执之中,相反,他注视的是那些井然有序、永恒不变的事物,并且当他看到,它们如何既不互相施加不义,也不互相遭受不义的伤害,它们是秩序井然,合乎理性的,他就会去努力模拟、仿效它们,并且尽量地使自己和它们相像。还是你认为,当一个人心怀赞美地同一样东西相处时,他能够不去模仿它?
>
> 不可能,他说。
>
> 那么,那和神圣的、有秩序的事物打交道的哲学家,他能够不在人力所及的程度上成为一个有秩序的、神圣的人么?

在第六卷的描述中,哲学家即便不是完全"逃离"这个世界的(也就是说,他并不是完全不问世事),也至少是在某种意义上"逃离"这个世界(在"他的心思真正朝向存在的东西"意义上)。但是,这并不意味着哲学家的这种"逃离"就是潜心于哲学沉思。显然,在"与神圣事物打交道"当中,除了对这些真实存在的观看,还有一种与之必然相伴随的活动,那就是灵魂对真实存在之秩序的模仿(μιμεῖσθαι);苏格拉底在 500d6 称之为"塑造自身"(ἑαυτὸν πλάττειν)。换句话说,对自身的改造属于哲学生活的本质性内容。

苏格拉底接下来对如何造就哲学家的论述进一步表明,自我改造不仅是哲学沉思的必然后果,而且也是这一沉思的前提。经过对哲学教育的漫长讨论,苏格拉底表明,这一教育并非把灵魂中原本没有的理智灌注到灵魂当中去,而是把灵魂的目光投向正确的方向(518c4–d1):

> 我们现在的说法指明了,这种在每一个人的灵魂里都内在地存在着的能力,以及每一个人凭借它来学习的那种工具,就像是眼睛,如果

说它除非和整个身体一起(σὺν ὅλῳ τῷ σώματι)，将不可能从黑暗的事物上转过身来朝向光亮，同样，这个工具也必须是和整个灵魂一起(σὺν ὅλῃ τῇ ψυχῇ)才能从生成变化的事物那里转移过来，直到灵魂能够坚持观看存在，以及存在中最明亮的东西；而后者，我们要说，它就是善。

心智，作为灵魂的眼睛，能够把握存在和善的前提，是整个(ὅλη)灵魂转过来面向存在和善的光照。这是什么意思呢？我们还记得灵魂在从洞穴上升的过程中，最大的困难就是因不适应光亮而导致的刺痛和眼目昏聩(515c-d；518a-b)。这种昏聩并不是因为我们没有观看的能力，而是因为我们的灵魂太过适应洞穴中的昏暗环境，而不适应洞穴之外真实存在的视野。因此，我们需要做的，并不是单独发展我们的理智，让它的"视力"更加敏锐，而是改造我们自身，从而使我们的灵魂能够习惯于真实存在的视野。

在上述意义上，哲学家的"逃离"所涉及的事情超出了单纯的哲学沉思活动，关系到更广泛的生活内容。不过，我们还不能说这种"逃离"超出了沉思的生活。因为到目前为止，哲学家对自我的改造总是围绕着哲学沉思活动展开的。这是很自然的，因为哲学家要逃往的彼岸只有哲学沉思才能够抵达。这是"沉思-实践模式"的根本哲学动机。哪怕苏格拉底在《会饮》中将哲学家的自我改造刻画为一种生产性的活动，即生育"真实的德性"(212a)，这样一种生育也被描述为灵魂沉思美本身的结果。

然而，如前所述，"沉思-实践模式"成立的前提，是"一切有关行动的事情"都不足以构成最好的生活的本质性成分。① 如果说这里最好的生活指的是神的生活，那么柏拉图或许不会反对。但如果这里所说的生活指的是人的生活，那么柏拉图将不会同意亚里士多德。诚然，通过改造自身，哲学家对囚徒的生活所热衷的那些目标完全失去了兴趣(516c-d)；但这并不意味着他不再行动，单纯专注于哲学沉思。哲学家的灵魂仍然要从存在的光天化日之下回到洞穴中，"在他原来的位置坐下来"，加入那个洞穴墙壁上的影子游戏(516e)。如果说哲学沉思的本体论意涵是灵魂观看真实存在，那么回到洞穴的哲学家却要观看存在的阴影，投身于伦理-政治的行动之中。当他再次适应洞穴的黑暗环境的时候，绝非回到了从前的状态：他不是简单地退回了前哲学的伦理-政治生活，而是带着真实的视野彻底改造了伦理-政治生活。他现在观看洞穴墙壁上的影子，要远远比其他囚徒更为敏锐，因

---

① 《尼各马可伦理学》1178b16-18。

为他现在知道了那些影子仅仅是影子、知道那些影子是什么东西的影子
(520c)。他的整个生活,已经奠基于洞穴之外的真实存在。

因此,哲学家对自身的改造,并不在于将自己改造成沉思者,而在于对
人生(包括伦理-政治生活)进行一种理性化的改造。不过在这里,作为改造
之尺度的理性,不是洞穴之中的智慧,而是洞穴之外的真实存在所蕴含的存
在秩序。正是这一彼岸秩序指导着他的一切行动(πράττειν),无论公事私事
都是如此(519c2-4)。这样一来,人生不再仅仅是灵魂的牢狱,也是存在的
前哨(φρουρά),是可见世界中真实存在的显现。哲学沉思只是让灵魂或心
智接触到了真实存在,却并不能拯救沉沦于可见世界的人生;只有通过生活
的理性化,此岸的人生才与彼岸世界建立起了积极的关系。对这个自由囚
徒来说,无论遁入沉思还是投身行动,都必须以洞穴之外的真实存在为基
础,而不是以洞穴内的存在阴影为基础。正是在这个意义上,哲学家的生活
成了一场"逃离":他不是在沉思中回避了这个世界,而恰恰是在这个世界的
行动中肯定了彼岸世界。因此,按照《理想国》的论述,"沉思-实践模式"并
不足以理解哲学家的"逃离"。

经过以上分析,让我们回到《斐德若》,看看这篇对话中"变得像神"的生
活究竟是什么样的一种生活。《指南》引用《斐德若》248a:"那追随神并使自
己像神的灵魂……"这句话的语境是描述人类灵魂曾经同神的灵魂一道在
天上遨游,每个灵魂追随着一位神。这些灵魂越能够跟随神,就能够看到越
多的"天外"存在。"最能追随诸神、与神最为相似的"灵魂,在观看真实存在
的程度和范围上超过其他灵魂(248a1-b1)。在这个意义上,与神相似意味
着灵魂能够观看真实的存在。

不过,这并非《斐德若》唯一一处涉及"变得像神"观念的地方。实际上,
追求"变得像神"不仅仅是天上的、尚未进入人类身体的灵魂;在本节开头引
述的两段文本证明,"变得像神"同样是一部分人类灵魂基本的生活形态。
当然,并不是所有人都能够走上这条道路。能够模仿神的前提是:(1)灵魂
没有败坏;(2)美少年的刺激。满足这两个条件的灵魂能够通过回忆
(ἀνάμνησις)想起在天上跟随的神(252e7-253a5),模仿这位神的"习性和生
活方式"(τὰ ἔθη καὶ τὰ ἐπιτηδεύματα)。特定神的"习性和生活方式"在这里
首先指对待爱欲关系和被爱者的特定方式,例如,追随宙斯的灵魂在爱欲中
表现得庄重,战神阿瑞斯的追随者对待他们的爱侣则具有报复心(252c3-
7);更一般地说,"习性和生活方式"指对待周遭世界和人的方式,例如,赫拉
的追随者天生有王者风范(252b1-3)。按照这一论述,"变得像神"体现在
生活的方方面面(253a-c),尤其是同他人交往的行动之中,而并不特别地

同沉思活动相关。在此意义上，我们可以说"变得像神"的生活是一种宽泛意义上的实践生活。

然而，这种实践生活却有一种把人从他的周遭世界中连根拔起的倾向：不但爱者为了被爱者否定他原先接受和尊崇的一切（252a-b），而且被爱者也同样认定，他周遭的亲友远远比不上爱者（255a-b）。爱侣互相在对方身上发现了某种神圣的东西，这种东西不是在世间能够找到的。我们在之前的分析中将"神圣的疯狂"解释为灵魂在回忆时刻的内部动荡；①现在证明，这一内部动荡造成的生活秩序之中，同样蕴含了疯狂的因子（249d5-e1）：

> 一旦谁见到这儿的美，回忆起那真实的美，就会生出羽翼。不过，当他满怀热忱要展翅高飞时，却做不到，像只鸟儿那样朝上望（βλέπων ἄνω），毫不留意下边的事（τῶν κάτω δὲ ἀμελῶν），于是被指控发了疯。

众人的指控是对的，只不过他们并不理解"疯狂"这一指控的真正含义。"这儿的美"指的是少年身体的美，也就是世间的美；"真实的美"则是灵魂在天上见识过的美。爱欲的疯狂让灵魂长出羽翼，想要离开身体，回到天上的诸神队伍之中。在那里，苏格拉底说，灵魂沐浴在纯净的光明中，尚未沾染世间的恶（250b5-c6）。《斐德若》的这一论述，无论在语言上，还是在精神气质上，都同《泰阿泰德》的离题话高度一致。这里显然是逃离精神的又一表达。

在这里我们没有发现柏拉图将逃离等同于哲学沉思。实际上，《斐德若》当中疯狂的爱人，并没有被描写为一个孤独的沉思者，而是同《理想国》所阐述的那样，通过一种伦理生活方式的改造来"逃离"这个世界（256a7-b3，cf. 253e5-255a1）。在《斐德若》当中，正是爱欲关系中对神的回忆启发了这种改造。回忆中的神，体现了一系列典范性的"习性与生活方式"。爱者与被爱者按照这一典范改造他们自身。因此，这样一种改造并非认知能力的发展，而是让生活的方方面面都接近那个神圣的典范。每一个神圣典范都是一种伦理生活的典范。但因为每一位神都从真实存在——真正的正义、审慎和智慧（247d5-7，250d4）——那里得到它的神性（249c6），每一种典范性的伦理生活都包含了真正的美德。

那么，这样一种生活在什么意义上构成了从属人的世界向神圣领域的"逃离"呢？要回答这个问题，我们必须首先理解，什么东西构成了人类生活

---

① 见本书第三章第3节。

的基本处境。在《斐德若》的论述中,没有灵魂仅仅因为自身的本性就是人类灵魂。灵魂依其本性有完美和不完美之别;而人类灵魂是那些进入了人类身体的不完美的灵魂。同一个灵魂,在进入人类身体后也有可能进入野兽的身体,成为野兽的灵魂,或者,如果它以正确的方式度过人生,则能够期待自己脱下人类的皮囊,回到天上的诸神歌队中去。实际上,人类灵魂的共同经历,就是曾经身处这个天上诸神的歌队。① 换句话说,人类灵魂之所以是人类的灵魂,并非因为它的本性就是属人的,而是因为它碰巧寓于人类的身体之中。因此,正是灵魂与人类身体的结合,构成了基本的人类处境。

　　按照苏格拉底的说法,进入这一基本处境,就意味着灵魂的"养料"从真理转变为意见(248b5 – c2):同身体结合的灵魂,不仅要始终面对身体的基本需要或是非理性的欲求,而且灵魂现在接受的关于善的意见是被身体所决定的。② 这些由身体而来的意见,形塑了人类生活的基本特征。换句话说,灵魂的真正困难不是它总是偶然地被身体所打扰;灵魂的真正困难在于,它的生存根基和价值尺度依赖于身体:首先,有身体就意味着有父母、家庭和人伦关系。我们是由父母所生:人类生活首先就建立在这一简单的事实之上。我们总是降生于家庭之中,因而家庭是人类生活中具有首要意义的制度,而人伦关系是具有首要意义的关系。然而,假如我们仅仅是我们的灵魂,那么人伦关系的意义就被大大削弱,甚至被取消了。灵魂并不出生自另一个灵魂,只是从一个身体迁徙到另一个身体。这意味着灵魂是没有父母的。其次,我们作为人类总是生活在朋友和亲近的人(φίλοι)中间。家人当然是我们所亲近的人,不过通常还有其他人,以不同的方式、在不同的程度上为我们所亲近。对希腊人来说,友爱所支撑的共同体当中,最重要就是城邦,而城邦生活则被广泛地认为是人类生活的最高形式。假如我们仅仅被等同于灵魂的话,所有这些因素也被根本性地削弱了,因为希腊人所知的几乎任何形式的友爱,都建立在我们的身体性存在的基础上。诚然,《斐德若》当中的哲学爱侣享受了最高意义上的友爱,而在他们离开这个世界之前,也总是存在于身体之中的。但他们的友爱恰恰建基于灵魂在天上——没有同人类身体相结合的时候——的经验:他们之所以成为伴侣,正是因为他们的灵魂从前跟随同一位神(252d5 – e1)。他们并不属于家庭,也不属于城邦,只属于彼此而不属于任何人类的共同体。因此,他们也不追随任何人类共同体的规范,而这些规范,正是人类生活的基本价值尺度。简言之,人类生活是由特定的法律或习俗

---

① 《斐德若》248c – 249b,250b7 – 8。

② 《斐多》83c – e。参本书第三章第 2 节。

(νόμος)规定的。习俗是一切人类事务的主宰。①

如果我们暂时放弃《斐德若》灵魂神话的视角,我们甚至可以说,这些东西恰恰是人类生活的自然根基。② 我们作为人类总是植根于身体所在的自然世界,而柏拉图用他的天才试图让读者相信,这些基本的人类处境都不是灵魂本性中的东西,而是偶然地附加在灵魂上的不幸遭遇! 柏拉图要我们相信,灵魂要回到它的神圣起源,必须从整体上、根源上改造奠基于自然世界的传统生活:传统生活所凭靠的东西,习俗的常轨(νόμιμα)和高雅的举止(εὐσχήμονα)都只是"意见"而已,本身没有任何内在的价值(252a4‑5),需要被放在理性的法庭上,依照真正的——彼岸的(ὑπερουράνιος)——价值接受审判。③

---

① 希罗多德《历史》3.38。

② 鉴于希腊哲学中"自然"(φύσις)一词的复杂含义,我们有必要做出如下说明:在这里,"自然"首先指与"真实存在"相对立的存在领域。这一用法,是追随苏格拉底在《斐多》中在"自然构成物"(σύνθετον φύσει)和"真实存在"(τὸ ὄν)之间做出的区分(78c)。身-心的存在性质分属自然构成物的世界和真实存在的世界,这是柏拉图在《斐多》中明确提出,并且在其他对话中一以贯之的立场(尽管在其他对话会使用不同的表述)。哲学生活或植根于彼岸的生活更加符合灵魂的"本性",在这个意义上也可以说是一种"自然的生活",但我们在这里并不使用"自然"的这一用法。其次,古希腊政治思想中存在由来已久的"自然 vs 习俗(法律)"的对立。但我们在这里所说的"奠基于自然世界的生活"恰恰与传统和习俗联系在一起。这一用法与柏拉图对自然-习俗对立的改造有关。柏拉图承认人类生活的根基有真实和虚假之别、永恒与变迁之别,这是同智术师的自然-习俗之别相对应的。然而,智术师认为代表着真实的"自然",柏拉图恰恰认为不真实。因此,柏拉图没有沿用自然-习俗这一对立来表达政治事物中真实-虚假的区分。在《法篇》第十卷889a以下的讨论中,雅典人说,自然和习俗(法律)的对立服务于一些人要解构法律的意图,而这些人主张的自然相对于法律的优先性,从哲学上说,一方面对应于自然相对于技艺(理性)的优先性,另一方面对应于自然存在者相对于灵魂的优先性(针对这一点,雅典人随后的灵魂优先性论证[893b ff.],恰好同《斐德罗》245c‑246a的灵魂不死论证高度一致)。这些"自然主义者"的基本思想,同亚里士多德《物理学》I.1中安提丰的种床生木论是一脉相承的,都是要以自然反对形式/技艺/理性/法律/习俗。因此,柏拉图是在一个相当不同的意义上使用"自然"一词。《法篇》第十卷Clinias针对上述自然对法律的解构,提出说我们必须论证,要么法律是自然的一部分,要么是更高的原则的产物,即心智(νοῦς)的产物(890d)。之后的论证主张的是后者。所以在《法篇》中,自然对习俗的优先性,被柏拉图改造为理性对自然的优先性。代表真实的不再是自然而是理性。

③ 海德格尔在解释柏拉图的洞穴比喻时,对这一比喻的思想史意义做了如下总结:

> 柏拉图洞穴比喻中所叙述的故事描绘出现在和将来依然在由西方所烙印的人类历史中真正发生的事件的景象:人在作为表象之正确性的真理之本质意义上根据"理念"来思一切存在者,并且根据"价值"来估价一切现实。唯一的和首要的决定性事情,并非何种理念和何种价值被设定了,而是人们根本上是根据"理念"来解释现实,根本上是根据"价值"来衡量"世界"。(《柏拉图的真理学说》,海德格尔2014,页275。孙周兴译文)

我们的考察可以被看作海德格尔这一论断的注脚。我们希望能够展示,这一"决定性的事情"并不仅仅发生在《理想国》当中,而且广泛地发生在柏拉图的若干重要对话中,而且决定了柏拉图伦理思想的根本特征。其中,《斐德若》提供了一种全景式的视野,通过揭示灵魂的"自然"(245c3‑5)来废除人类生活的自然根基。

　　因此，《斐德若》同《理想国》关于"逃离"思想的理解是一致的。逃离世间的意涵不是躲进沉思当中，不理会外面的世界，而是通过彼岸的"真理"（247c5）和善的光照来获得一种看待这个世界的新的眼光和尺度。当然，灵魂完成这一转变之后，会在生活中给哲学沉思留应有的位置；同时，这一生活中也能够容纳伦理和政治行动：就像神既观看存在，也统治宇宙一样，与神相似的哲学生活中也必然同时包含沉思和行动的双重面向。但是，沉思与行动的问题是第二位的。根本性的问题是灵魂生存的根基究竟是在"这儿"，在自然世界当中，还是在"上边"，在彼岸的存在当中。人的最高目标"变得像神"意味着，哲学让灵魂接近神之为神所凭借的东西（πρὸς οἷσπερ θεὸς ὢν θεῖός ἐστιν），即彼岸的存在（249c6）。在此生存状态下，即使是伦理政治行动的精神气质也带着逃离的色彩。反之，如果人没能将自己的生活建立在彼岸存在的基础上，那么他对生活秩序的思考和安排就只不过体现了"凡俗的审慎"（σωφροσύνη θνητή）：这是一种虚假的美德，对灵魂的拯救毫无价值（256e3－257a2）。

　　这一生存根基的转换表明，柏拉图革命性地扭转了我们对人性的理解。人性不再由人类生活的自然处境所规定，而是由我们当中那个神圣的、将我们同超越的神圣秩序联系起来的那一部分所规定。哲学生活在这个意义上既是"变得像神"，也是"人性的成全"——被重新理解的人性。对这样一种人性最有力、最形象的表达，可以在《蒂迈欧》的一个著名比喻当中找到（90a4－b1）：

　　　　[理性灵魂]居住在身体的顶部，把我们从大地上提起，朝向与我们亲近的天空，仿佛我们是一株不是长在地上，而是长在天上的植物。确实如此，因为我们的灵魂最初产生自天上，其中神圣的部分正是从那里吊住头颅，也就是我们的根，从而让我们的整个身体保持直立。

参考文献

原著类

阿尔吉努斯:《柏拉图学说指南》,狄龙疏,何祥迪译,华东师范大学出版社,2016。

柏拉图:《柏拉图全集》,王晓朝译,人民出版社,2018。

柏拉图:《柏拉图对话集》,王太庆译,商务印书馆,2004。

柏拉图:《柏拉图四书》,刘小枫编译,生活·读书·新知三联书店,2015。

柏拉图:《理想国》,顾寿观译,吴天岳校,岳麓书社,2010。

柏拉图:《泰阿泰德》,詹文杰译,商务印书馆,2015。

柏拉图:《〈法义〉译文》,《柏拉图〈法义〉研究、翻译和笺注》第二卷,林志猛译,华东师范大学出版社,2020。

康德:《道德形而上学奠基》,《康德著作全集》第四卷,李秋零译,中国人民大学出版社,2005。

海德格尔:《柏拉图的真理学说》,《路标》,孙周兴译,商务印书馆,2014。

海德格尔:《柏拉图的〈智者〉》,熊林译,商务印书馆,2015。

荷马:《奥德赛》,王焕生译,人民文学出版社,2003。

霍布斯:《利维坦》,黎思复、黎廷弼译,杨昌裕校,商务印书馆,1997。

尼采:《论道德的谱系》,《尼采著作全集》第五卷,赵千帆译,商务印书馆,2015。

尼采:《偶像的黄昏》,《尼采著作全集》第六卷,孙周兴、李超杰、余明锋译,商务印书馆,2015。

尼采:《荷马的竞赛》,韩王韦译,上海人民出版社,2018。

普罗提诺:《九章集》,石敏敏译,中国社会科学出版社,2018。

莎士比亚:《麦克白》,《莎士比亚悲剧选》,朱生豪译,张冲校,上海文艺出版社,2015。

索福克勒斯:《安提戈涅》,《罗念生全集》第二卷,上海人民出版社,2007。

希罗多德:《历史》,王以铸译,商务印书馆,2005。

亚里士多德:《亚里士多德全集》,苗力田等译,中国人民大学出版社,2016。

亚里士多德:《物理学》,张竹明译,商务印书馆,1982。

亚里士多德:《尼各马可伦理学》,廖申白译,商务印书馆,2003。

Alcinous. *Alcinoos:Enseignement des Doctrines de Platon*. Edited by John Whittaker. Paris:Les Belles Lettres,1990.

Aristotle. *The Complete Works of Aristotle:The Revised Oxford Translation*. 2 vol. Edited by Jonathan Barnes. Princeton:Princeton University Press,1991.

Aristotle. *Ethica Nicomachaea*. Edited by Ingram Bywater. Oxford:Clarendon Press,1963.

Campbell,David A.(ed.,tr.),*Greek Lyric*,*vol*. 3(Loeb Classical Library). Cambridge:Harvard University Press,1991.

Couvreur,P.(ed.),*Hermiae Alexandrini in Platonis Phaedrum Scholia*. Paris:Bouillon,1901.

Dillon,John. *Alcinous:The Handbook of Platonism*. Oxford:Clarendon Press,1993.

Allen,Michael J. B.(ed.,tr.),*Marsilio Ficino Commentaries on Plato*,vol. 1:Phaedrus *and* Ion. Cambrage:Harvard University Press,2008.

Plato. *Platonis Opera*. Edited by John Burnet. Oxford:Clarendon Press, 1899—1907.

Plato. *Plato Complete Works*. Edited by John M. Cooper. Indianapolis:Hackett,1997.

Plotinus. *Plotini Opera*. Edited by Paul Henry and Hans-Rudolf Schwyzer. Oxford:Clarendon Press,1964—1982.

研究文献类
(中文作者按姓氏笔画排列,西文作者按首字母排列)

汪子嵩,范明生,陈村富,姚介厚,2014 年:《希腊哲学史(修订本)》,人民出版社。

陈康,2011 年:《论希腊哲学》,商务印书馆。

陈斯一,2019 年:《从政治到哲学的运动:〈尼各马可伦理学〉解读》,上海三联书店。

聂敏里,2017 年:《西方思想的起源:古希腊哲学史论》,中国人民大学出版社。

梁中和,2019 年:《古典柏拉图主义导论》,梁中和编著,华东师范大学出版社。

詹文杰,2020 年:《柏拉图知识论研究》,北京大学出版社。

[法]米歇尔·福柯,2005 年:《主体解释学》,佘碧平译,上海人民出版社。

[法]米歇尔·福柯,2010 年:《性经验史》,佘碧平译,上海人民出版社。

[法]皮埃尔·阿多,2017 年:《古代哲学的智慧》,张宪译,上海译文出版社。

[英]特伦斯·埃尔文,2021 年:《柏拉图的伦理学》,陈玮、刘玮译,译林出版社。

[美]安东尼·朗,2015 年:《心灵与自我的希腊模式》,何博超译,刘玮编校,北京大学出版社。

［德］保罗·纳托尔普,2018 年:《柏拉图的理念学说》,溥林译,商务印书馆。

［德］托马斯·A·斯勒扎克,2009 年:《读柏拉图》,程炜译,译林出版社。

［美］玛莎·纳斯鲍姆,2018 年:《善的脆弱性(修订版)》,徐向东、陆萌译,徐向东、陈玮修订,译林出版社。

［加］T·M·罗宾逊,2019 年:《柏拉图的灵魂学》,张平译,华夏出版社。

陈斯一,2019 年:《亚里士多德论血气的德性》,《现代哲学》2019 年第 1 期。

陈治国,2021 年:《中晚期海德格尔现象学中的爱欲与友爱——以〈柏拉图的《斐德罗篇》〉讲稿为引线》,《哲学研究》2021 年第 4 期。

李猛,2015 年:《被迫的哲学家》,程志敏、张文涛(编)《从古典重新开始:古典学论文集》,华东师范大学出版社,2015。

李猛,未刊稿:《苏格拉底在〈斐多〉中证明了什么》。

吴飞,2019 年:《〈斐多〉中的存在与生命》,《哲学研究》2019 年第 2 期。

樊黎,2018 年:《爱与幸福——再论柏拉图解释史上的一桩公案》,《现代哲学》2018 年第 3 期。

樊黎,2019 年 a:《从运动本原到伦理主体:〈斐德若〉论灵魂》,《同济大学学报》(社会科学版)2019 年第 2 期。

樊黎,2019 年 b:《哲学家的正义与被迫——重审一段解释争论》,《世界哲学》2019 年第 5 期。

樊黎,2021 年:《〈斐德若〉前两篇演说词中的理性与欲望》,《哲学门》2022 年即出。

Adkins, A. W. H. 1960. *Merit and Responsibility*. Oxford: Clarendon Press.

Adam, James 1902. *The* Republic *of Plato*. Cambridge: Cambridge University Press.

Ahonen, Marke 2014. 'Plato on Madness and Mental Disorders', ch. 3 of his *Mental Disorders in Ancient Philosophy*. Cham: Springer.

Andrew, Edward 1983. 'Descent to the Cave'. *The Review of Politics* 45 (4): 510—535.

Annas, Julia 1981. *An Introduction to Plato's* Republic. Oxford: Clarendon Press.

——. 1999. *Platonic Ethics, Old and New*. Ithaca: Cornell University Press.

——. 2008. 'Virtue ethics and the charge of egoism'. In Paul Bloomfield (ed.), *Morality and Self-Interest*. New York: Oxford University Press.

Armstrong, John M. 2004. 'After the ascent: Plato on becoming like God,' *Oxford Studies in Ancient Philosophy* 26: 171—183.

Aronson, Simon H. 1972. 'The happy philosophera counterexample to Plato's proof'. *Journal of the History of Philosophy* 10 (4): 383—398.

Barney, Rachel 2008. 'Eros and Necessity in the Ascent from the Cave'. *Ancient Philosophy* 28: 357—372.

——. 2010. 'Plato on the Desire for the Good'. In Sergio Tenenbaum (ed.), *Desire, Practical Reason, and the Good*. Oxford: Oxford University Press.

Benardete,Seth 1989. *Socrates' Second Sailing*：*On Plato's Republic*. Chicago：University of Chicago Press.

——. 1991. *The Rhetoric of Morality and Philosophy*：*Plato's* Gorgias *and* Phaedrus. Chicago：University of Chicago Press.

——. 2001. 'On Plato's Symposium'. In *Plato's Symposium*，a translation by Seth Benardete with commentaries by Allan Bloom and Seth Benardete. Chicago and London：The University of Chicago Press.

Benardete,Seth & Meier,Heinrich 2002. *Socrates and Plato the Dialectics of Eros = Sokrates Und Platon*：*Die Dialektik des Eros*. Munich：Carl Friedrich Von Siemens Stiftung.

Bett,Richard 1986. 'Immortality and the Nature of the Soul in the *Phaedrus*'. *Phronesis* 31 (1)：1—26.

Blyth,D. 1996. 'The ever-moving soul in Plato's *Phaedrus*'. *American Journal of Philology* 118 (2)：185—217.

Bostock,David 1986. *Plato's Phaedo*. Oxford：Clarendon Press.

Brown,E. 2000. 'Justice and Compulsion for Plato's Philosopher-Rulers'. *Ancient Philosophy* 20：1—17.

Burger,Ronna 1980. *Plato's Phaedrus*：*A Defense of a Philosophic Art of Writing*. University,Ala. ：University of Alabama Press.

Burnet,John 1903. *The Socratic Doctrine of the Soul*. London：Published for the British Academy By Humphrey Milford,Oxford University Press Amen Corner,E. C.

Burnyeat,M. F. 1985. 'Sphinx without a Secret',*New York Review of Books*,May 30,1985,pp. 30—36.

——. 1992. 'Utopia and Fantasy：The Practicability of Plato's Ideally Just City'. In J. Hopkins & A. Savile (eds.),*Psychoanalysis Mind and Art*. Blackwell.

——. 2006. 'The truth of tripartition'. *Proceedings of the Aristotelian Society* 106 (1)：1—23.

——. 2012. 'The passion of reason in Plato's *Phaedrus*',in his *Explorations in Ancient and Modern Philosophy*. Cambridge：Cambridge University Press.

Cairns,Douglas L. 1993. *Aidōs*：*The Psychology and Ethics of Honour and Shame in Ancient Greek Literature*. Oxford：Clarendon Press.

Caluori,Damian 2011. 'Reason and Necessity：The Descent of the Philosopher Kings'. *Oxford Studies in Ancient Philosophy* 40：7—27.

Carone,G. R. 2005. *Plato's Cosmology and Its Ethical Dimensions*. New York：Cambridge University Press.

Caswell,Caroline P. 1990. *A Study of Thumos in Early Greek Epic*. Leiden：Brill.

Cooper,John M. 1984. 'Plato's Theory of Human Motivation'. *History of Philoso-*

phy Quarterly 1 (1): 3—21.

Cooper,John M. 2013. *Pursuits of Wisdom: Six Ways of Life in Ancient Philosophy from Socrates to Plotinus*. Princeton: Princeton University Press.

De Vries,G. J. 1969. *A Commentary on the* Phaedrus *of Plato*. Amsterdam: Hakkert.

Demos,Raphael 1964. 'A Fallacy in Plato's *Republic*?' *The Philosophical Review* 73 (3): 395—398.

Dillon,John 1996. *The Middle Platonists*,80 B. C. *to A. D.* 220. Ithaca: Cornell University Press.

Dodds,E. R. 1953. *The Greeks and the Irrational*. Berkeley and Los Angeles: University of California Press.

Dover,K. J. 1989. *Greek Homosexuality*. London: Duckworth.

——. 1964. 'Eros and Nomos',*Bulletin of the Institute of Classical Studies* 11: 31—42.

Duerlinger,James 1985. 'Ethics and the Divine Life in Plato's Philosophy,' *The Journal of Religious Ethics*,13. 2: 312—331.

Emilsson,Eyjólfur K. 2017. *Plotinus*. New York: Routledge.

Ferrari,G. R. F. 1987. *Listening to the Cicadas: A Study of Plato's* Phaedrus. Cambridge: Cambridge University Press.

——. 2007. 'The Three-Part Soul',in G. R. F. Ferrari (ed.),*Cambridge Companion to Plato's Republic*,ch. 7. New York: Cambridge University Press.

Fierro,María Angélica 2013. 'Two Conceptions of Body in Plato's Phaedrus',ch. 2 of *The Platonic Art of Philosophy*. Boys-Stones,G. ,El Murr,D. ,& Gill,C. (Eds.). Cambridge: Cambridge University Press.

Foster,M. B. 1936. 'Some Implications of a Passage in Plato's *Republic*'. *Philosophy* 11 (43): 301—308.

Foucault,Michel 1984. *Histoire de la sexualité.* Vol. II,III. Paris: Gallimard.

——. 2001. *L'Herméneutique du sujet*. Cours au Collège de France,1981—1982. Édition établie sous la direction de François Ewald et Alessandro Fontana,par Frédéric Gros,Paris: Seuil/Gallimard.

Friedländer,Paul 1958. *Plato: An Introduction*. Translated by Hans Meyerhoff. New York: Pantheon Books.

Frede,Dorothea,'Plato's Ethics: An Overview', *The Stanford Encyclopedia of Philosophy* (Fall 2013 Edition),Edward N. Zalta (ed.),URL = ⟨http://plato. stanford. edu/archives/fall2013/entries/plato-ethics/⟩.

Gallop,David 1975. *Plato Phaedo*. Oxford: Clarendon Press.

Gerson,Lloyd P. 2003. *Knowing Persons: A Study in Plato*. Oxford: Oxford University Press.

———. 2006. 'A Platonic Reading of Plato's *Symposium*'. In J. H. Lesher, Debra Nails, Frisbee C. C. Sheffield（eds.）, *Plato's Symposium: Issues in Interpretation and Reception*. Cambridge: Harvard University Press.

———. 2013. *From Plato to Platonism*. Ithaca and London: Cornell University Press.

Griswold, Charles L. , Jr. 1986. *Self Knowledge in Plato's* Phaedrus. New Haven: Yale University Press.

Guthrie, W. K. C. 1971. 'Plato's View on the Nature of the Soul', in Vlastos（ed.）*Plato: A Collection of Critical Essays*. vol. 2. Ethics, politics, and philosophy of art and religion. London and Basingstoke: The Mac Millan Press Ltd.

———. 1975. *A History of Greek Philosophy*, *vol.* 4: *Plato: The Man and His Dialogues, Earlier Period*. Cambridge: Cambridge University Press.

Hackforth, R. 1952. *Plato's* Phaedrus. Cambridge: Cambridge University Press.

Hadot, Pierre 1987. *Exercices spirituels et philosophie antique*, 2nd ed. Paris: Etudes Augustinennes.

———. 1995. *Qu' est-ce que la philosophie antique?* Paris: Gallimard.

Heath, Malcolm 1989. 'The Unity of Plato's *Phaedrus*', *Oxford Studies in Ancient Philosophy* 7: 151—73.

Hobbs, A. 2000. *Plato and the Hero: Courage, Manliness, and the Impersonal Good*. Cambridge: Cambridge University Press.

Hooper, Anthony 2013. 'The Greatest Hope of All: Aristophanes on Human Nature in Plato's *Symposium*'. *The Classical Quarterly* 63: 567—579.

Hyland, Drew A. 2008. *Plato and the Question of Beauty*. Bloomington: Indiana University Press. Ch. 3.

Irwin, Terrence 1977. *Plato's Moral Theory*. Oxford: Clarendon Press.

———. 1995. *Plato's Ethics*. New York: Oxford University Press.

Kahn, Charles H. 1987. 'Plato's Theory of Desire'. *Review of Metaphysics* 41 (1): 77—103.

———. 1996. *Plato and the Socratic Dialogue: The Philosophical Use of a Literary Form*. Cambridge: Cambridge University Press.

———. 2006. 'Plato on Recollection'. In Hugh H. Benson（ed.）, *A Companion to Plato*. Malden: Blackwell Publishing.

Kraut, Richard 1973. 'Egoism, Love, and Political Office in Plato'. *Philosophical Review* 82 (3): 330—344.

———. 1999. 'Return to the Cave: *Republic* 519—521', in Gail Fine（ed.）, *Plato 2: Ethics, Politics, Religion, and the Soul*. Oxford: Oxford University Press. 235—254.

Lännström, Anna 2011. 'Socrates, the philosopher in the *Theaetetus* digression

(172c—177c),and the ideal of *homoiôsis theôi*,' *Apeiron* 44: 111—130.

Long,Anthony A. 2001. 'Ancient Philosophy's Hardest Question: What to Make of Oneself?' *Representations* 74. 1: 19—36.

Ludwig,Paul W. 2002. *Eros and Polis: Desire and Community in Greek Political Theory*. Cambridge: Cambridge University Press.

Mahoney, Timothy 2004. 'Is assimilation to God in the Theaetetus purely other-worldly?' *Ancient Philosophy*,24: 321—338.

Menn,Stephen 1995. *Plato on God as Nous*. Carbondale: Southern Illinois University Press.

——. 2012. 'Self-motion and reflection: Hermeias and Proclus on the harmony of Plato and Aristotle on the soul'. In James Wilberding & Christoph Horn (eds.), *Neoplatonism and the Philosophy of Nature*. Oxford: Oxford University Press.

Morgan, Kathryn A. 2010. 'Inspiration, recollection, and mimsis in Plato's Phaedrus',ch. 3 of *Ancient Models of Mind: Studies in Human and Divine Rationality*. Edited by Andrea Nightingale,David Sedley. New York:Cambridge University Press.

Moss,Jessica 2012. 'Soul-leading: The Unity of the *Phaedrus*, Again'. *Oxford Studies in Ancient Philosophy* 43: 1—23.

Nails,Debra 2002. *The People of Plato a Prosopography of Plato and Other Socratics*. Indianapolis/Cambridge: Hackett.

Nehamas,Alexander 1999. *The Art of Living: Socratic Reflections from Plato to Foucault*. Berkeley: University of California Press.

Nussbaum,Martha 2001. *The Fragility of Goodness* (revised edition). Cambridge: Cambridge University Press.

——. 1994. *The Therapy of Desire*. Princeton: Princeton University Press.

——. 1995. 'Aristotle on Human Nature and the Foundation of Ethics',in J. E. J. Altham and Ross Harrison (eds.),*World ,Mind and Ethics: Essays on the Philosophy of Bernard Williams*. Cambridge: Cambridge University Press. 86—131.

Pradeau,Jean-François 2002. *Plato and the City: a New Introduction to Plato's Political Thought*. Translated by Janet Lloyd. Liverpool: Liverpool University Press.

Rohde,Erwin 1925. *Psyche: The Cult of Souls and Beliefs in Immortality among the Greeks*. London: Kegan Paul,Trench,Trubner & Co. Ltd.

Roochnik,David 1996. *Of Art and Wisdom: Plato's Understanding of Techne*. University Park, Pennylvania: Pennylvania State University Press.

Rosen,Stanley 1969. 'The non-lover in Plato's Phaedrus'. *Man and World* 2 (3): 423—437.

——. 1987. *Plato's Symposium*. New Haven: Yale University Press.

Rowe,C. J. 1986. *Plato* Phaedrus. Oxford:Aris & Phillips.

——. 1989. 'The Unity of the *Phaedrus*: A Reply to Heath'. *Oxford Studies in Ancient Philosophy* 7: 175—88.

——. 1990. 'Philosophy, love, and madness,' in *The Person and the Human Mind*: *Issues in Ancient and Modern Philosophy*. Edited by Christopher Gill. Oxford: Oxford University Press.

——. 2007. *Plato and the Art of Philosophical Writing*. Cambridge: Cambridge University Press.

Rue, Rachel 1993. 'The Philosopher in Flight: The Digression (172C—177C) in the *Theaetetus*,' *Oxford Studies in Ancient Philosophy* 11: 71—100.

Ryle, Gilbert 1966. *Plato's Progress*. Cambridge: Cambridge University Press.

O'Meara, Dominic 1993. *Plotinus*: *An Introduction to the Enneads*. Oxford: Clarendon Press.

Penner, Terry 1977. 'Thought and Desire in Plato'. In Vlastos (ed.), *Plato*: *A Collection of Critical Essays*. vol. 2. *Ethics, politics, and philosophy of art and religion*. London and Basingstoke: The MacMillan Press Ltd.

Scott, Dominic 1995. *Recollection and Experience*: *Plato's Theory of Learning and Its Successors*. Cambridge: Cambridge University Press.

Sedley, David 1999. 'The Ideal of Godlikeness'. In *Plato 2 Ethics, Politics, Religion, and the Soul*. Edited by Gail Fine. Oxford: Oxford University Press.

——. 2012. 'The Theoretikos Bios in Alcinous'. In Thomas Bénatouïl and Mauro Bonazzi (eds.), *Theoria, Praxis, and the Contemplative Life after Plato and Aristotle*. Leiden & Boston: Brill.

Solmsen, Friedrich 1983. 'Plato and the Concept of the Soul (Psyche): Some Historical Perspectives'. *Journal of the History of Ideas* 44(3): 355—367.

Strauss, Leo 1964. *The City and Man*. Chicago: Rand Mcnally.

——. 2001. *Leo Strauss on Plato's* Symposium. Edited and with a foreword by Seth Benardete. Chicago: University of Chicago Press.

Taylor, C. C. W. 1976. *Plato*: *Protagoras*. Oxford: Clarendon Press.

Vlastos, G. 1973. 'The Individual as Object of Love in Plato', in his *Platonic Studies*. Princeton: Princeton University Press.

Werner, Daniel 2007. 'Plato's *Phaedrus* and the Problem of Unity'. *Oxford Studies in Ancient Philosophy* 32: 91—137.

——. 2012. *Myth and Philosophy in Plato's* Phaedrus. New York: Cambridge University Press.

Williams, Bernard 1993. *Shame and Necessity*. Berkeley: University of California Press.

Yunis, H. 2011. *Plato* Phaedrus. New York: Cambridge University Press.

图书在版编目(CIP)数据

神性与人性:柏拉图《斐德若》研究/樊黎著.--
上海:华东师范大学出版社,2022

ISBN 978-7-5760-3011-2

Ⅰ.①神… Ⅱ.①樊… Ⅲ.①柏拉图(Platon 前
427—前 347)—哲学思想—研究 Ⅳ.①B502.232

中国版本图书馆 CIP 数据核字(2022)第 120458 号

华东师范大学出版社六点分社

企划人 倪为国

神性与人性:柏拉图《斐德若》研究

著　者　樊　黎
责任编辑　彭文曼
特约审读　陈宇航
责任校对　王寅军
封面设计　吴元瑛

出版发行　华东师范大学出版社
社　　址　上海市中山北路 3663 号　邮编　200062
网　　址　www. ecnupress. com. cn
电　　话　021 - 60821666　行政传真　021 - 62572105
客服电话　021 - 62865537　门市(邮购)电话　021 - 62869887
地　　址　上海市中山北路 3663 号华东师范大学校内先锋路口
网　　店　http://hdsdcbs. tmall. com

印 刷 者　上海盛隆印务有限公司
开　　本　787×1092　1/16
插　　页　2
印　　张　10
字　　数　160 千字
版　　次　2022 年 8 月第 1 版
印　　次　2022 年 8 月第 1 次
书　　号　ISBN 978-7-5760-3011-2
定　　价　68.00 元

出 版 人　王　焰